法之界・思无疆

黑骏马法学漫画

众神喧哗的年代

张海斌 著

知识产权出版社

全国百佳图书出版单位

图书在版编目（CIP）数据

众神喧哗的年代/张海斌著．--北京：知识产权
出版社，2019.8

（黑骏马法学漫丛/张海斌主编）

ISBN 978-7-5130-5538-3

Ⅰ.①众… Ⅱ.①张… Ⅲ.①法学—文集
Ⅳ.①D90-53

中国版本图书馆 CIP 数据核字（2019）第 097837 号

责任编辑：唐仲江　　　　责任校对：谷　洋

装帧设计：黄慧君　　　　责任印制：刘译文

众神喧哗的年代

张海斌　著

出版发行：	知识产权出版社 有限责任公司	网　址：	http://www.ipph.cn
社　址：	北京市海淀区气象路 50 号院	邮　编：	100081
责编电话：	010-82000860 转 8726	责编邮箱：	pangcongrong@163.com
发行电话：	010-82000860 转 8101/8102	发行传真：	010-82000893/82005070/82000270
印　刷：	三河市国英印务有限公司	经　销：	各大网上书店、新华书店及相关专业书店
开　本：	880mm×1230mm　1/32	印　张：	9.75
版　次：	2019 年 8 月第 1 版	印　次：	2019 年 8 月第 1 次印刷
字　数：	240 千字	定　价：	48.00 元
ISBN 978-7-5130-5538-3			

代　序

早上起来该干点什么

早上起来该干点什么

早上起来我泡了杯茶

喝完以后就开始琢磨

今天早上该干点什么

早上总归要干点什么

决不能无所事事

无所事事是不好的

太阳准时升起来了

并顺利照进了书房

阳光明媚万里无云

我就会说这么一句

我兴奋地搓着双手

跃跃欲试　又无所适从

就地做了两打俯卧撑

又背了三打托福单词

再挺直腰杆看了会儿书

最后决定下楼去转转

像康德一样在街上威严地散步

见到每个人都优雅地点头微笑

见到每一个红灯都耐心地等候

路过菜场的时候

再顺便买点蘑菇和鸡毛菜

再排队给孩子买袋热豆浆

然后满头大汗地飞奔回来

否则豆浆就要凉掉了

张海迪

2018 年 1 月 2 日于五祺斋

目 录

下篇·随想与随记

上篇 · 文章

酒 客 谈

李渔在《闲情偶寄》的饮馔部里，曾谈及喝酒与饮茶及吃糖果零食之间的关系，颇有意思。其中云："果者酒之仇，茶者酒之敌，嗜酒之人必不嗜茶与果，此定数也。凡有新客入座，平时未经共饮，不知其酒量浅深者，但以果饼及糖食验之。取到即食，食而似有踊跃之情者，此即茗客，非酒客也；取而不食，及食不数四而即有倦色者，此必巨量之客，以酒为生者也。以此法验嘉宾，百不失一。"说得真好。

据我的经验，真正的酒客，对糖果零食之类，确是极少吃的。当然，花生米或茴香豆除外。至于就着巧克力喝白酒的，恕俺识浅，迄今尚未见识过。喝茶倒经常能见到，但一般是在酒后。纯粹的酒客，在餐桌上的饮酒与举箸，都是极斯文优雅的。一杯下去，"眼光往返流转"，却仅用筷子挑几根菜叶，或肉丝，或几粒花生米，优雅地放入口中，细嚼慢咽，不徐不疾，淡然自若。喝酒便是喝酒，极少见到狼吞虎咽胡吃海塞以压酒意的——这些大率都是伪酒客。

真的酒客，据我小时候在农村所见，酒后用饭很少，"给我来一小口饭吧，一小口即可"，或干脆不吃。倘若又身兼烟客的，或许酒中与酒后，会抽上几支，悠悠然吐着烟圈，俾以纾其酒兴。毕竟，但凡纯良的酒客，其志趣与乐趣端在于酒，而不在于佳馔。因之，其高拔者，身材大率都是精瘦而轩昂的。倘若是膀大腰圆虎背熊腰五大三粗之类，若李逵或鲁智深之流，靠身板以扛酒的，即便亦能豪饮，总让人觉得不够正宗与道地，而心里不肯真正佩服的。

真的酒客，酒入佳境之际，是愈来愈精神的。酒过五巡，脸上便渐渐泛出鲜艳的红色来，目光炯炯，神情专注，谈吐自若。一斤下肚，依旧不紧不慢地嚼着花生米，口中却悠悠地道："迈克尔·桑德尔最近又出了一本书……窃以为，第三章是极妙的。"——这无疑是酒客中的骄子了。倘精神亢奋，竟要挣扎着爬上椅子，攀到餐桌上去高歌一曲；或满面通红，瞪着血眼，指天画地阔论道："想当年，奥巴·巴马三次，不，四次要请兄、兄弟去吃火锅，咱、咱短信都没回呢。"抑或酒过五巡，脸色由绯红渐渐地灰暗，精神由亢奋渐渐地委顿，目光由犀利渐渐地游移，恹恹然而欲睡者，皆酒中之凡客矣。

另有一些酒客，每至关键时刻，便突然站起来，"不好意思，我接个电话"，或"权起更衣"，最后竟再不返回，渺无音讯了。有的辄待到硝烟散尽、清理战场之际，便手握手机，蓦然出现了，嘴里一迭声地嗔道："这么快就结束了？这么快就结束了？兄弟还没开始喝呢。"还有一些酒客，则深谙法家之道，讲究后发制人。饭局前半段，便韬其光养其晦："兄弟不胜酒力，见谅见谅哈。"待到一桌酒客杀得精疲力竭多败俱伤之际，便眼露亮光，突然杀出，手捧满杯，霍地站起来："大家这么开心，兄弟亦豁出去了，干！"这种策略，往往是屡试不爽的。但倘遭遇到真正的酒客，即便尚留得一丝的清醒，照样可以灭他个五迷三道，溃不成军。

最后，需敬禀的是，按照李渔的意思，以及小文中所提及的酒客，皆指男性之酒客——或径直唤作酒汉吧。因为跟女汉子喝酒的机会少，极少，因而感性、知性与理性之认识尚付阙如，姑归于"存而不论"之列吧。但坊间辗转流传的，大率是男汉子们落败、大败乃至惨败的记录。这个可以有。

吃 相 谈

吃相，又叫食相，乃是指人吃喝时的姿态与形象。吃相者，既关乎礼制，又关乎审美，兹事体大，古今中外之论者可谓多矣。中国的《礼记》关于吃相便有细致之规定，云："共食不饱，共饭不择手，毋抟饭，毋放饭，毋流歠，毋咤食，毋啮骨。毋反鱼肉，毋投与狗骨。毋固获，毋扬饭，饭黍毋以箸，毋嚃羹，毋刺齿。"粗略读下来，若干关涉吃相的要求，颇有连接古今、会通中西之功，甚堪探究。兹胪举几例。

首先，"毋固获"。即，勿要因喜爱某一味肴馔，便独取那一味，或争着赶着吃。据说此种吃相，有饕餮贪婪之嫌，既不雅，亦不符合礼。记得以前读过一篇文章，说当下有公司竟以此作为考察求职者吃相乃至人品之风标，颇能洞隐烛微矣。此类食客，倘席间遇到自己喜爱的菜，待盘子转到自己面前，立马精确制导，眼如闪电，快如雨点，运筷如飞，端的风卷残云矣。即便菜盘已转开了，亦要站立起来，引颈伸臂去追杀一番。一桌八人，八块红烧肉，贵年兄独力消灭了四块：肚里一块，喉中一块，嘴里一块，筷上夹着一块，两眼犹目不转睛地盯着剩下的那一块。按人力部门的说法，此人不可用也。

其次，"毋啮骨"。即，不要专意去啮骨头，持之捧之握之，嘴中发出毕毕剥剥乃至巨大的嘎嘣之音，令人有不雅不敬之感。窃以为，此禁忌与菜肴相关，倘遭遇到以骨取胜的风味，譬如东北大骨头炖酸菜，或无锡糖醋排骨，或武汉精武鸭脖，或四川泡椒凤爪等，自另当别论。众所周知，江浙沪一带的食客，大率喜吃大闸蟹，每至秋黄蟹肥之际，餐厅里常见的，便是食客们左手持一只蟹螯，右手持一只蟹螯，在或粗犷或优雅地啃，专注地啃，包间里蟹将军之盔甲碎裂之声，此起彼伏矣。粗略言之，这也应归于"毋啮骨"禁止之列。印象中，西餐食物里一般骨头少，但凡是肉，骨头都剔得干干净净的，方方正正，颇合于孔夫子"食不厌精，脍不厌细"之道，倒易循守之。

再次，"毋咤食"。即，用餐时嘴里不宜啧啧作响，或吧唧嘴，或咂吧嘴，等等（此处省去象声词五十对），让人觉得你对饭菜表示不满意，而在大秀行为艺术呢。记得前些年，颇有人在探讨中西餐桌之礼仪，曰西人用餐，往往极安静极优雅，嘴里绝不发出咀嚼哗啵之声，而有些国人则反之。有人便辩护道：国人吃饭之际，嘴中喜发各种杂音噪声，表示吃得香吃得爽吃得痛快，端在对佳馔表达忻然与欣赏之意呢。现在看来，此传统并非"古而有之"，老祖宗们也是讲究"毋咤食"的。即便是喝汤，古人也有"毋嚃羹"之说，禁止哧溜溜地发出声响。据说，在今日许多文明人士眼里，餐桌上食客之咂吧吧唧之声，其杀伤力，竟和声波武器不遑相让呢。

复次，"毋反鱼肉"。即，自己吃过的鱼肉，勿要再放回去。此要求从卫生角度看，可以有。不过，按照俺的见识，倘从餐盘里夹起一块肉，咬一口，或"太烫太烫"，或"太咸太咸"，或"太辣太辣"，再放回去的情形，殊不多见，无知童稚自然例外。常见的倒是，有食客颇有挑菜之惯习：先用筷子大开大合地，恍若哪吒闹海一般，将整盘小炒肉翻个底朝天，再夹起一块，看看，不满意，放下；再夹，再看，再不满意，再放下。如此"交换、比较、反复"，最后重又夹起第一块，以致几轮投箸，盘中所有的肉片都被他老兄的筷子细细考察了一遍，比组织部门考察干部还认真些呢。笼而统之，此应归于"反鱼肉"之列。

最后，"毋刺齿"。即不可当众剔牙。剔牙之举，随年岁渐长，势所难免也。赵孟頫《老态》诗即云："扶衰每籍过眉杖，食肉先寻剔齿签。"窃以为，禁当众剔牙，得视如何理解"当众"了：大模大样大大咧咧旁若无人地剔，自是不雅。而最为不堪的剔客，便是一边大嚼，一边咧开嘴，用筷子径直伸进去剔，一下两下三下，剔罢，再用嘴吮了筷头，便继续怡然地伸箸夹菜也——这个现在似乎已不多见了。常见之情形，却是用一只手遮着，扭过头去，用牙签小心翼翼地剔，聊做规避矣。按照原意之解释，似乎也不妥，总需等饭后再剔才行。但这般亦不合情理，有轻慢人权之虞，似可权变之。

还有其他关于吃相的禁忌，囿于篇幅，就不赘述了。总之，古人论乎吃相，重心总在于礼，因之有些规定在今日看来，不免过于呆板端正，倘严格循守之，吃饭之气氛便恍如死刑犯的最后晚餐，与饭局之功能颇不相合，须摒弃之，或创造性转化才行。还有些规定，即便在今日，依旧合乎情理，不过因文化与价值的变迁，其背后之理据已然发生了置换，亦是吾人须注意者。这些都是题外的话了。

寻 书 记

今天上午[*]，孩子问我手头有没有茨威格的《人类群星闪耀时》，学校指定寒假要读。我不假思索地答道：有。记得很多年前买过一本，三联书店出版的，读过歌德、托尔斯泰等几人的传记后，便放在一边了。查了一下电脑里的藏书登记，在，便和孩子一起在书房里找。因为疲懒而随性的缘故，藏书没有分门别类整理的习惯，尤其近几年，几乎是东一本西一本，佗佗籍籍地塞与堆了，以致费了一个早上，竟没有找到，只好按照惯例，又去买了一本——这大约是许多人的经历了。而可以想见的是，下一次在书房里随意浏览时，"蓦然回首"，它却不经意而醒目地杀入你眼帘了。这大约也是许多人的经历吧。

回想自读书时代以来，因为爱读点书，也就爱买点书，积铢累寸，家中的藏书便只见其多，略有可观了。比如，精读的，通读的，浏览的，特意翻翻的，随意翻翻的，跟风买的，人来疯买的，买来就放在一边，日后备查或有空再读，甚或自兹萧郎陌路的。还有些

---

[*] 本书文字涉及今天、明天等表述，皆为作者写作之时的时间顺序，为保留即时感起见，兹不做修订。

是专书专买以资专用的，比如专为旅行途中读的，专供睡前读的，专供夏天甚或夏夜读的（譬如《聊斋志异》便适于夏夜读，似乎聊斋里的事儿，场景大抵在夏夜：皓月当空，清风习习，鬼故事的既视感和代入感跃然而出矣。厚裘貂绒的狐精夤夜踏雪来访的，似乎不多），另有专门放在车里碎片化阅读的，如古代史料笔记等，不一而足。总之，书是日见其多了。就像女人的衣服，买在衣橱里的，总比实际穿的要多得多。喜欢，或略有喜欢，甚至仅仅因为欣赏其衣领上那颗纽扣的形状，便买了，买了就放着，有备无患，指不定啥时候心血来潮要穿呢。说来说去，无论承认与否，其实都是骨子底里的占有欲在作怪。

还有好些是同一作者同一部书，书房里竟有好几本。有的是老外写的书，因为有几个译本，据说各有千秋，便基于比较的好奇，买了不同的译本对着看。譬如屠格涅夫的《猎人笔记》，我手头便有四五个译本。还有些，则是未再版过或市面上再难见到的旧书，偶尔发现，便多买几本以备收藏，或送人。记得多年前，在松江城区的一家旧书店，竟发现笑蜀编的《历史的先声》赫然在架，便索性将剩下的五本一锅端也。还有些，是因为觉得好或据说好，便购来，倘第一时间没空去看，或没心绪看，或时间与心绪兼无，便先放在一边，渐渐也就忘记了。下次在书店里又看到，一时竟忆不起来是否买过，便干脆再买一本。此种情形，一般是发生在那些曾为之该不该买，心里犹豫过，挣扎过，反复过，拿起又放下过的书上。还有些，便是上午发生的情形，本来是有这部书的，后来急需使用，却一时寻它不着，情急之下，只好再买一本。待到快递送来时，却发现它竟就在书房沙发的扶手上怡然地躺着呢。

曾经去一位朋友家的书房里参观过，两室四厅，处处皆是书，鸿函钜椟，书盈四壁，洋洋乎大矣。据说他好几套房子皆然。即便如是，也是不敷的。我发现他书房四壁的书都是码了双重，甚至三重的。无疑，里层的那些书基本上被终身打入冷宫，永不见天日矣。如此格局之下，倘要找一本书，不免要"上穷碧落下黄泉"，堪追寻宝游戏了。即便知晓其精确位置，要顺利取出来，也要像玩弄魔方一般，统筹谋划，左挪之，右移之，颇费一番功夫。更不消说那些尚无处可放，而被置于床底或纸箱里的书了。我便问：这么多书，这么个摆法，一旦要找起来怎么办？他亦蹙眉摊手道：没办法，实在不好找，便只好再买一本，或去图书馆借来看。闻之貌似荒唐，思之却是实情。但即便如是，书还是不断被买进来。毕竟，购书也是一种乐趣，购而藏之，也是一种乐趣，藏而秀之，亦然。曾见到一些学界朋友的自拍：在窗明几净的书房里，背后是一壁层层叠叠的书，红的，绿的，黄的，五颜六色咸集，主人手持黑檀烟斗，身着云丝唐装，案前放一杯手磨咖啡，或一杯淡茶，目光炯炯，或踔厉风发，或体态安详，佛性十足。此中之乐，夫复何求矣。

于我而言，这些年来，买书的节奏渐渐地缓下来了。买了而不去读，或没空读，就像欠了一身的旧债尚未还讫，却又不断地添进新债来，让人不堪所负，忧心惙惙。毕竟，书是用来读的，不是用来藏的。古代形容博览群书而不能经世致用的人，曰"书簏"或"二脚书橱"，现在想想，倘真正能做到书簏或书橱的地步，自然是真正饱读诗书的，顶不过乃食古不化而已，而吾人倘连博览群书都做不到，可见连讥刺他们的资格也是没有的。所以，现在的策略便是，在竭力还清旧债之余，尽量少添些新债，即可也。每次逛书店，手里总要捧一摞欲购的书，结账前，却要按照各色的标准一一自我审查之：这本书值得收藏吗？这本书买了真会看吗？这本书真的急着用吗？这本书真的有学术价值吗？等等。随着问题的深入，书一本一本地被放下，最后带走的，只一二本而已，有时竟空手而返。

无牵无挂，倒也畅快。

　　在上海外国语大学虹口校区附近，有一家路边旧书摊，书品颇优，以人文社科为主，书的品相也较高，价格便宜。许多旧书扉页之题签与印章赫然，甚至购书发票也夹在其中，颇似私藏流出。我常走过去转转，一面翻看，一面怅憾。遥想主人当年，搜罗弥苦，读书弥勤，而其后改于父道，以白菜价土豆价贱售之，致乃祖乃父斯文铺陈于尘泥，令人太息。而今之爱书者又购之，如获至宝，藏诸书橱。倘后人改其父志，依旧论斤论堆贱售之矣。孟子曰：君子之泽，五世而斩。窃以为，就藏书而言，大约二世则已矣。总之，还是少买为妙。

寄蜉蝣

很多年前，有记日记的习惯，断断续续写了一些年，有话则多，无话则寥寥几笔，或一笔带过。总之，大抵都是一些流水账。记得鲁迅先生曾经说过："日记的最高境界就是写流水账！"这句话很有道理。譬如今天做了甲乙丙丁几桩事儿，遭遇了赵钱孙李几个人，就记，以便今后记忆模糊了，可取出来查核一下。这是流水账的好处。有的人则不然，总把日记写成了议论文或散文，间之偈语名句，一日挣扎一篇，多累。

记得读小学的那些年，老师是要布置写日记的。据说日记"是一种文体"，所以得多练。便每日搜索枯肠，写好日记，交给语文老师批阅。老师龙飞凤舞，批个大大的"阅"字。但乡间的事儿，总这么几件：放牛，吃饭，上学，把牛牵回家，再吃饭，偶尔围观人吵架上吊。似乎很难有什么伟业与神迹，把每一天区分出来。记的日记，便如印钞机里印出的新钞，这张和那张，难以区分。老师便以引用名言来启发，"生活中不缺少美，而是缺少发现美的眼睛"。问题是，人的眼睛，就这么一双，该发现的，早就发现了。除非罹了近视，举目模糊，自兹倒发现了世界的朦胧之美。

即便如此，还是硬着头皮，有一搭，没一搭，断断续续写了几年。这些年，确切些说，这十多年，这个习惯竟渐渐地荒废掉了。倒不是因为忙或懒，而是越来越觉得，一个人活在世上，就像苏东坡说的，"寄蜉蝣于天地，渺沧海之一粟"，历经了种种的人与事，情与景；对于本人而言，可能是有意义的，但从宏远的视角看，都是极微末的——"就好像浮云一样"（《少林足球》）。过程是重要的，但未必定要强留下痕迹与线索来，表明自己曾经确乎是来过的，这就太当回事儿了。就像一人独自伫立于寂寥无人的山野，美景娱目，天籁悦耳，心中涌起无限的美妙感觉来就行。记和不记，实在算不得什么。

泰戈尔诗里写道："天空没有留下鸟的痕迹/但我已飞过。"说得多好。但有时候会想，飞过与没飞过，对于天空而言，又有什么区别呢？

流光容易

经常听到人感叹——其实也包括我自己，现在百事猬集，碌碌庸庸，人生中有许多体认与感悟，萦绕于心，激荡于膺，惜乎总没时间与心绪，来整理之，写下来，颇引为至憾。苏格拉底说得好："未经反思的人生，是不值得过的。"道理该是这样的，但事实却是，在没有时间或余暇去反思前，总不妨先硬着头皮活下去，待到老了，便可真正沉静下来，辟出大段的时间，来好好反思一番。——就像黑格尔说的，让密涅瓦的猫头鹰在黄昏起飞。

多么浪漫的愿景！浪漫归浪漫，但我总觉得不是特别的乐观。毕竟，人老了，自然有老了的事与情：烦的，忙的，累的，喜的，乐的，爽的；以及，如新闻里所倡导的，老有所学、所为、所乐等。凡此种种，都是我们现在无法预想的。倘若虑及生命无常阴晴圆缺之类，则不免常令人迷惘了。从身边的事例来看，老之将至，或老之已至，真正提笔来写的，似乎亦不多。这说明人在年轻与壮年时的一些想法和意见，到了老年，自己未必是总肯同意的。

人生总是这样的吧。许多事情，年轻时觉得是个事儿，值得记下来，忧勤惕厉，座右铭之。待到老了，阅历多了，视野与心胸宽了，便见惯不惯，见怪不怪，根本不觉得是个事儿。就像宋代方回诗里说的："早欲升堂学四科，晚年万事已谈何。"年纪大了，清风明月，万事都不是事儿了，还谈啥？另外，人在青壮年时的许多想法或情绪，总是灵光闪现，转瞬即逝。偶尔莫名地想到，逸兴遄飞焉，倘不及时形诸笔端——按照培根的说法，写作使人精确——转念之间，便烟消云散了。即便老了偶尔忆起，却因时过境迁，意兴阑珊，也懒得去写去记了。

另须面对与坦陈的是，年纪大了，便会悲哀地发现，自己此生昂昂自负的笔力，包括文思、文采及才情，经年之间，不知不觉变得枯涩了。在我自己，便有这种深切的体会。中年以后，文风便愈来愈平实了，年轻时代的绮丽词句，皆已散佚尽了，文风开始清淡从容起来——其实，天可怜见，也只能如此了。宋元诗人黄庚在《和茅亦山先生杂咏》里说："破砚尘封懒赋诗，晚年才思觉衰迟。"周密在《齐东野语》序里也说："老病日至，忽忽漫不省忆为大恨。"这厢悲哀的情形，即便笔耕不辍的鲁迅，亦不能完全避免。曾读到他在逝世前写给友人的信，道："近来记性，竟大不如前，作文也常感枯涩，真令人气恼。"你看！

记得在我年轻一些的时候，与朋友聊天，其喟叹道："上了四十以后，最大的感觉便是精力不济，竟不能熬夜了。"其时听到，颇不以为然。那时候我倒喜欢在凌晨时分读点字儿，或写点字儿。似乎一到凌晨，就特别兴奋。想想人世间除了小偷以外，都已酣然入睡了，而你不但生动地醒着，还在思考关乎人类命运的问题。此番豪情壮志，谈何了得！现在到得中年，精力与记性日衰，也就能体认朋友的体会了。身体的局限性，推及人生的局限性，以及生命的局限性，便不免常有旷夜之怅叹矣。

其实，在我自己，常常也会有一种冲动，想围绕一些人生的主题，断断续续地写出一个系列来。就像西塞罗或培根一般，论友谊，论责任，论老年，论家庭，论人生，论爱与恨，论生与死，论贫与富等，一一地论过来。但这些主题，似乎总要工农兵学商，及入仕，及流浪，及游手好闲，及周游列国，及游山玩水（释道原《景德传灯录》卷十九：问，如何是学人自己？师曰，游山玩水去），诸如此类，大略都转过一遍后，才有资格与经历来谈。现在言之，无论是经历，还是学识与见识，以及心态，与这些主题，似难副之。或许，待到老了，可以慢慢地说上几句。但倘真的老了，恐怕连说的心思也都没有了。

即便到了老年，亦不过是人生之一阶段而已。有些想法，恐怕也仅仅是老年的见解，算不得对人生的真正看透。大约七十岁的想法，与八十岁九十岁，恐怕也是不同的。毕竟，人只活了区区的一辈子，就要来谈看透看穿，似乎总不够格。就像一个人，总须拥有并花销过无数的钱，才有资格来看透钱。不名一文，却要来看透钱，究竟是让人不肯信服的；抑或，一个人总须经历过许多次的情感，才有资格来看透爱情。——其实也未必总是如此。有时，甚或经常，反倒是更糊涂了。人的一生，浮生如寄，如梦，要谈看透，未免弛高骛远，不妨聊做一路经行的痕迹，汗漫记之吧。

这几日，在断断续续地读《翁心存日记》，边读，边想：倘是翁的后人，读到这些日记中所记载的人与事：悲欢离合，荣辱兴衰，进退留转，载浮载沉，该是何其幸运与幸福的事啊！在字里行间，祖辈的生活世界与心灵世界跃然于纸上，通过这般文字的联结，家族的血脉与心灵的脉动，跨越时空地勾连起来，并焕发出了新的生命力，这无疑是一件特别有意义的事。所以——或者总之，只消有空，便不妨每日硬着写几个字吧："2018 年 2 月 17 日，晴，携孩子游七宝老街。馀不赘。"

胖的逞想

前天在郊区转了转，沿途看到不少的饭店——大多是农家乐性质，冠以胖哥、胖师傅、胖阿姨之类的店招，颇有意味。从文化与心理的角度看，胖，似乎本就与餐饮有天然的"家族类似"，而印象中，瘦字就用得少，譬如瘦哥饭馆或猴哥餐厅之类就罕见。想想也是，一个人倘要开饭店，自己却鸠形鹄面，形容枯槁，一副油水不足、营养不良的模样，就像一个秃顶的人兜售生发剂一样，终不可信，让人"足将进而趑趄"矣。

按照文化的想象——记住，仅仅是一种想象。胖，与吃，与喝，与油水，与脂肪（按照词典的解释，胖，乃指"人体内含脂肪多"），与大鱼大肉，与炖炒煎炸，进而，与整个餐饮业，是有内在的线索与逻辑的。毕竟，饭店离不开掌勺的大厨，而大厨的形象，大抵是胖乎乎的，圆滚滚的，油光满脸的——自己倘不是资深的吃货，又岂能有情怀有本领有信心让人放心地大快朵颐与之同胖？可见，冠以胖哥之名，亦属合情合理。倘若叫瘦哥或猴哥，则不免方枘圆凿了——连开店的自己都浑然一副瘦骨嶙峋的景象，可见油水实在有限。

但，胖与饮食的勾连，大抵是在大众饮食层面。关于胖的美学，也仅在大众审美的层面。倘是西餐，或海鲜鲍鱼餐，或日本寿司，以及红酒咖啡巧克力的场合，冠之以胖，譬如胖哥咖啡馆，胖哥海鲜城等，总有些不合时宜，不伦不类。毕竟，胖哥给人的饮食想象，端在于实惠，在于分量足，在于油水大，在于重口味，在于热气腾腾，在于大鱼大肉，在于乐呵呵，在于性价比，在于接地气，在于酣畅淋漓大快朵颐。而精英的场合，辄在于精致，在于高端（其实就是量少而贵），在于阳春白雪，在于原汁原味，在于营养低卡，在于细嚼慢咽浅斟慢酌。又据说，胖，在西方，渐渐也在东方，已骎骎乎成了平民的身份象征。因此，在高档的餐饮店，在市中心，在星级的店，以胖冠名的，少。

按照大众的美学，以胖为美，是古而有之的，譬如唐朝。还有其他一些国家亦然，譬如非洲一带——在贫瘠的时代，以胖为美、为身份的象征，自在情理之间，不足为道。但，胖作为一种美与身份的符号，渐渐演绎成了一种关于胖的美德想象，则是一种极悠久的社会文化建构了。按照卡西尔的哲学，人的胖，是符号，也是文化。世人谈及胖，总不免和憨厚、大方、豁达、乐观、不计较、不琢磨、不算计、接地气等联系起来，据说国外还有人专门研究过体型与品性之间的关系，结论见仁见智，就不去说它了。——在我看来，这究竟有些野狐禅。按古人的意见，人之所以易胖，端在于心宽、心清、心广、心腴矣。肚里不藏事儿，不琢磨事儿，不患得患失，不惶惶惑惑，不辗转反侧，不坐卧不宁，吃得下睡得着，如此这般，焉能不胖？——其实，众所周知，这也是未必的。

正是依据了这些文化的想象，以及由此演绎出来的事实想象。胖哥，以及胖哥的饭店，一则，该是油水足，用料足，分量多。大大咧咧，手腕一抖，一大勺锃亮的猪油，便浇下去了。痛快！二则，该是价格公道、实惠、不计较："四菜一汤，八折，总价168元，8

元零头就算啦。"端的豪爽！记得当年在学校读书的辰光，遇到胖的师傅的厨窗，打菜打饭，分量的确会实沉一点，窗口前便因此常摆一字长蛇阵矣——那是一段多么美好的时光啊。而且，去胖哥饭店吃饭，依照想象，似乎，应该，必须与大鱼大肉相关：吃胖头鱼，吃焖蹄髈，吃锅包肉，吃地锅鸡，吃红烧大肠，吃东北乱炖，等等。倘若进得店来，晓晓地点一圈清炒菠菜、水煮西蓝花、凉拌荠菜、尖椒茄子、紫菜蛋汤、蔬菜沙拉之类，总有点不合时宜。甚或，倘上纲上线地说，简直就是搞事挑衅了——一点油水都不沾，你对得起胖这个字儿吗？

胖哥也者，从心理上讲，也容易给食客一种踏实感和安全感。一则，胖，总给人许多美好与善良的想象。憨厚乐观，淳良爽朗，大大咧咧，乐乐呵呵，人畜无害，等等。环顾四周，街坊邻居，同学同事同侪等，总有几个胖哥。因此，胖哥的名儿里，总透着一股人情味儿和热乎劲儿，似乎与增味剂、地沟油、苏丹红、瘦肉精及缺斤少两、以次充好、强买强卖等，总难画上等号。再则，胖哥的脾气大抵都是温和的，总是呵呵，呵呵呵，颇有喜感。胖而暴躁的，很少，即便有，那不是胖，是壮，是彪。另外，胖，常给人真性情之感。毕竟，胖之由来，端在缺少亚里士多德所言节制的美德，该七分饱的，他吃十三分饱。该少吃肉的，他无肉不欢。因为管不住嘴，不肯节制，"不遵医嘱"，说明性格中有缺陷——譬如随性，缺乏节制与毅力等；因为有缺陷，按照美学，才真实。因为真实，才让人放心。即便是真实的坏。

这是关于胖哥饭店的零碎的逞想，就事论事，决不能推及其他领域与事域里去。譬如，在管理领域，瘦，相较于胖，便具有无以伦比的德性优势。瘦者，按照文化的想象，意味着精干、犀利、严谨、勤恳、节俭、理性、严于律己、富于效率，甚至更深一层，廉洁，等等。有时候，瘦，还代表着一种风骨。记得年轻时听过一首歌，叫《风一样的男子》，总想象这样的男子应该是瘦的，决不能是一个剃着郭德纲发型的粗黑的胖子。总之，这些都是文化的想象与建构，不能太当回事儿。古龙先生就特别善于解构，善于反弹琵琶。他的《白玉老虎》里，唐门三少里的唐缺，便是一个特大号胖子，整日价笑呵呵的，为人却极阴狠毒辣。这种反弹，便是极可畏怖的。

总之，倘要吃饭，仅仅是吃饭，按照文化的想象，似乎可以考虑胖哥饭馆的。至于其他，则属"六合之外"的事儿，"子所不语"，咱也就存而不论了。

论文人相轻

　　文人相轻，自古而然。这是曹丕先生在一千多年前说的话。自此，文人之间似乎便一直相互"轻"下去了。到了民国，鲁迅先生专门撰文论过，从一论开始，一直做到七论，曲曲折折，欲言又止，似乎也没说出什么东西来。但文人之间的相互不买账，却是确凿无疑的了。这与武人的相轻有些不同。毕竟，武人之间倘相互瞧不上，不妨相约个地儿，你死我活地打一架，无论是武当派，还是崆峒派，技法可以各异，但只消把对方打趴下，乃至到满地找牙的地步，胜负自然铁板钉钉，落败的人也只好服气，再没有轻的资格，大不了羞恨难当，回到家里对着孩子嘱托几句，便自断经脉而死，这也都是常见的。

　　而文人之间的相轻，按照"始作俑者"曹丕先生的说法，端在"文非一体，鲜能备善，是以各以所长，相轻所短"。可见，文人之间的较量，因为缺乏度量衡，高下难判，相互轻起来，也就顺理成章了：写散文的看不起写小说的，写小说的看不起写散文的，诸如此类，都是见怪不怪了。倘要论定一个输赢，决出一个胜负来，实在有些勉为其难，打一架又似乎不雅，有违君子之道，只好"和平共处"地相互看不起了。其实，即便"文同一体"，也是要相轻的。

譬如，即便同为诗人，因为诗与诗之间亦难有确凿的标准，又据说"文章总是自己的好"，诗歌自然也不例外，于是诗人间也只好相轻起来，新月派的看不起象征派，偶尔见到，大抵也是虚与委蛇地问好而已，至于暗地里胸闷气胀，乃至老胃病发作，也是我们经常能见到的。

我想，大约在唐尧时代，文人之间的相轻，或许并不多见吧。毕竟，连王位都肯禅让的时代，端的是和谐社会了，文人之间实在没有"相轻"的道理。于是，不妨"你好我好大家好"。春秋战国以后，据说养"士"的传统渐渐地起来了。上层人家大抵都养了一拨"士"，那阵儿流行叫"门客"，鸡鸣狗盗杂之，但大多以文人为主吧。按照毛主席的说法，这些"毛"都是附在"皮"上的。相互之间不免要争风吃醋起来。记得小时候看连环画，看到有贵族延聘了什么名士，或引进了什么"海外高层次人才"，正大张旗鼓隆重接待之际，躲着隔壁门房里的一班文人，则不免个个跌足叹气，肚皮一鼓一鼓的，八字须还要愤怒地翘起来，画得实在是惟妙惟肖。毕竟，新的领军人物引进来，现在的一级骨干，就要变成二级骨干了，依此类推，接下来要上演的，自然就是"文人相轻"的故事了。但这种相轻，似乎与曹丕的"文非一体"无关，却颇类嫔妃们的争宠。

有意思的是，文人之间的相轻，由头不可谓不多，五花八门，无所不及，端的是欲加之罪，何患无辞矣。才学高的，自然可以轻才学低的；但才学低的，却也可以从其他的"进路"切入，来轻才学高的：譬如小老婆庶出焉，斗鸡眼兼结巴子焉，非名校海龟焉，清高狂狷焉。就像女人之间的相轻，漂亮的固然可以轻丑的，丑的自然也可轻对方是"狐狸精"，由此在道德上胜利一番，顺利扳回一局。于是，文人之间的相轻，实在不啻一场混战了，只要抓住了对方一点，便可以刻骨铭心地轻起来。因为文人的相轻，是讲究"君子动口不动手"的，你可以看不起我，我自然也可以看不起你，但相互间却可以并行不悖地各自"精神胜利"，倒也相安无事，有时见到，还能亲热地说一句："今天的天气，哈哈哈哈……"不像武夫之间的相轻，一定隆重地下个帖子一决雌雄才行。

当然，文人之相轻，一般只是文人之间的相轻而已。换言之，文人敢于、善于并乐于"轻"的，也只是"文人"，他们绝不会、也不敢"轻"到武人头上去。因为武人有拳头，一身腱子肉，经常胡乱地抖动，脾气又火暴，既不讲"理"，又不讲"礼"。因之，倘有不慎，骨头一轻，轻到了李逵之流的身上，就不免"后果很严重"了，轻者满地找牙，重者恐怕一颗斗大的文曲星，就要彻底陨落了。武夫尚且如此，倘若轻到军阀或者"政治家"，后果就不堪设想了。众所周知，古代有个阮籍先生，是个青白眼，见到高人就用青眼，见到俗人就用白眼，牛气得很。但我想，阮先生的社交圈大抵都是些文人吧，所以白眼相轻一下，也是无妨的。倘若遇到赳赳武夫，却要继续白眼加之，阮先生的眼珠子，大概就要不保了。所以，自古以来，史书上有的，大抵都是些文人看不起文人的记录，毕竟这种"相轻"是最保险最和谐不过的了，而且还有一点点浪漫的成分在里面——有吗？我看还是有一点吧。

卖相与吃价

在上海话里，更精确一些，在吴语方言里，有一个词儿，特指物品或人的外表形态，曰卖相。用卖相来表述物品的外表，在沪上的日常用语里较为常见，如辣椒的卖相、橘子的卖相、书的卖相等。毕竟，物品是可用来交易的，因此称之为卖相，洵为妥恰。而对于人的外表，在吴语里，竟也用卖相来形容，如"昨天单位来了一位新同事，卖相老好了"，言下亦将人置于交易的语境中来观察与看待，似乎人的外表相貌之类，也是商品之一种，颇有意味。

这种表达习惯的发生，因没做过相关的考察，阅读过相关文献，咱暂不敢妄加臆断。不过，仅从常理来看，似乎和吴语地区自古以来商业繁荣，以及由此形塑的商品意识有关吧。但也未必。譬如，在我老家的江西方言里，形容物品或人，亦常常用买卖来衡量的，曰：吃价（音"恰嘎"），从字面来看，即指叫得起价钱，或者值钱之意，背后彰显了一种商业意识。值得关注的是，不仅物可以吃价，人也可以吃价，甚至这个词有时可用来形容抽象的事物，比如天气或者精神等。譬如"今天天气真吃价""这个老人家的精神真吃价"等，理念上与"卖相"一词有异曲同工之妙。

但这两个概念之间的区别，还是较为显著的。首先，江西方言里的吃价，词性是形容词，褒义，总体上类似于好与佳的意思。而卖相是名词。其次，与卖相仅仅指称外表形态不同，江西方言里的吃价，不仅指外表与外观，还可指内容或本体，甚至可表达一种综合评价，例如"某某的儿子真吃价"，既可以指外表长得吃价（帅），亦可指学习好素质好等内在品质，甚至两者兼而有之，综而合之。最后，正因为两个词互不相碍，所以倒可以组合起来使用，如"这个男孩的卖相真吃价"。言语之间，一股浓厚的商业氛围便骤然弥漫出来了。

无论是卖相，还是吃价，虽然纯属不同的词汇，有着完全不同的用法，但两者都是从交易和价值的角度理解事物，甚至人。这词汇构造背后的观念与哲学，倒是值得我们检讨的。

岁除的随想

　　说起来有些荒唐。前几天，我竟还和家人核对了一下过年的确切日子。15 号？不对，是 16 号。想想也不难理解，自寒假以来，这些天混过下来，日子就像一沓水渍了的白纸，糊粘成一团了。每日和每日难以遽然地辨清了——似乎也没有必要去辨清。就像一沓百元大钞，每张之间都可以彻底重合起来。在这都市的语境里，过年，于我而言，似乎也没有什么特别的意味，值得念兹在兹，或特特为为去打理的：对联自是不必写与贴了；鞭炮，因为禁放的缘故，也就不必买与放了——所谓"爆竹声声一岁除"，现在干脆径直蠲除掉了；年货也是可买可不买的，毕竟，每天炒的炖的吃的喝的本就是这些。为郑重起见，宜另添几道大菜，但除了大鱼与大肉，似乎再难炊金馔玉吧；至于新的衣裳，本就都是新的，自不必特地去选购了。倘若就待在家里，只便衣即可也。

　　当然，拜年与串门，倒是极重要的。因在上海过年，没什么亲戚需要走动，也便省却了。唯一的不同，大约就是除夕会有个春晚吧，这倒是少年时代常常悬盼的，但现在也已好些年没细细去看了。所以，关于过年，竟没有什么格外的驱动让人拳拳在念，便在心内注定模糊起来了：买菜，便继续买菜；遛娃，便继续遛娃；看书，便继续看书；打盹，便继续打盹。一切仿若钟表，运行如仪。——只是这几日上海街头的车辆日见稀少了，这便是春节日益迫近的明证吧。奇特的是，连孩子们也从未打听过什么时候过年，大约过年之于他们，尚未发现切身的关碍，实在可有可无，尚不如去看一场《寻梦环游记》吧。当然，倘非孩子尚幼，似可千里奔袭回老家过年的。但现在的情形似乎已达致"城乡一体"的地步了，乡下的年味也百味杂陈地越来越淡了：爆竹和春联，自是振古如兹的；与家人的团聚，自是神怿气愉其乐融融的。至于其他，大约就剩三样：吃、喝与麻将了。——或许还有其他一些吧。

但，唯一不变的便是岁除之际的感谢与祝福了，这是我须真诚与郑重表达的。包括：春节快乐，身体健康，事业有成，平安吉祥，生意兴隆，学习进步，阖家幸福，等等。倘要这些恭贺的心意一一列举出来，总不能彻底穷尽。总之，在农历新的一年里，一切都须继续好着，变好，或更好起来。按照字典里的解释："好，形容词，泛指一切美好的事物。"不妨就直接恭贺所有的人"新年好"吧。——新年好！

爱弥儿如是说

爱弥儿曾经说，所谓了解事物，指的是先进入事物之中，然后再从里面走出来。因此，需要的是被囚之后的挣脱，痴迷之后的觉醒，热情之后的冷静。还陷在里面的人，和从来没有掉进去过的人一样，都不算真正了解事物。我们充分了解的事物，一定是我们先相信过，而后彻底思考过，并足以对它做一番批判的事物。要了解事物，非得成为自由的人不可。但自由之前，又非得被那事物囚住不可。

这是一个很深刻的体悟。它对于了解事物设定了几个关键的前提：一是我们先得相信过、痴迷过这个事物，并在事物之中，经验地理解、思考和批判过这个事物。二是我们还得能保持觉醒，并顺利地从事物的囚笼里"挣脱"出来，成为一个"自由"的人，才能真正地了解一个事物。总之，我们得既能进得去，还能出得来，而决不能像李宗盛歌词里唱的那样"还未如愿见着不朽/就把自己先搞丢"。

多年前看过一本书，叫《街角社会》。作者是美国芝加哥学派社会学家怀特。作者以被研究群体——"街角帮"一员的身份，"进入事物之中"，对街角帮的内部结构及活动方式，以及他们与周围社会做了细致的观察与研究。发现街角帮的内部也按照自己的正义和规则在运行，而非常人眼里的非理性，无情无义，杀人不眨眼等。问题在于，怀特如何能在研究者与参与者之间维持一种精致的平衡呢？——当他以研究者的身份观察时，因为缺乏爱弥儿所言的"热情、痴迷和相信"，而不能算真正地进入事物。当他以当事人的身份出现时，又因为没有"挣脱"出来，成为"自由的人"，而无法做出真正"彻底的思考"。无疑，这是一个困局。

值得追问的还在于，当一个人进入一个事物的内部，再从里面走出来或挣脱出来，并非真正像一个人闯入一片沼泽，再小心翼翼地抽脚出来，然后仔细把双脚清洗干净那般简单。当我们真正进入一个事物的过程，作为一种实践，本身也是对于作为主体的人的主观世界的一种改造和塑造的过程。因此，它就不可能真正做到一尘不染和全身而退——或者"真正的自由"。在某种意义上，从事物之中顺利挣脱的人，已不是进入事物之前的人，而是一个被事物的秩序改造过的新的主体。此时的"了解"、"思考"和"批判"，其客观性又从何谈起？

遗忘的忧与乐

最近的记忆有些下去了。它的下去，倒不像一滴溅在衣上的墨迹，渐渐地黯淡下去，再黯淡下去，最后变成了一丝若有若无的轮廓——因为知道了它的存在，倒没有什么特别之感，大约偶尔会勾起一些若有若无的伤感吧。现在的下去，却像一块绿色的草皮，被硬生生地铲去，变成了没有，以致最后竟觅寻不到丝毫存在的痕迹了，这便令人有些莫名的畏怖。

不过，按蒙田的说法，记忆力的下去，竟乎也是一件好事。因为你很难记住人的名字了，为防尴尬之见，便自觉避开了虚华的社交圈子，倒能踏踏实实清闲地度日。而且，你的发言也能更简洁精悍了，因为很遗憾，你实在记不住之前打好的腹稿了。当然，你也不会去撒谎了，因为要维持谎言的一致，对记忆力的要求实在太高了。总之，似乎很有些道理。

记得曾看到一则介绍，说玻璃缸里的金鱼，其记忆一般只有7秒，颇为之感到悲哀。但转念又想，倘仅仅过着供人赏鉴而讨人欢心的生活，它们的记忆不妨还可以更短一些。毕竟，作为一种异化了的存在，好的记忆不过徒增自己的嘈嗟与怨艾而已。有些时候，甚或大多数时候，健忘抑或没心没肺地活着，未必就是坏的事体。

据说，记忆力的下降，甚至健忘——按照科学家的发现，有时竟是一种大脑的保护机制。通过删除不必要的记忆，保证大脑不会负载过多的信息，以帮助我们适应新的情境，可见健忘亦未必是件彻底不妙的事体。但作为一名教师，记忆力下降的不便，便是在与毕业多年的学生遭遇的场合，常常出现种种意料之中或意料之外的尴尬。例证就不必列举了吧。具体之情形，诸君大抵亦能生动地想见。总之，这大约是我现在感觉到的最大不便。

孩子们的正义

十年前，老大还小的时候，我曾陪着他扎扎实实地看了几年《喜羊羊与灰太狼》，包括每年的贺岁档电影，可谓与谐与乐矣。这两年因为老二的出生，便继续返老还童，重作冯妇，陪着他兴致盎然地坐在地板上，看光头强和熊大熊二，算是在恶补小时候所欠的功课吧。在我小的时候，据说电视台也播过许多好看的动画片，曾风靡一时。憾乎那时候家里，不，整个村子里都没有电视机——更不幸的是，也没电。所以，童年基本上是与动画片绝缘的。

两部动画挣扎着看下来的结论是：前者灰太狼先生虽然聪明、浪漫，富有家庭责任感、韧劲和创新意识，但几年下来，青蛙和杂菜沙拉吃了不少，却未能好好吃上一顿羊肉，倒常常饱受悍妇的平底锅——多么可怜而可爱的坏人呵。后者光头强先生亦然，其人虽然长得磕碜了点，但脑子灵光，多才多艺，对生活充满了一种乐观的热情，而且忠于本职工作，偶尔还能有点小情怀。对李老板而言，倘不是经常误会的话，光头强堪为一个勤勉而负责的员工了。毕竟，天地可鉴，我父子可鉴，强哥每集里"辗转反侧，寤寐思服"的，不是异性，乃是砍树矣。但在熊大熊二及其他正义群众的干预下，总没能痛痛快快砍成过几回树，端的天可怜见！

两部动画给予我们的启示便是，坏人们纵便如何之奸猾，其阴谋诡计总能被代表着智慧和正义的人民的慧眼识破，坏事最终不能得逞，反倒弄巧成拙，落得个鸡飞蛋打，铩羽而归。其模式颇类似于小时候看到的打仗电影，鬼子纵狡猾，亦敌不过咱智勇双全两道剑眉靓煞人的武工队李队长。于是，在嘻嘻哈哈之间，正义一次次、一集集地被成功伸张，好人总是有好报，坏人一定没好下场，一场场生动的德育课顺利地入脑入耳入心，小孩大人皆大欢喜，心满意足，洗洗睡也。然而，大人们总不免有些隐隐的担忧，这种正义必须实现、也一定能实现甚至粗暴实现的模式，长期濡染下来，对孩子"三观"之塑造是否真的有益？毕竟，在真实的世界里，坏人们偶尔甚或经常是能得逞的，因为他们的坏。而正义偶尔甚或经常会是迟到的——如果不是缺席的话。

精神胜利之后

因为邻近的缘故，每日午后，我习惯去对面的鲁迅公园里走一走。里面大多是老年人，或健身，或闲聊，或什么都不做，衣着俨然地静坐在一棵落光了树叶的梧桐树下的漆色斑驳的长椅上，朝远处凝望，或冥想。这些都是每日能见到的风景了。一路走过去，便恍若已先在预习着自己的老年了。记得海德格尔曾说要向死而生，这个说法我总觉得太决绝和悲壮了些，其实只消向老而生，就可以了。

眼前这些老年人的情形大约都是美好的。总比那些长年孤单地安卧在养老院的病榻上，静静地凝望着窗外那一角寥廓的天空的老人们，要好得多了吧。至于要像古代的文人那般，致仕之后，"枕石漱流，吟咏缊袍，偃息于仁义之途，恬淡于浩然之域"，自是可望而不可即的。但这种生活似乎过于浪漫了些，只消想象一下他们气喘吁吁地爬到山上，大汗淋淋而冠歪袍乱的狼狈情形，总有些老子所说的"美言不信"之感。

前几日的中午，我经过公园的一处树林时，里面传来一阵阵欢快而整齐的喊声，驻足望去，只见三个中年妇女，围着一棵大树，随着节奏雀跃，每人脸上洋溢着无任欢欣的神情，口里兀自欢快地喊着："我们一定要健康""我们一定要快乐"。雀跃呐喊了几分钟后，便一齐仰起头，痛快而淋漓地大笑起来。笑过后，便相互拥抱着，拍着肩膀，斯抬斯敬地相互鼓励着"我们一定要快乐""我们一定要健康"。无论是雀跃，还是呐喊，以及随后的大笑与拥抱，极有鲜明的程序与仪式之感。于是，我心中的疑窦便遽然解开了：这大约是一种融合了"自我暗示"功能的身心兼修的健身活动吧。虽然看起来有些滑稽，但其心总是苦心孤诣的。

自我暗示的疗法，古已有之矣。据说好的自我暗示，倘要效果鲜明的话，得不断用肯定的、简洁而有力的语言，铿锵而反复地说，就像法国社会学家勒庞在《乌合之众》里提及的情形，需要"断言、反复强调和感染"。在《喜剧之王》开头，不名一文的星爷面对大海高喊"努力，奋斗"，颇可符而合之。无疑，公园里三位女性的"我们一定要健康""我们一定要快乐"，便深谙了自我暗示之道。据说这般地喊着喊着，潜意识里便会渐渐地自我感染与相信了，精神由此得以胜利，渐渐地引发了身体相应地改善，从而能满血地归来。斯可谓求仁而得仁矣。

但我总有些疑惑：倘若是一个万劫不复的烟鬼，或积性难返的酒鬼，每日起床，推开窗户，对着东升的旭日，反复地高喊"我一定要健康"。这种自我的暗示，恐怕连上帝也是不肯相信的——假若真的有上帝的话。但自我麻痹的效果，似乎总还是有的，就是自兹可以放心大胆地继续抽与继续喝了。又譬如，怙恶不悛的盗贼们，每日深夜出发前，亦要反复铮铮地喊道"我们一定要成功"，但结果却未必总都能灵验。毕竟，人家警察们也是高喊了"我们一定要成功"的。所以，最后还是回到了那句老话："激励自己最好的方式是自我欺骗；毁灭自己最好的方式也是自我欺骗。"

寂静欢喜的鱼

　　家里养了四条金鱼，两条是红色的，中国红那种，一条是红黑相间的，还有一条是银白色的。那是暑假里买的。其时，每日傍晚，吃罢晚饭，我就牵着一岁多的孩子，到附近的花鸟市场去看鱼——这算是完成每天遛娃的功课吧。记得老大这般小的时候，我每天是带着他去附近的超市里买玻璃球的。自动投币，一元一个的那种。今日思之，颇觉惚恍。花鸟市场里有很多间出售金鱼的小店，杂陈着大大小小的鱼缸，养着五颜六色的金鱼。品种很多，名贵的、寻常的，都有。可惜我一种都不认识。

　　孩子每次进去，就隔着鱼缸轮番着兴味盎然地看，一面用手指点着，一面咿咿呀呀地同鱼对话，间或回过头来同我粲然地笑。这大约算是他这一天最为惬意的时光吧。但每次带他离开，却是极为艰难的事。先是和颜悦色地劝：天晚了，鱼儿们要睡觉了，咱们明天再来看吧？孩子便似懂非懂地点了头，让我牵着手，犹自边走边恋恋地回头看。待要出门时，却挣脱了我的手，颠颠地冲回去再看。如是者三，我便只好仿照城管的执法，将他抱起来，"强行带离现场"了。有一次，实在无法，我便说：那咱们买几条回家去看吧。孩子很开心，便自己用手指隔着鱼缸"钦点"了四条小鱼，让老板用塑料袋装好，放了一些水，便拎着满意而赳赳地回家了。

有意思的是，孩子学习语言的过程，大抵也是从金鱼开始的。刚刚开始的时候，我们指着水里的鱼，教他唤"昂恩"（上海方言里鱼的发音，标准音标为 hhng）。离开了现场，不宁唯鱼，孩子将所有与鱼相关而不在场之物，具体的或抽象的，皆通过"昂恩"来表述与交流了。譬如，远远地看到河与水，他便热切地叫"昂恩，昂恩"；又因为每次带他出门，大抵是去看鱼的，因之孩子倘要出门去逛，便直接用唤"昂恩，昂恩"，愚父便知晓了：哦，这厮想出去逛了。现在金鱼进驻家里了，他和金鱼的对话也便更深入了，虽然依旧是咿咿呀呀地说，但对于他的学说话，还是有一点好处的。

在家里养鱼，或养花，或养鸟，或其他，这种心思我是一些些都没有的。倒不是因为嫌其烦琐，费时、费事乃至费心，而是自小在乡村里长大，便感觉出门所见到的花鸟鱼虫，乃至天上的浮云，林中的棘草，以及山沟里流淌的泉水，都是和人一样，是自然地活着的（being）。按照我对自然的理解，"自"指的是主体，"然"则是对于主体的自我肯定，所谓自然，无疑是自是其是也：花儿自然是绽放在田野里的，鸟儿自然是飞在空中的，鱼儿们自然是游在湖里的——甚至是孩子们，自然是欢快地奔跑嬉戏于田野与巷道之中的。总之，自然中的一切，一切的一切，就像仓央嘉措诗里说的，该是"寂静欢喜"的，那就不妨继续"let it be"吧。

但这四条金鱼最终还是在我家落户了。每天早晨，投下鱼食后，孩子们便围着鱼缸认真地观望它们安静且欢快地进食。记得以前读《红楼梦》，读到贾宝玉写给晴雯的祭文，有"鱼喋喋以响"一句，总觉得和自己的经验有些不对，似乎鱼的进食，总是悄然无声的，即便有，亦是极为纤微的。倘若连鱼儿喋喋之音都能听到，该得有一颗何其敏感而沉静的心呵。我是很少去看这些金鱼的，似乎没这个闲心，也没这习惯。但据说养鱼和赏鱼，是可以养心和养性的，书上言之凿凿，似乎很有道理。但我总想，养性与养心，固然重要，但最后的结果，竟沦变成了养花和养鱼。无论如何之辩饰，总不免让人有异化走形之憾吧。

记得清代王永彬的《围炉夜话》里说，"养心须淡泊，凡足以累吾心者勿为也"。养花和养鱼，倘要彻底按照书上的教导，来如法炮制一一去做，还是极需细心和耐心的——甚至有些费心。要完全做到"不累吾心"，还是极难的。但对于孩子们来说，鱼儿们每天带给他们的欢乐和惊喜，却是极真确和丰硕的。毕竟，他们还是能超脱许多功利与格式的考量，完全从审美的角度来欣赏这些鱼的。记得我第一次去上海的水族馆参观，看到玻璃通道四周游动着的一群群硕大的鲳鱼，心下便不由地构想：这些鱼是清蒸好，还是红烧好呢？浮想罢，心中亦觉自惭形秽起来了。

前些天从国外回来，发现鱼缸里的四条金鱼依旧健康且欢乐地活着——吾虽非鱼，亦知鱼之乐也。可见这段时间，孩子们还是把养鱼当作一项事业，花了不少心思的。昨天晚上，老大冲进书房，说老爸老爸，有一条金鱼受伤了，尾巴不知怎么断了半边。我出去一看，果不其然，那条银白色的鱼，只剩了半个尾巴，静静地浮在水缸的一角，颇为作孽。我和老大便如福尔摩斯与华生，抑或狄仁杰和元芳一样，探起案来。老大说：应该是那条红黑的金鱼不小心咬掉的吧，我好几次见到它们在咬要咬去地嬉戏。此时老二也踮着脚，探头探脑地围在旁边看。我便俯下身来，故作严肃地问：亦旻，是不是你故意咬掉的？老二脸上便显出一副紧张的神情来，连连摇头摆手地否认着。我便继续道："即便不是故意的，不小心咬掉的也不行啊。"众皆哂然。

现在我家里养了四条金鱼，两条是红色的，中国红那种。一条是红黑相间的。还有一条银白色的，只有半个尾巴。

秋月春风惯看

生日又至，觉得该写点什么。有时候在想，时间这个东西，的确很奇怪，乃至神奇。明明是单线地往前奔着，一去不复，宛如逝水。但人却发明出年来记载它，春夏秋冬，循环往复，似乎人生总在不断一遍遍地从头来过。人也因了年的缘故，便有了年纪，有了孔夫子所言的不惑、知天命、耳顺等，似乎在时间的线索上，硬生生地划出了一道道心灵的痕迹。

两年之前，便已届不惑之年了，但我似乎自觉不能真正地达致于不惑。按孔夫子的说法，人之不惑以后，便是知天命了。但颇可疑的是，倘天命尚且未知，人又何以不惑呢，似乎不合——圣人自有圣人的道理吧，不去管它。颇为巧合的是，叔本华曾按人生的使命与意义不同，以四十为界，将人的一生拦腰截成了两段，说："在一生当中的前四十年，写的是本文，在往后的三十年，则不断地在本文中加添注释。"这句话极为剀切，揭示了一种深刻的有限意识，以及背后的某种无奈与焦虑。

按照叔本华的意见，似乎人过四十，便已没有资格、能力与心力再去继续自己的本文了——或者，按照我的理解，已是很难跳出现在的自己，去继续创造新的本文了。毕竟，年届不惑，秋月与春风惯看，人的性情、见识与境界亦大抵如是，所谓意缔牢结，根深蒂固，通俗些讲，也就这么回事了。因之无论如何东突西奔，往复转圈，似乎总很难转出去了：买衣，总是那几种颜色；点菜，总是那几种风味；爱好，总是那么几样；即便观点与立场，亦渐渐岩化般地固定下来了——倘要坦荡地宣示，而不伪饰的话。

当然，偶尔亦会小心翼翼地探出去，尝试一下新的事物。但试过以后，总觉不佳、不妥与不妙，最后依旧沮丧地反转回去，继续静下心来，乖乖地在"本文中加添注释"。记得多年前，请一位朋友吃饭。席间他对我说：我发现每次同你吃饭，总要去湘菜馆。而每次去湘菜馆，总要点那几样菜。我答曰：其实也曾尝试过其他地儿与品种的，但吃过以后，总觉得还是这几样好些。

可见，人届中年，便恍如一个逐渐封闭了的蛋，蛋壳里面包裹的，竟是那层日积月累而岩化了的坚硬而固执的核——借用马克思的说法，算是"物质的本质规定性"吧。我们唯一能做的，便是将蛋壳上的色彩，竭力涂画得炫丽一些。这大约就是叔本华所言的，在人生的"本文"之中，加添一些若有若无的注释，甚或是伪注吧。

这段时间，恰好在阿尔伯塔大学访学。因为秋色绮丽，便放弃了地铁，每日独自步行往返于大学与住所之间。中间经过艾米丽·墨菲公园，枫林幽深茂密，斑驳而热烈的枫叶在晨曦与晚霞的照射下，飘飘扬扬簌簌地落下来，铺满了林中的小径，黄灿灿地一片。各种树木与花草，不知名的果子，以及青苔与泥土混合发出的香味扑入鼻翼，深深呼吸之，令人心醉，便经常在脑海里涌突起一种恍惚错乱之感。在我少年时代，每至秋季，特别是暮秋，穿过蜿蜒的山路，步行去镇上上学时，一路属目，便是这样的景象。于是每日经过枫林小径时，便常常心里陡然起个激灵，仿若刹那之间对自己亦倏地陌生起来：我怎么竟到这里来了？或按海德格尔的说法：我怎么竟被"抛入"到这里来了？一时惶惑，竟觉前后无凭，进退失据起来。

道济禅师临终前，曾书偈曰："六十年来狼藉，东壁打到西壁。如今收拾归来，依旧水连天碧。"诗写得极好，极为透彻。借用我的一位朋友常说的词儿——极为通透。但人倘要做到真正通透，是极不易的。按照我的理解，不仅要看得穿，看得透，还要看得淡，更要心无杂念，干净透明，最后才看得空。我想，大约也只有在圆寂之前，经过了一生的狼藉与竞奔，探求与追索，道济方能真正地看透，看穿，看淡，最后看空吧。王小波曾描述过普鲁斯特在《追忆似水年华》中"看"的状态，他说："普鲁斯特谈到自己身上发生过的事，这些事看起来就如一个人中了邪躺在河底，眼看着潺潺流水，粼粼流水，落叶，浮木，空玻璃瓶，一样一样从身上流过去。"——多么的通透！

但人生总是难以看透的。其中之原因，绝非总是哈耶克们所说的有限理性之类的。更多的是，人活于世，总是由一个一个阶段，以及一个一个具体情境决定着的。我们一路遭遇着各种"问题"，并依凭着当时的情境，分析之，判断之，选择之，理性而精致地解决着这些"问题"，进而被一个个"问题"牵引着，懵懵懂懂、寻寻觅觅、主观客观、偶然必然、亦步亦趋、不知不觉，最终偏离了预设的路线，走入了一个自己从未预想过或无法预想的人生之境。在这形形色色之"问题"的解决中，我们亦逐渐形塑出了另一个自己，甚至异己。

于是，所谓的人生之路，便恍若那路径交叉的林中之路，我们穿行其间，每走一段，便会遇到岔路，便要判断和选择，再继续走，再遇到下一个岔路，再判断和选择。就这样走下去，待到一日，

"再回首，云遮断归途"，发觉自己竟已不知不觉深深迷失于密林之中了。

记得前年，在新西兰，遇到一个邻县的同乡，海阔天空闲聊之际，他兀自叹到：想当年，在老家中学读书之时，任凭如何之设计与谋划，亦想不到自己竟来到这万里之遥的奥克兰，游走于金发碧眼之间，在这好山好水好寂寞的异邦，生活了二十多年。而其少年时代的梦想，却是大学毕业，回到家乡，努力工作，拼命做到乡长，愿足矣。一时唏嘘。细细索思，其人生之路，每一步每一阶段，都是在解决一个个"问题"中走过来的，每一步皆准确而正确。但二十余年过去，再回首，竟发觉无数的理性背后，竟堆砌出了如此巨大的非理性，甚或如加缪之所言，荒谬。记得奥尔罕·帕穆克的小说《我的名字叫红》里，谢库瑞说："……我的儿子奥尔罕，傻到用理智解释一切事物。"这话说得多么通透，就像卡夫卡说的，一刀子捅到了人的心窝。

其实，我在小的时候，似乎没有认真考虑过以后要做什么事儿，或要做到什么地步与状态，似乎整个人还没有和自然分离出来，像那山林或田野里的花草鸟虫，随着时间自然地成长着。顶多顶多，偶尔会吉光片羽地浮想，今后倘不必再如此艰辛地作田，便是极好。当然，父母也不会去焦虑而勠力地去做各种预备与谋划。毕竟，祖辈都是种田人，再多一个亦是无妨的。大家便像随意被撒在荒地里的一把种子，并不指望其破土发芽，甚至长成参天大树。倘有一两颗种子不期然而然地破土发芽并苗壮成长了，自是意外之收获了。

印象至为清晰的一次，是小学时代的一个暑假，我们一家在烈日下"双抢"，那种艰苦之情形自不必言说了。母亲指着远处在105国道树荫下乘着凉的养路工人对我说："你好好读书，今后就能像他们一样不作田了。"我便遥遥地望着，亦特别地羡慕。心下思索，感觉这实在是一个遥远的理想。

弹指一挥间，人到中年了，便渐渐开始会做一些重返家园之类的梦来。孩童时代和少年时代的情形：山与水，人与物，情与景，及种种欢乐的、遗憾的、痛快的、忧郁的、温馨的、冷漠的经历与意绪，经常会从潜意识的罅隙之间蹦涌出来，影画般摇曳着闪现在梦境里。像弗洛伊德譬喻中的垂暮老人，缓慢而冷静地打开一个尘封多年的衣箱，将旧衣一层一层、一件一件取出来，展开来，用手轻柔地将皱褶抚平……梦中的那些人，那些事，就像天空的浮云，曾在我们心上投下深深浅浅的影子。多年以后，当我们偶尔忆起，抬头远眺，它们或许不在，或许还在。风轻，云淡，却已不是昔日的云彩！

这些年来，我发觉自己渐渐愿意并习惯出去旅行了。借着旅行的支助，可以暂时地蜕出了自己心灵的躯壳，焕发出一个新的自己来面对一个陌生而新鲜的世界。这是一件多么神奇而快活的事儿。至于去什么样的所在，倒没有十分清晰地想过，总觉得该是个十分陌生的地方才行。陌生的山水，陌生的人群，陌生的风情，陌生的昼与夜，等等。陌生就够了，不一定要美，甚或只消陌生，便就是美。有时候想想，世界的存在，各色的山和水，须得用自己的脚坚实地踏上去，留下脚印来，对个体而言，才算是真实地存在。否则，便不啻被现象学的括号括起来，成为了一个个空洞的概念和符号。所以每一次旅行，都是丰富我们生命维度和意义的行动，是一次对自然的"介入"——我们来过，并且离去，最后消逝。

李白曾叹道："夫天地者，万物之逆旅也；光阴者，百代之过客也。"白居易《对酒》诗中云："蜗牛角上争何事？石火光中寄此身。"两段话的境界迥异，乃极广大与极纤微，但背后的意绪，皆极豪迈与极洒脱。人之一生，常会错过一些美好的事物，这令我们经常为之扼腕太息，懊憾不置。但有时候想想，人活于世，本就是匆匆之过客，无论所有之物丰饶抑或贫瘠，离世时都是两手空空。因之，人生中所遭遇之美好，不过是一场场弥足珍贵的"经历"而已。既然无所谓真正之所有，便亦无所谓真正之错过。

维特根斯坦曾经说："所谓理解，就是懂得如何继续。"但，仅仅是继续，还是不够的，而要更好地继续。

作者之死与匿

　　读到福柯与方塔那的一个对话，应该是一个采访吧，里面提及"现在或许仍有优秀的作者，但优秀的读者却日益少见"的问题。福柯的观点很悲观，他认为，现在不是优秀的读者越来越少，而是读者越来越少，"甚至根本没有读者"。从访谈的语境看，这里的阅读所指的，应该是严肃的阅读，或径直是哲学的阅读吧。倘是通俗的阅读，抑或心灵鸡汤的阅读，该是实蕃有徒的。

　　为何读者日见其少？福柯给出了一个富有哲学高度的解释。他认为——按照我的理解，作者的存在，以及关于作者的知识，极大地限制了读者阅读的自由。他认为，关于作者的知识——除了个别伟大的作者外，对于大多数作品而言，皆构成了一种阅读上的障碍。因为"作者"的存在，规定了理解文本的背景、进路、意义的可能性及空间，甚至预设了阅读的情绪与氛围等。也即，作者的存在，决定了他/她的作品的正确打开方式。

　　鉴于此，福柯认为，解决问题最好的办法，是对著作者禁止重复署名，他建议每部作品尽量使用匿名或笔名发表。"如果读者仅限于读书本身，就会更好些"，"我们的第一部著作之所以有读者，是因为我们还不为人所知，因为人们不知道我们是谁，书是在一片混沌中被读者阅读的"。因为没有任何关于作者的知识，没有了阅读秩序的预设，所以，"各种读法都是可行的"。阅读一部作品，便像下一盘跳棋，只要能顺利跳到对面，你怎么跳都行——按照现在流行的说法，只要你（读者）高兴就好。

记得在读书的当儿，一旦语文老师宣布，下节课讲鲁迅，整班同学们的脑仁儿便提前一天开始钻痛了。因为是鲁迅的文章，所以每句话都必须是言近旨远的：话中还有话，言外还有言，弦外还有音。倘要理解到位，定要仿效那健硕的土拨鼠，深深刨到连鲁迅本人都想象不到的地步，那么"恭喜你，答对了"——多么沉重的阅读呵。原因无他，端在署名的是鲁迅，大家便自觉有神圣的使命，去探赜索隐地琢磨每句话的微言大义。按照福柯的意见，倘把鲁迅的名字匿掉，或许大家还有勇气和兴趣去读。

约略言之，福柯在对话里所揭橥的，大约还是一个罗兰·巴特式的"作者之死"或作者隐匿的故事吧。正如众所周知的，作者的死或匿，往往预示了读者的诞生或解放。因为作者的隐退乃至消逝，解构了一种阅读中的统治秩序，让作品与读者直接对话——按伽达默尔的说法，文本与读者的视域交融，使阅读更易于迸激出新的绚烂的火花来，从而使我们的阅读成为一件更自由、更富挑战与创新，并因此更为愉悦的事情。

忙并快乐的信仰

昨天上幼儿园小班的孩子回到家里，便开始汇报一天的学习成果。他咿咿呀呀地给我们唱了一首歌，我们听着糊里糊涂的歌词，但一听调子，居然是小虎队的《青苹果乐园》。愚夫愚妇大惊失色，忙问歌之所出。小孩说是老师今天教的。于是愚父便在网上下载了这首歌，认真审听了一遍，还仔细地研究了一番。发现这首歌虽然不适合幼儿园孩子唱，但本质上还算积极健康，尚未到"荼毒心灵"的地步。孩子随后问歌词里"流浪的小孩"是什么啊？我答曰：就是像我们在上学路上看到绿化带里那些抖抖索索的小猫一样的小孩。孩子又问，那他们为什么要流浪呢？愚父便含含糊糊乃至虚以委蛇地答曰：因为他们无家可归啊！——其实倘要以四海为家，也是未尝不可的。

孩子四岁了，我越来越觉得启蒙是一件很严肃与严重的事情。遗憾的是，现在的幼儿园教育有些成人化、概念化，特别是缺乏适合小孩子阅读的读物。家里倒订了一份《蓝猫环球探险》，每期介绍一个国家的历史、文化、风土人情等国情知识，并且图文并茂，这是极好的。记得有一天，孩子跑进书房里问我：爸爸，什么是法国大革命啊？老夫一听，又是大惊失色。接过杂志一看，原来这期介绍法国，里面介绍了法国大革命的经过。我一看文字旁白，简直哭笑不得。里面说，法国有个国王，天天吃烧鸡红酒还有白面包，从来不管穷人们的死活，穷人们不但天天要拼命干活，每天还只能吃黑面包，而且吃不饱。所以穷人们都很生气，他们也想吃烧鸡红酒，就联合起来，把国王推翻了，"咔嚓"一声，就革"命"了。杂志的配图很夸张，脸谱化，有漫画色彩。这种童稚化的处理历史，让人哭笑不得，对于孩子的教育有益或有碍，殊难逆料——可见这的确是个问题。

今天早上我接到一位朋友的邮件，谈及初为人父母的状态，字里行间让人体味到了一种感同身受的快乐：忙并快乐着，烦并快乐着。我想这种情绪大抵是相通的。俺家的小家伙现在就处于开始顽皮淘气的阶段。有时他会悄悄溜进书房来，趁你不注意，便急速地从书案上夺走一本书，掉头就跑，然后倚在门口坏坏地笑着，候你去追他。待我起身时，他便嘎嘎嘎地跑到卧室，迅速将书推到床底深处。此时大人便要装出一副很着急乃至气急败坏的样子来，对孩子来说，便实现了一项极有趣的游戏了——这大略是最为常见的情形吧。

记得前几日，在给朋友的一封回信中，提到了对育儿的体认，说："人一旦有了孩子，价值观人生观世界观都会有巨大的变化，对于事物便有了新的理解，生活也从此焕然一新了。忙碌归忙碌，但很充实。总之有了一个孩子，便像从此信仰了一门宗教一样。"我想，这大概也是很多父母的人生哲学吧。

好奇总是害死猫

这肯定是中国式学英语落下的毛病吧。这几日，和朋友在埃德蒙顿街头闲逛，一路上看到啥英文单词——包括墙上的，车上的，窗里的，甚至地上的，就技痒，就手痒，就想去翻译它，就像那强迫癌复发的三好学生，绝不肯放过一个新单词。大家一旦发现，便相互切磋，相互提醒，争持不下，乃百度之，最终总算弄明白了意思：哦，原来如此！便欣欣然，继续做下一道题目，心中颇有日日新、今又新的豪迈之感。

渐渐地，我便悲哀地发现，一路所见，牌匾、店招、广告等，上面的单词，甚至很多单词，百度竟也度不着，便立马有了一种英语期末考试般的恐慌，问身边的朋友，也说不上来，答："你管它呢，反正就叫 maci 超市就是。"想想也是，倘若一个老外或小外在上海街头瞅见一家叫维鑫或威瀚之类的水果店招牌，却一定要问啥意思，这就没意思了。——突然忆起读过的民国文人们的留洋文字里，常有类似的表达："我常去的地方，有一家叫 cidets 的咖啡馆，具体什么意思，竟不去管它了……"就是这个味道。

这几日的闲逛，让我发现：从小中高本硕博，凡二十余载，寒窗苦背的单词，大约都跑偏了。外国经典散文美文中的单词和句子，阳春白雪，清风明月，背了不少，甚至连烦恼、忧闷、阴抑、哀愁四个词儿，兄弟都能给你译得井水不犯河水，而一旦进入人家的生活世界——直接说吧，进入人家的牛排馆，翻开菜单，里面的水果名、调料名、菜名，都认识咱，可惜咱总辜负它。更不消说对话了，嘴里蹦出来的单词，都文绉绉的，像是楚辞汉赋唐诗宋词里拓出来的，搞得浑身刺青的外国店小二闻之郁闷：这厮不说人话，难不成是从中世纪贵胄世家穿越来的？

人说：人是一根会思想的苇草。晚上没事儿，顺便倒时差，满眼放光之际，就思想：凡出得国的人，初来乍到，皆有搜单词翻译的毛病，本质上，乃是缺乏安全感的表现——其实一路上很多单词，跟你八竿子，不对，九竿子都打不着。但初来乍到，就像卡夫卡笔下地洞里的那只老鼠，总有种不确定的惴惴感，便要最大限度地去收集信息，去翻译，去琢磨，俾以让自己感觉安全些。

人又说，好奇害死猫，但为啥人会好奇，背后或者终极的原因，其实还是需要安全感。所以，或者总之，明天出门前，先下个百度翻译 App 再说，自兹人挡杀人佛挡杀佛，就这样。

江山如此一句无

《世说新语》中云：谢太傅寒雪日内集，与儿女讲论文义。俄而雪骤，公欣然曰："白雪纷纷何所似？"兄子胡儿曰："撒盐空中差可拟。"兄女曰："未若柳絮因风起。"公大笑乐。看文中的意思，及后来论者的意见，似乎女孩的比拟更为神似，进而高明一些。大约是这个样子吧。

但还是有点疑惑的。这段时间，蜗在加西这冰天雪地的小城里彻冗守静地度日。每日闲看的，除了雪，就是雪了。渐渐发现，倘若是在夜里，天上落下来的雪，竟如研细的盐一般，细细密密地撒下来，没有丝毫轻舞飞扬地"飘"的模样。用古人之"雨雪瀌瀌"来形容，似乎过于粗糙，既不确切，亦不相符。一同散步、来自北方的老赵便不断叹道：这样的雪景，与咱们北方究竟不一样。真是太美了！我亦赞之曰：在此异邦雪夜，能见识到如此雪景，算是私人心灵史中难得之经历了。但这种激荡于胸的审美感觉，是很难形诸笔墨的。或篡用陆游的诗言之，"恨渠生来不读书，江山如此一句无。我亦衰迟惭笔力，共对江山三叹息"即是。

这是晚上下雪的情形。但待到了白天，倘若走上埃德蒙顿的街头，便会发现空中飘扬的雪，竟如柳絮一样，轻舞飞扬起来了。因此，倘若说神似，无论是"撒盐空中"，抑或"柳絮随飞"，皆庶几近之，还须看"谢太傅内集"那天，门外的白雪究竟是如何之情形了。但按照国人的审美哲学——借用林语堂先生的话来说，乃是具有"对于人生和自然的高度诗意感觉性"的。也即，事物之本身如何，固然是一回事；在"高度诗意感觉性"的体认之下，事物最终呈现出何种样貌来，则是另外一回事。所以，或许更诗意些，女孩最后胜出，亦在情理之中。

众声喧哗的年代

记得很多年前，苏力在一个关于学术批评的座谈会上，提出："一个重要的，也许还不实际，但并非不可能的是学术上要有所分工。一方面，需要一批学者安心调查、研究、写作，将思想和经验予以整理，写一篇是一篇，出一本是一本（我暂且称其为"生产者"）。而另一方面是需要一批对学术敏感的批评家，他们的主要责任就是能将前者的学术思想和观点推进市场（姑且称其为"零售商"），引起学界的重视。"

我觉得这种想法是很好的。其所期盼的情形，有些类似近代以降的小说界，尤其是西方的小说界：一旦有新作品出版，无论是作者，还是出版商，首先悬望的，便是小说评论家们在各家报端出炉的各色评论，或嘉词褒扬之，或犀利揭评之，见仁见智。被评者亦或无任荣幸、欣喜若狂，抑或"仰天而嘘，苶焉似丧其耦"，这种情形在电影《天才捕手》或其他影片里，能或多或少地窥见。这种自然的或经由市场形成的反馈机制，对于作家、出版社及其编辑，进而对于整个文学界，无疑是一种动力与促进。

问题是，在中国，或在世界的其他地方及在文学以外的场域，严肃的、有质量的且机制化的评论还是少。就中国而言，情形可能更复杂些。首先，批评也者，在不久前的年代，因为被非正常的使用，经历了一个污名化的阶段。以致专业的评论，常有被人目为棍子之嫌，为人不齿。进而，或者其次，即便是严肃的批评，按照庸俗哲学家们的观点，也是关碍圈内和谐与稳定的，不妨"你好我好大家好"，便是最好。虽说有"对事不对人"之说，但毕竟人是做事的，事是人做的，人事岂是这么好区分的？复次，世上的人，大抵都愿意去做先知，做思想家，做导师或青年导师，而不愿意或不甘心俯下身去，或低下头来，去做宣传家、评论家或教育家。毕竟，据说人是一根"有思想的苇草"，所以得有自己的思想才行。倘若没有思想，则只配做一根真的苇草了。更何况，现在的科研考核和各种填表，横戈跃马第一条，便是你的原创性在哪儿？——其实好的评论，也是极有原创性的。

但，今天还是能读到一些评论的，那大多是新书广告，或各种变相的软文。严肃的评论也有，但大抵是对于古今中外的大师与名作的评论，评苏格拉底，评伏尔泰，评托克维尔，评维特根斯坦等，表明自己已超越了时间与空间，与大师们惺惺相惜乃至心心相印的意思。活着的或青年人的作品，一般是很少被批评的，首先，端在预防被同行不屑："这种书你也看？"——所以还是冲大师巨擘们杀将过去，显得体面与保险一些。其次，批评年轻人或无名小辈，显不出自己的手段。毕竟，"咱关二哥的刀下，从来不斩无名之鬼"。于是，扭住、拧住或按住一个大师——最好是外国的，最好是去世多年的，好好"商榷"一番，似乎棋逢对手，将遇良才，自己亦相应伟岸起来了。关键还安全，大师们要么在国外没有机会读到，要么只能躺在棺材里面生闷气，绝没有爬起来与你"再商榷"之虞。

现在的出版界以及各种发表界，可谓欣欣向荣矣。各种书目，包装精美，排版典雅，纸张考究，书名弹眼落睛，能直接戳到你眼眶里来。宣传也渐渐实行连坐制了，各色名人手挽手排成一排，在封面上"倾情推荐"或"泣血推荐"，但批评还是很少的。大家关起门来，"躲进小楼成一统"，自娱自乐、自说自话，甚或自卖自夸。学界众声喧哗，众神狂欢，一派繁荣气象。一俟同人新作出来，大家便一齐用食指点赞道："阿Q真能做！"但认真的阅读是很少的，更不消批评了。毕竟，用苏力的话来讲，"批你也算是看得起你"。当然，这也不是苏力本人的立场，而是他对于"评论的评论"。但在今天看来，苏力其实说得也不全对，应该是"读你也算是看得起你"。

元旦将至的遐思

元旦将至，意味着新的一年开始了。在不同地方读到了许多意绪俨然的跨年告白，乐观的，悲观的，都有。似乎都站在了历史的顶点或终点，来回顾过去展望未来，各色情绪各种情调兼之。想想也是，元旦的好处，便端在常常给人一种美好的遐想，似乎时间真的可以循复地重新来过。于是每俟此际，我们胸中总不免澎湃出各色的心潮来，自兹要决绝地告别过去，轻装上阵，恍若那基督徒的重生般，重焕出新的生命的光彩来。当然，这大抵也仅仅是元旦当日的怀想。毕竟，次日早晨醒来，喝完了麦片粥，大多数人还是注定要捧着那个泡着红枣加枸杞的保温杯，在旧的轨辙上继续熟稔而油腻地厮活下去。

其实，在我的记忆里，在少年乃至青年时代，对于元旦，似乎是没有什么特别的感觉的。现在想来，原因大概是，在农村人眼里，元旦实在算不得一个节：没有新衣可穿，没有美食可用，也不放爆竹，也不让休息，口福眼福统统挨不着，自然看得轻看得淡。毕竟，端午是可以吃上粽子的，屈原咱先不去管他；中秋可以吃上月饼的，嫦娥也先不必管她，更不许打她的主意；冬至那是要上坟祭祖的。慎终追远，乃是荦荦大端矣。即便是腊八节，再不济，也有一碗滚烫的腊八粥可以喝的。倘到了春节，——哇，那就更不必说了。循着这个逻辑，不唯元旦，恐怕是国庆，在农民的眼里也要淡一层。当然，按照规定，元旦是可以放一天假的，但那毕竟是人家城里人的事儿。对农民来说，本就无所谓放假的，地里的活儿总不能真撂下，去"饰牲举兽，载歌且舞"吧。

但这几年，我发现元旦在我心里的分量，却是愈来愈沉重起来了。似乎以前的浮云，渐渐凝结成了铅块，压迫得让人喘不过气来。其间之原因，倒不是因为经过不懈的奋斗，将自己逆袭到城里，享受到了元旦假的福利。更多的倒是，年届中年，便日益真切地感受到了一种经由时间带来的生命的紧张感与危机感。就像小平同志说的，"就是觉得快，有催人跑的意思"。毕竟，很多事情想做该做必须做，却还没有去做。而即将开启的新的一年，据说又将是"承前启后的关键一年"，要等不关键的一年，似乎又遥遥无期。所以得孜孜矻矻，继续革命。倘换在以前，这种生命的紧张与焦虑，可能发生在大年三十。但在今天，随着公立元旦的普及，及其不断获致的强大的合法性，导致它所带来的巨大意义，已然顺利替代了春节。于是，其在各色人群心目中的分量无形中重大了许多，由此产生的各色情绪亦复杂了许多。栏杆拍遍，竟夜辗转。次日醒来，对镜刮胡子之际，发觉一夜惆怅，竟弥漫上来，成了一脸沧桑。

这就是元旦。

唯觅少年心不得

　　过年了，给家里打电话，聊起过年的情形。父亲说这几天，一大家子人都聚到了一起，热闹极了。家的厅堂里，已摆开几桌了，有麻将，也有牌。待到吃饭辰光，便轮流去一家喝酒（按家乡的年俗，叫"磨仔酒"，即亲戚朋友或左邻右舍轮流请酒。亲朋多的，一直要喝到元宵），喝完，再上牌桌，打到半夜，或通宵。总之，大家都很嗨。——"过年，不就是这样的吗？"父亲说。

　　过年，吃喝与麻将，自在意料之中矣。这番情形，倘被城里衣锦还乡的"人士"见到，不免又要"呜呼"一声，研墨做一篇《返乡偶感》之类的文字，来凭吊年味儿之已逝了——就像鲁迅笔下九斤老太的口气："从前的年，这样的么？从前的年是……"其实，仔细想想，过年也者，酌古参今，图的不就是个团聚吗？一大家子人，从四面八方，五湖四海，天南海北，重聚在一起。一道吃吃喝喝，热热闹闹，一道围着圆炉，追昔抚今，其乐融融。——聊天，总有聊完的时候，那就打麻将吧，或打牌。这也是一种团聚与交流的形式，颇合于过年之道。总比每人各据一隅，捧着手机静默无声地抢红包好些吧。

　　不过，在一些现代人眼里，过年，据说可以有更高的境界的。

譬如出国旅游，读书，摄影采风，包场观影，聊高大上的题目——比如如何构建人类命运共同体，以及喝茶散步打篮球，或去火车站做志愿者，等等。好固然是好，极好，但究竟不是过年的题目，少了过年特有的气氛，把春节过成了五四青年节或三八妇女节，"吾不知其可也"。毕竟，过年就得有过年的样子，就像明明是中餐馆，你进来却硬要点咖啡，点汉堡，点牛排和威士忌，就有点不合时宜了。倘点不着，便要失望，要伤感，要抱怨，要睡不着，要拍栏杆，要写诗，要写博文，"长以太息以掩涕，哀年味儿之已逝"。这就是你的不对了。

余生也晚矣，自第一代领袖尚在时，就开始活，传统年味儿也算见识过了。所谓年味儿，不就是贴春联，放爆竹，穿新衣，发压岁钱，拜大年，喝老酒，逛庙会，打麻将，舞龙灯这几样？近日，看到有专家分析，说现在过年没味了，端在人文精神失落了。这是臭氧层的事儿，好像以前的乡村，人文精神宅前屋后四处横流似的。——人心不古了，便抱怨过年的非古，这实在有点无端。就像《大话西游》里说的："以前陪我看月亮的时候，叫人家小甜甜。现在新人胜旧人，叫人家牛夫人。"就是这个理儿。记得小时候没肉吃，过年见到肉，不免——就像孔夫子说的——"有盛馔，必变色而作"。那股"变色而作"的劲儿，我看就是年味儿。

诗人白居易有首诗，叫《洛阳春》，里面写："洛阳陌上春长在，昔别今来二十年。唯觅少年心不得，其余万事尽依然。"说得多好。尤其是一句"唯觅少年心不得"，道出了多少沧桑与无奈。诚然矣，少年心倘丢了，觅不得了，多年以后，却怀揣着一颗中老年的心，蓦然地回来，物是心非，当年的年味儿，自是找不回了——糍粑，没有以前糯了；腊肉，没有以前香了；土鸡汤，也没有以前浓郁了；就连隔壁家的小芳，暌违多年，——已为人妇，竟也没有以前好看了。归根结蒂，端在"唯觅少年心不得"也。至于万事依然不依然，也就那么回事了。但，我相信孩子们，和当年的我们一般，还是极快乐的。只是他们尚不能写出来，我们读不到他们的快乐罢了。

归来依旧是少年

不能不感叹，从大学毕业，竟已二十周年了。这几天在班级群里，大家在讨论聚会的事儿，都觉得应该凑到一起见一面了。凝神一想，班上五十多位同学，相互之间暌违了二十年的，竟为数不少，但看下来似乎也没啥大的影响。毕竟见与不见，这些都是形式，无关紧要。经历是摆在那儿的，情谊是摆在那儿的，都在那儿呢，原封不动。

感慨，抒情，甚至煽情，还是有的，也是必要的。想想吧，在你人生中最美好的年龄，有那么一群同样处于人生最美好年龄的人，同你一道厮混了四年，同你一道在韬奋楼的钟声和苏州河的船笛中醒来，一道拎一块五毛钱的蛋卷饼，越过校园桥，冲向教室。同你一道上课，听段子打瞌睡，把口水流到课桌上，再一个激灵醒来，茫然四顾。同你一道升国旗，打篮球，跑步并且跑不死，喝酒并且喝不醉——醉了也没醉。你能不感慨，能不煽情？

这几天，看了大学班级群里的不少信息，各种话，各种照片，就想到一个特别矫情的句子：归来依旧是少年。其实，少年肯定不是了，中年了，就是中年。身，是中年的；心，也是中年的，这是物质的客观性。但开朗的，依旧开朗；沉静的，依旧沉静；热心的，依旧热心；豪迈的，依旧豪迈，这都没变。还有，帅的依旧很帅，靓的依旧很靓，酷的依旧很酷，即便每个人脸上，无一例外地，或偶有例外地，都有了些岁月的痕迹。但这是另外一回事儿，和帅和靓和酷，浑身不搭界。

必须提一下我们的班主任奚玉龙老师。带我们班时，老人家已六十多岁了，精神矍铄，端重优雅。他是我们班每个人的人生导师，从第一次班会开始，就循循善诱地教我们这些毛孩子和熊孩子，如何从细节开始，从小节开始，做一个文明人和爱国者。跑步，打篮球，升国旗，他都亲力亲为，和我们一样专注，热烈，精力充沛。大家都开玩笑：待我们老了，老人家一定还会精神抖擞地给每个人打电话："该起来升国旗了！"一定是这样。遗憾的是，前几年，奚老师因病逝世了，我们都很怀念他。

还想再写点什么。想想，五一就要有个纪念聚会了，同学们从四面八方赶过来，到时候想说的，可以说的，会更多些。或者"别废话，先把这杯干了"。人生总是这样的，时间和空间，以及成年后的努力，所能改变的，都是一些形式。就像一个鸡蛋，我们孜孜汲汲的奋斗，可能仅仅使蛋壳表面的油彩更绚丽多姿、光彩夺目一些。但核心的东西没有变，也不会变。记得前些年，我去海南，一个电话，在海口的几位同学晚上便风风火火地齐了——"你在哪儿呢？在哪儿呢？"二十年了，还是这股劲儿。这就是同学。

人生的趣味与滋味

　　暑假，趁着空闲，去外地看了一位多年契阔的老友。见到，喝茶，聊天。聊了几件远事和近事，又聊了几个阔人与窄人，不觉已是午饭时刻。朋友道：我有个初中同学，在乡下搞了一家农家乐，颇有声誉。咱们去见识一下吧。于是便同去。转了十多里的山路，便到了他同学的农家乐。自然又是一番厮见。再泡茶，再聊人，聊事，便开饭。因为近来讲究绿色的缘故，大家便弄了几道现成的小菜：尖椒茄子，咸肉冬瓜，老豆腐，另加一道母鸡炖汤而已。颇精洁。

　　不久，菜便上来了。朋友的同学便先夹起了一块冬瓜，举着对我说：

　　这冬瓜你一定得尝尝，你们城里是不大能吃到的。口感柔腻，入口即化。我知道你们城里吃的冬瓜都是青皮的，这冬瓜是白皮的，外面有层雪雪白的霜，味儿有点酸，特别地道。咱们初中每天吃的冬瓜，就这种味儿，都是童年味道啊。你们城里吃的冬瓜，不是我刻薄，我从来不吃的。——还有这咸肉，你们也尝尝。是我们家养的土猪肉晒的。一只猪，养了一整年，肥得很呢。就喂它草和绿色饲料，啥添加剂都不放，就留着自己家腌着过冬。每年冬至，我就把猪杀了，把肉切成条，抹上盐和调料，当晚把肉放在一百多斤的青石板下面压，一连压它三天。再取出来挂在墙上晒，晒它几个月。你说怪不怪，这肉一定要冬至那天压才行，早一天晚一天都不行。而且一定要连压三天，多一天少一天也不行，火候不够，味儿和劲儿就不对呢。你说怪不怪？你尝尝。

这老豆腐你们也尝尝。豆腐是手工磨的，不像你们城里，都是机器磨的，多没味儿。这豆腐是我七十多岁的老娘亲自磨的——我妈你初中应该见过吧，每个礼拜三会来学校给我送菜，一大罐红烧肉，我每次都塞在课桌里面，每天吃一块，爽死了。哪知有一天，竟被同桌的李发芽这家伙发现了，大叫大嚷"红烧肉，红烧肉"，只好端出来和你们几个家伙共享了，这事儿你总该记得吧。——唉，我老娘现在已经七十多了，她老人家现在每天还坚持磨一趟豆腐，每天一笼，就卖一笼，卖完就收摊，你给再多的钱也没得买了。说出来你们不信，每天早上还有人从县城里开车来我家买呢。——你看看，这豆腐多细腻，味儿特浓，口感又厚实，你们城里再高档的餐厅，也莫想吃到呢。不是我自己吹，这方圆几十里，除了谭家屯村头的三瘸子家，要吃老豆腐，就数俺家的最正宗了。前几天乡里那帮人来我这儿吃饭，说我家的老豆腐比三瘸子家的还入味呢。这是乡里的人说的，不是我说的哈。

再看看这道尖椒茄子。你先看看这茄子皮的颜色，没见过这么紫的茄子吧？再看看茄子肉的颜色，尤其里面那一道道青绿色的丝，赞不赞？我敢说你在上海的餐厅吃不到这种茄子呢，这个茄子只有在我们这儿才有，别的地儿再怎么种，也种不出这颜色这种味道。前几年我们村的刘二芽老婆带了点种子，回娘家偷偷去种。赔了十二分的小心和辛苦，种出来的茄子里里外外都不像，颜色稍许还行，但味道完全变了样。听说他还被丈母娘结结实实骂了好几天骗子。

还有这个尖椒，你是大城市来的，你看看，和你们城里的尖椒有啥区别？——没有？错！我告诉你，这尖椒不是种在菜园子里的，是栽在我们山上的红土里的，所以有一种别有的风味。你尝尝。上次我们省农科院的研究员尝过，也赞得不得了，据说回去还查了资料，也找不出啥原因。这尖椒我家在山里就种了一畦，每年也就收那么几斤，一般人我舍不得给。除非县政府食堂来要，才匀给他们一点。

说起这道母鸡烧汤，——呵，恐怕我讲半小时也讲不完，关键是讲不好。可惜我老婆今天去进货了，如果她在，把这鸡的来龙去脉一讲，你就知道今天能吃到这鸡多不容易！上个月，我老婆在她娘家村子里谋了一个礼拜，才只谋到两只。最正宗最纯土鸡。要不这样吧，你们先尝汤，来，尝一小碗汤，再夹点鸡肉吃吃，再夹几根笋丝尝尝。——对了，汤里还有几个黑木耳，我们这儿叫饵子，不是集市上买的，是村子后面那座山上采的，三百多米高，整天云山雾罩的，每年我们村的老李就会爬上山去采，都是在没人烟的沟里，几天下来，也就能采个几斤吧。晒干了，也就这么一把。用来烧汤，隔了好几道屋，都能闻到香味儿呢。现在山上也不多了，我前几年在河里洗澡时，救了老李宝贝儿子一命，他每年会送我一小把。我现在也就剩这么几颗了，还有一点留着过年烧汤用。——你们先尝，尝尝这鸡，这汤。尝完了，再跟我说你们的感受。说完了，我再跟你说。看看我说得对不对？我先不说，你们先吃，先吃。

我和朋友一面无任幸运地听着，一面肃然地凝望着这几道最熟悉的陌生菜，仿如面对着满汉全席，竟干举着箸，踌躇着不知往何处下手了。

莫能名其妙的存在

人渐渐地大了，就会莫名其妙地想起一些事来。我说的莫名其妙，就是说它和触景生情之类无关，是没有来由的，没头没脑的，就像被闷棍击中，这就是莫名其妙。比如前天和几个朋友在中山公园的御花园吃饭，聊着聊着我突然想起了一个名字：超尘。这是我十多年前读到的一部小说的主人公，但现在已经说不清出处了。不过我隐隐觉得这里面似乎有什么问题，可又说不清是什么问题，断定不出是哪里出了问题。这就是莫名其妙。

莫名其妙其实是一种自由的心理状态。譬如昨夜我在书房里写日记，写着写着，突然想到了小学的一个同学，他是我远房的亲戚。我想起某个夏天的中午，他在上学路上打死了一条小蛇，于是带回课堂，当场用铅笔刀把蛇剖开，挑出蛇胆，张口吞下去，惊起"哇"声一片。这位同学嘴唇右侧有一颗黑痣，非常醒目，导致吞咽时整个五官显得有些变形。想到这些，我感到一丝由衷的愉悦。至于为什么想起，我没有想过，这就是莫名其妙。

生活中的很多情绪本身就是即兴的，没有理由的，没有必要去纠缠，有时恰恰是寻求理由的冲动，会颠覆事件本身。就像一见钟情的爱情，爱上了就够了，如果偏要去找理由，会发现其实是没有理由的，但你因此会觉得这种爱情不够理性，内心便开始松懈起来，反过来消解了爱情。

所以我比较欣赏那种即兴的生活，就像阮籍，坐着马车到处逛，到了没有路的地方，就下车痛哭一番，然后继续逛（"率意独驾，不由径路，车迹所穷，辄恸哭而反"）；或者看到别人家的漂亮女孩死了，他就闯进门去，扶着女孩的灵柩嚎啕大哭，如丧考妣，哭完擦干眼泪走人。兴之所至，可谓快意人生。记得几年前我读维特根斯坦的《战时笔记》时，经常读到"很感性"三个字。想想在硝烟弥漫的战场，维氏却能"很感性"，颇有意味——这也许是另外一回事儿。

有两个很有意思的词，一个叫琢磨，一个叫打量。所谓琢磨，是一种彻底而全方位的理性状态。说一个人爱琢磨，就是说他喜欢把事情复杂化，喜欢把生活编织成一个牢笼，然后自己钻进去，继续往下编，圈圈圆圆圈圈，最后困死在里面。相对于琢磨，打量则是一种彻底而全方位的审视状态。但生活中的大多数事物其实是经不起打量的。因为我们都是注定被深深地镶嵌在日常生活的图景之中的，没有人能够像上帝那样，超越一种具体的主体性来打量自身。一旦如是，你也会发现荒诞。譬如当你盯着镜子里的自己打量时，你会觉得很荒谬，椭圆的面孔上居然多了两个耳朵。你越打量它，就越显得荒谬。不过试想一下，没有这两只耳朵，你会发现更荒谬，这时你开始陷入了一种进退辄咎的精神悖境了。

所以踏踏实实，就是一种很完满的存在状态。真实的生活是经不起琢磨和打量的，不断琢磨和打量，就会陷入陌生化，产生疏离感和焦虑感，就会发现荒谬，以致精神分裂，乃至像《狂人日记》里写的那样，连整个世界都鬼影幢幢了。所以莫名其"妙"的生活，倒是一种踏实的生活。苏格拉底说，没有反思的生活是最不值得过的，那是猪的生活。但他的下场却告诉我们：彻底反思的生活，其实也是过不下去的，结果往往是猪把人杀了。而孰猪？孰人？堪比庄周之梦蝶矣。

昨天去菜市场买菜，我伫立在菜摊前犹豫不决，不知道挑哪种青菜好。旁边一位老太太见状，便很热心地教我如何辨识，她一口很老式的上海话，让我似懂非懂。虽然一直走神，但我竭力装着很开心地听着。我很享受这种氛围，很踏实，很温暖，甚至有些感动。因为你能清晰地感到自己正逐渐地被镶嵌在一种温暖的生活图景之中，就像水流缓缓漫过你的身体，有一种真实感。

我曾在一篇文章里写道："每天，当我拎着菜从菜市场出来，我拖着狭长的身影在街头踟蹰前行，我发现我的表情和老人一样，充满着生活的安详和冷静，我看见阳光羽毛般缓慢地飘落，在午后显得如此的虚无缥缈。而生活已然成碎片。"现在想来，"生活已然成碎片"，是一种错误的情绪。其实生活并未因此而破碎，恰恰由此得以重建和彰显。只有在真实的生活中，我们才可能停止对意义的追问，并真正做到安详，否则说明你没有进入生活的内部。

弗洛伊德曾经说，当一个人经常询问意义的时候，就有一点抑郁症的倾向了。在他眼里，一切胡思乱想的人，都是需要治疗的病人。这个说法很酷。庆幸的是，我现在还没有资格胡思乱想。这些天来智齿一直疼痛，整个一周我都在挖空心思琢磨如何消除它，于是整个世界都围绕着这颗智齿运转着，惟日孜孜，心无旁骛，整个世界似乎也只剩下这颗牙齿了——这就是我的生活。

学习是毕生的修行

经过四个年头的春夏秋冬，经历了学习中的各种酸甜苦辣，现在终于到了见证收获的时刻。在大家即将离开校园踏上人生新的阶段之际，我想和大家谈几点想法和希望。

一是希望同学们继续保持学习的习惯和态度。大学仅仅是学习的一个阶段，而真正的大学是社会。今天的社会变迁和知识更新日新月异，我们大学里学到的很多知识，包括制度性知识和实践性知识都在与时俱进，在不断更新和创新，我们要保持优秀的职业素养、职业能力和竞争力，就必须不断学习。《大学》有云"苟日新，日日新，又日新"，就个体而言，这需要通过学习来实现；更为重要的是，我们的心灵和精神也需要不断学习来拓展、丰富和升华，包括阅读、思考、写作、交流等；我们不仅要学习专业和职业领域的知识，包括专业领域的前沿动态和热点，也要涉猎历史哲学文学经济甚至宗教等领域的思想。学习让我们的思想一直保持一种新鲜的活力和敏锐度，还有某种程度的反思力和批判力。古人云："三日不读，则面目可憎。"我想，三个月不学习，人就会变得浅薄和粗陋。所以，学习是我们毕生的修行。

二是希望同学们做一个有情趣的人。生活中不仅仅有法律，还有诗和远方。走出了校园，走出了象牙塔，我们就不再是学生，我们从此要主动或被动地介入或者如海德格尔所言被"抛入"与大学校园不一样的"生活世界"。这致使我们的生活不能或不应该仅仅有法条，有案子，有当事人和诉讼文书，我们还需要善于利用闲暇并调动兴趣，去发现和丰富生活世界的各个维度，"可以调素琴，阅金经"，可以玩雕刻玩音乐，可以攀岩旅游摄影，可以玩石头玩字画等，甚至"世界那么大，我想去看看"。培养自己生活中的爱好与情趣，绝不是明朝的张岱所言"人无嗜好，不可深交"那般功利，也不是"不做无聊之事，何以遣有生之涯"那般超越，而是丰富我们自身生活世界和内心世界的一种路径。蒙田说"我们最豪迈最光荣的事业乃是生活得写意"，所以我们要做一个有情趣的人，做一个生活得写意的人。

三是希望同学们学会与人相处之道。人是社会关系的总和，我们总是生活在各式各样的社会关系里。象牙塔里的生活是一种单向度的生活，关系比较简单：大略是师生关系，同学关系等；对于合作的需求，对于为人处世的艺术要求也不高，处理得不那么理想，也不一定有后果，或者后果不那么严重，甚至我们经常可以通过考试成绩"一白遮百丑"。但我们走出了校园，就要进入形形色色的社会关系或者"朋友圈"里，既要讲主体性，也要讲主体间性（intersubjectivity），我们会遭遇不同的社会关系：夫妻关系，同事关系，客户关系，朋友关系甚至"驴友"关系，以及与当事人的关系等，都需要我们展现自己的智商和情商，魅力和能力，去处理好，为自己创造健康、和谐的人生环境。我们需要与人合作并合作愉快，并在这种愉快的氛围中推进自己的理想和事业。学会为人处世之道，不是去无原则地妥协、世故、圆滑甚至苟且，而是让我们掌握一种"生活的艺术"。

　　四是希望同学们做一个有爱的人。爱的层次、内容和形式很多：爱这个世界，爱这个国家和民族，爱自然或者祖国山水，爱家人和朋友，爱母校和同学，还有对公平和正义的热爱，等等。英国诗人雪莱在《论爱》中说："爱的需求和力量一旦死去，人就成为一个活着的墓穴，苟延残喘的只是一副躯壳"；但丁说"爱是美德的种子"；泰戈尔说"爱是理解的别名"。我们要一直保持着爱的热情和爱的能力，做一个有爱的人。爱让我们体认到自己的存在以及存在的意义；爱让我们不断向上追求并赋予我们追求的动力；爱让我们学会宽容并由此变得胸襟宽广；爱让我们彼此牵挂并不断学会感恩；爱让时间停止并让我们永远在一起！

　　［本文系作者在上海外国语大学法学院 2016 年毕业典礼上的致辞］

动 起 来!

　　每年四教楼前的几株桃树硕果累累之时，法学院也迎来了属于自己的收获季。经过四年的努力，经历了迷茫、坚定、奋斗和收获，你们即将顺利毕业，踏上人生新的征程了。在这里，我代表法学院全体师生对你们表示热烈的祝贺和衷心的祝福！

　　此时此刻，我的心情是很复杂的。有喜悦，有欣慰，有不舍，也有忐忑。四年前，你们这一群优秀的年轻人，怀持着理想与信任，意气风发地来到上外，来到上外法学院，把人生中最宝贵的四年青春时光镌刻在这里，攻苦食俭，深自砥砺，居敬持志，卓然有成，并且一辈子都注定会以各式各样的意绪来回忆、叙说和纪念这段日子，或者这段"历史"。相较于这种伟大的意义而言，我们在某些方面甚或在很多方面其实还做得不够，甚至远远不够。换言之，我们其实还可以做得好一些，再好一些，更好一些，乃至做到精彩的极致，才能不辜负或配得上你们与上外、与上外法学院这段相遇的缘分。——虽然我们已经尽力，但我们必将继续努力！

　　按照毕业致辞的惯例，我想和大家交流几点感想。我给它取了一个简单的题目，叫《动起来！》，主要想讲三层意思。

　　第一，"运动"起来！著名教育家朱光潜先生曾经在《谈理想的青年》里，对于年轻人提出了很多期望。其中头一项，就是希望理想的青年要有"运动选手的体格"。我觉得这个希望是极为意味深长的。先不消说身体是革命的本钱，也不消说生命在于运动，而是说，我们的人生要维持一种生动而积极的姿态，就必须通过运动来获致、维持和展现。在我们的成语词典里，器宇轩昂，英姿勃发，甚至精神矍铄等词汇，也往往是跟健康乃至健壮的身体联系在一起，进而和运动联系在一起的。《吕氏春秋》有云："流水不腐，户枢不蠹，动也。"

"动起来"，可以塑造一种健全人生所必需的精气神和意志力。热爱生活的人一定热爱运动，并且在各式各样的运动中塑造自己的体格、人格和品格，进而塑造自己积极的人生姿态。洛克说："健全的精神寓于健全的身体。"卢梭说："身体虚弱，它将永远不能培养有活力的灵魂和智慧。"雨果说："运动是身体的锻炼、德行的培养。"蔡元培先生曾指出："非困苦其身体，则精神不能自由。然所谓困苦者，乃锻炼之谓。"所以，我们必须"动起来"，做一个热爱运动进而热爱生活的人，在工作学习之余，管理好自己的身体，磨砺好自己的精神，在毕生的运动中展现出生命的无限精彩。

第二，"劳动"起来！在我人生中，有两个人、两句话让我印象至深，至今难忘。一位是我村子里的老人，他是我们村里最为勤劳的人，几乎从未见他在家里闲坐过，要么在田里，要么在地里，即使下雨落雪，也要在屋里编一根草绳。他总是精神抖擞，笑眯眯的，有点儿伏尔泰说的"劳动是快活的根源"的意思。村里人偶尔劝他：你这么劳累，这辈子白活了。他答曰："总不能闲着吧?!"在他眼里，闲着是一种不证自明的罪愆和道德问题，让人闻之凛然自警。另一位是我的师长，治学特别勤奋，著作等身，他生活中偶尔也会遇到烦心事儿的干扰，但他总能保持定力，不为所扰。他经常说的一句话就是"我总要做事情吧"。即便现在已经六十多了，依旧笔耕不辍，他把"做事情"当作一件不证自明的天职和使命，这种精神也让我特别感动，可谓虽不能至，心向往之。

康德曾经说："我们越是忙，越能强烈地感到我们是活着，越能意识到我们生命的存在。"这句话从哲学的高度阐释了勤与忙的本体论意义，让人感佩不已。记得《晋书·陶侃传》里面讲了一个故事："侃在州无事，辄朝运百甓于斋外，暮运于斋内。人问其故，答曰：'吾方致力中原，过尔优逸，恐不堪事'。"里面传递的，也是关于"动"的故事。这里的动，其实就是一种为了理想积极进取、朝乾夕惕、永不停歇甚至永不消停的精神。

虽然我们今天可以从无数的角度来强调"世界那么大，我想去看看"，或者渴望"面朝大海，春暖花开"，甚至可以从古希腊古罗马的生活世界出发，来论证闲暇之于政治经济文化的巨大意义，这些都是极为正确和准确、必须和必要的。但不可否认的是，当我们在开启或参与一项伟大的事业之时，我们需要这种"总不能闲着"和"总要做事情"的精神，需要这种一以贯之的强大的人格定力、意志力和执行力，从而避免各种迷茫、迟疑、懒散、拖延、胆怯、犹豫、怨尤等，妨碍我们的前进。总之，我们必须"动起来"。

第三，"行动"起来！行动即实践，行动即介入，行动即改变。关于我们究竟要过一种沉思的生活，还是过一种行动的生活，在西方思想史上一直有着各种争议。自柏拉图以来，哲学家们普遍认为"沉思生活"高于"行动生活"。认为前者是自足的、以自身为目的的活动，是一种更高贵的存在方式；后者只是达到某种目的的手段，没有内在的价值——这些道理见仁见智，留待学界继续去争鸣吧。但是，撇开关于沉思和行动更为精确的哲学界定，我们偶尔会想，一个哲人数十年如一日的书斋沉思生活固然让人肃然起敬；倘若他偶尔能够走出书斋，再把他家楼底下一辆被风刮倒的单车扶起来，我想对于这个世界来说，他存在的意义维度或许会更丰富、更饱满一些。因为他"介入"了这个世界，并由此改变了这个世界，就像阿伦特所言，他"行动"了。这种"行动"和"介入"超越了维持生命或服务于谋生之目的，对于"为权利而斗争"的法律人来说，尤为重要，弥足珍贵。

近年来，我看到身边很多法律人，包括我们很多优秀的校友，他们超越了功利与得失，超越了精致的利己主义，活跃在各式各样的法律援助和公益诉讼中，活跃在各式各样的法治论证会和研讨会上，用文字，用声音，用气力，用心血，以弗弗西斯式的努力，积铢累寸地推进着个案正义与社会正义的实现，推动着中国法治事业的进步。他们用"行动"追求和推进着更美好的生活、更美好的秩序和更美好的世界，其人生姿态，何其壮哉！蒙田曾经说："要有所行动，然后认识你自己。"所以，我们必须"动起来"，通过"行动"来建构和拓展人生的意义，并实现自我证成。

最后，祝同学们工作顺利、学业进步、不忘初心、前程似锦！

[本文系作者在上海外国语大学法学院 2017 年毕业典礼上的致辞]

这里就是罗陀斯！

这两天，我一直在琢磨，要不要写首百行长诗，来作为今天毕业典礼的致辞？我想这肯定会是一个特别有意义的致辞，当时为这个创意感到特别的兴奋。但后来转念一想，所谓诗歌之美，端在于讲究含蓄，而在今天这个祝贺与祝福的时刻，在这个抒情和煽情的时刻，在这个送别和启程的时刻，任何意出象外、言近旨远的含蓄，无疑是多此一举、不合时宜的。这个念头也就掐灭了。——其实，这仅仅是一个托辞，真实的原因，大家都能猜到，就是自己写不出来。那就执行次优方案吧。

记得在《伊索寓言》里，有一则名篇，黑格尔和马克思都曾以不同形式引用过，叫《说大话的人》。里面说，有个爱说大话的人，参加跳远比赛，因为缺少勇气，而遭到人们嘲笑和指责，只好到外地去旅行。过了些时日回来，便向人们吹嘘自己如何在各城市竞赛中屡次获胜，特别是在罗陀斯（Rhodes）的地方跳得最远，连奥林匹克选手也比不过他，他还说那里的人可以给他作证。旁边有个吃瓜群众实在看不下去了，对他说道："嘿，哥们儿，假如这是真的，咱也不需要啥见证，你把这儿当做罗陀斯，就在这里跳吧！"

无疑，这个故事讽刺和影射的，是爱说大话的人。但是，它也可以给我们其他的，甚或是旁逸斜出的启示和教益。就是：一个真正优秀的人，是在任何地方，甚至最不完美的地方，都会竭力并能够展现出最完美的自己的。就像一个优秀的运动员，比如博尔特，在任何的条件下，即便穿着不完美的跑鞋，跑在不标准的跑道上，甚至在斜风细雨中跑，都能在既定的条件下，竭力跑出自己最好的状态和水平。对他们来说，这里不是罗陀斯，这里就是罗陀斯！

众所周知，我们每一个人做每一件事，致力于从事的每一项事业，都是在特定的时间、空间和条件下展开的。我们即便不是一个爱"说大话的人"，即便我们真正格高志远，学贯中外，但也总是企望在一个完美的时间和空间，以及在完美的环境里，和一群完美的人合作，并由此展现出最完美的自己。我们渴望着我们的罗陀斯，并坚信在那里会跳得最好。但现实却偶尔，甚或经常，是不那么完美的。我们经常遭遇的，是不那么完美的时间，不那么完美的空间，不那么完美的环境——甚至，不那么完美的人。我们经常会遭遇到各种影响和阻碍我们完美发挥的条件和因素，这些都是我们不能改变，或至少近期难以明显改变的背景，这需要我们在走出校园之后，学会摒弃各种失望、沮丧、抱怨，在短暂的怨天尤人和自怨自艾之后，逐渐学会、习惯于并善于在这些既定的条件和因素下，安之若素并孜孜矻矻地推进我们个体、团体、民族和人类的事业，展现最完美的自己、最精彩的自己。——对我们来说，这里不是罗陀斯，这里就是罗陀斯，就在这里跳吧。

同学们，毕业典礼之后，你们即将离开校园，走向各式各样的工作岗位。在法学作品里，从法律课堂上，我们一次次地见识到了法治理想国的瑰丽图景，并一厢情愿地建构了我们的罗陀斯。我们踌躇满志，意气风发，相信在我们的罗陀斯，一定能跳出最完美的自己。但，这里没有罗陀斯！我们面对的是这块具体的土地，以及这块土地上具体的人民。我们即将努力推进并为之奋斗终身的，是这个具体的国家的具体的法治事业，以及具体的人民的具体的权利事业。我们同时即将面对的，是我们法治道路上一系列具体的问题、具体的困难、具体的制度，以及具体的目标和使命。我们在这里会遭遇到不那么完美但正在竭力追求完美的法律，遭遇到不那么完美但正在竭力追求完美的司法，遭遇到不那么完美但正在竭力追求完美的各式各样法治的软件和硬件。这里不是罗陀斯，这里就是罗陀斯，我们就在这里跳吧，努力跳出自己的精彩。在这或许注定不完美的地方，努力跳出最完美的自己，并最终证成最完美的自己。

接下来，按照毕业致辞的惯例，我想就大家未来的事业和学业提三点希望，并愿意与你们共勉。

首先，要"博"一点。知识要渊博一点，视野要宽博一点，兴趣要广博一点，心胸要浩博一点。众所周知，一个人的生命具有无数的维度，每一个维度都需要我们去发现、去丰富、去滋润，从而建构一个整全、丰满而有张力的人生，并在此基础上展现出每个个体生命的无限可能性。任何单向度的人生是不足以真正和充分展示生命的丰富、厚重和精彩的。梁启超先生在 1927 年 8 月 29 日给其子梁思成的信里说："我愿意你毕业后一两年，分出点光阴多学点常识，尤其是文学或人文科学中之某部门，稍微多用点工夫，我怕你因所学太专门之故，把生活也弄成近于单调，太单调的生活，容易厌倦，厌倦即为苦恼，乃至堕落的根源。"所以希望大家毕业以后，能继续"博"一点，读书博一点，兴趣博一点，眼界博一点，心胸博一点。

其次，要"傻"一点。鲁迅先生于 1926 年 11 月 27 日在厦门集美学校有一个著名的演讲，题目叫《聪明人不能做事，世界是属于傻子的》，里面有段话让我印象深刻，他说："你们放眼看看，现今世上，聪明人不是很多吗？可是他们不能做事。为什么呢？因为他们想来想去，终于什么也做不成。他们过于思虑个人的利害，过于计较个人的得失。他们想着，想着，有利于自己者才肯做，有利于社会、别人者，即使肯做，也常不彻底，不真诚，不负责，以至于败事而无所成就。"胡适先生也曾经说过类似的话，他说："这个世界聪明人太多，肯下笨功夫的人太少，所以成功者只是少数人。"这里所谓的傻和笨，其实就是拒做精致的利己主义者。永远怀持理想，勇往直前，埋头苦干，拼命硬干，"莫问收获，但问耕耘"，不计个人利害得失，功成不必在己，做新时代的"中国脊梁"。

最后，要"迂"一点。"迂"，在字典里，似乎是贬义词，指的是不知变通，不合时宜。但是在这个世道和人心都在急速变化的时代，"迂"的品质显得越来越珍贵。毕竟，我们这个世界和时代，还有许多美好的品格和美好的事物，需要我们继续迂而不腐地去坚持和捍卫；我们这个世界和时代，还有许多正义的原则和正义的制度，包括法律的信仰和人性的尊严，需要我们继续迂而不腐地去坚持和捍卫。"迂"，意味着拒绝苟且，拒绝勾兑，拒绝随波逐流，拒绝无底线的妥协。"迂"的背后，彰显的是一种真诚的信仰和敬畏，是一种顽强的捍卫和坚守。就像以赛亚·伯林笔下的刺猬，只知道一件大事，就是捍卫自己最本质最简单最直接的原则。英国著名大法官丹宁勋爵曾经说："实现公正，即使天塌下来！"这句铿锵的话语背后，彰显的也正是这种"迂"的精神。总之，我们必须"迂"一点，在人生的各个维度牢固树立自己的底线意识和红线意识，用"迂"的精神，捍卫我们的初心。

同学们，从今天开始，从这里开始，你们人生新的征程即将开启，新的、更富挑战、也注定更加精彩的人生画卷即将展开。这里不是罗陀斯，这里就是罗陀斯，就在这里跳吧。

[本文系作者在上海外国语大学法学院 2018 年毕业典礼上的致辞]

埃德蒙顿的小砺石

在加拿大的埃德蒙顿，抑或其他一些地方，其治理特色之一，便是基于一种信任与信用的治理。譬如，在地铁站，你看不到安检，看不到检票闸口，看不到预防人卧轨的厚厚的屏蔽门，看不到道貌凛然的检票人员。因为没了这些程序，每日早晨，即便人流较多之际，乘客们也是鱼贯而入，井然有序。唯一的制度，便是地铁公司的保安偶尔会闯进来，随机抽查某个车厢，一旦查获逃票，对不起，罚款200加元（相当于1000元人民币），一张车票仅2.5加元，这个处罚无疑是下重手了。更有甚者，逃票还要被录入个人信用系统，降低信用等级。这种影响，众所周知，实不下于200刀了。

无疑，这种以信任与信用为基础的治理，极大地节约了人力、设施及执法上的成本，是一种特别经济而有效率，甚或有些古典自由余绪的治理。同时，也最大限度地减少了阻碍乘客流动的各项程序，保障了地铁的流通，提高了使用效率。而对于地铁管理部门来说，这种基于信任的管理，也不会造成多大的经济损失。毕竟，即便偶尔有人逃票，巡查人员只要抽检到一个，对不起，罚款200加元，便足可抵销80个逃票者产生的损失，可谓惠而不费，甚至还能大赚一笔呢。

顺便看看我们的管理。因为不信任，因为据说公民道德素养还不高，或有待提高，因为信用系统没有完全建立起来——其实，对于一些非工商社会的人群来说，信用之高低，对于其生活未必有特别的影响。譬如你降低一个逃票农民工的信用等级，对于他的影响，未必会比罚款 50 元大。所以在中国，在某些地方，对于某些人群，信用的约束力未必很大，至少没有我们想象的那么大。因为缺乏信任与信用，所以我们需要苦心孤诣地扎紧篱笆，布下恢恢天网，无微不至地来防范，巡检检查督查，各项成本随之无限放大，效率也相应地降低了，结果却依旧是八个字："法令滋彰，盗贼多有。"

作为一场仪式的年会

这几年也断断续续地参加过几次年会，按照钱钟书先生的说法，算是吃过了蛋，也见到了鸡。什么样的鸡，会生出什么样的蛋来，便也渐渐地对上了号。当然，偶尔也会有对不上的，因为总会怀疑：这样的鸡，怎么能生出那样的蛋来呢？后来竟至于有些恍惚乃至虚无起来了，这也是不妙的。所以有些时候，建议不必一定要去见鸡，倒能开心且放心地吃蛋。

其实呢，每次参加年会，接到主办方发放的会议议程，我总要打心眼儿里地感佩。试想，一场年会洋洋二三百号人，恍如丐帮大会，要编制出一个情理法兼顾的发言秩序册来，实在是一个高难度的技术活儿：既要考虑各个分舵，又要考虑各袋弟子，还要兼顾丐帮新锐，更要关照到几大护法。这个活儿，非得要恭请荣国府的凤姐或沙家浜的阿庆嫂出来才行。

庆幸的是，千里马不常有，凤姐阿庆嫂却常有。一番考究与推敲，秩序册最后顺利出台：发言人某某，时限八分钟；评议人某某，时限五分钟。发言阵容强大，老中青，工农兵学商，无远弗届，无微不至。至于发言内容，就不必去深究了，毕竟只有八分钟，很难深入地讲，据我的经验，前面五分钟大抵是重复《还珠格格》主题曲："感谢天，感谢地，感谢命运（主办方），让我们相遇。"其实呢，讲什么不重要，重要的是讲本身，这是资格，是地位，是待遇，是人格尊严，是士可杀不可辱，是要生还是要死。据说有一次年会，因为没有安排某八袋长老发言，还有人威胁要脱离丐帮，加入神龙教呢。

当然，想通了也没啥，毕竟发言的时候，下面有听的，也有不听的：有的端着手机在自拍和他拍，侧左脸，再右脸，美图秀秀一番，再隆重地微信推送；有的在交头接耳地咬耳朵，偶尔还"噗嗤"一声会意地笑出来；还有的呢，像那憨豆先生进教堂，先是东张西望左顾右盼，兴奋地同人"Hello""Jackie"地招呼，接着便痴痴地盯着学术大牌们的侧脸和后脑勺轮流地看，继而眼皮发沉，目光迷离，渐入黑甜之境矣。当然，认真在听的，也确有不少，这个要实事求是，有一句说一句。会议之后，便是"敬请诸位移步食堂二楼"了，这却是年会的重头戏。年兄焉，贤弟焉，三个一堆，五个一扎，久仰久仰，哪里哪里，嘻嘻哈哈，嘀嘀咕咕，一时热闹非凡。当然，也有神秘一族的，悄悄地靠拢过来："好香的梅干菜，——听到了风声了吗?"

所以年会呢，其实就是学界权力场一年一度的权力仪式，每年借此将权力格局再论证一番，宣示一番，强化一番：哪些人有资格坐主席台，哪些人坐第一排，哪些人前面有席卡而哪些人只能做无名氏，哪些人有资格前面放杯茶，而哪些人只配"农夫山泉有点甜"，这些都是"小处不得随便"的。众所周知，法学界是为权利而斗争的，据说"吾侪"要勠力做的事儿，就是同心同德同仇敌忾地把"权力关进制度的笼子"，但从法学界的年会来看，和官场上的会却是如此相似。这种观感之下，"吾侪"能做的，大抵只是"呵呵"两声而已。——呵呵。

他已睡了， 你得醒着

　　这几日，晚上负责哄孩子睡觉。两岁的孩子是绝没有休息的概念的，体内的能量，就像电池里的电，只消还有一格，乃至半格，甚或还剩一丝，便要抖起全幅的精神嘎嘎嘎地闹。待到电量完全耗尽，不待你汹汹地来威胁，便兀自头一歪，倏然进入黑甜之乡矣。此时你倘端详这张熟睡着的安静且做无辜状的小脸，便如何亦难想象出，一分钟甚至十秒钟前他那番顽皮发疯的情形来的。

　　但大多数时候，催眠还是必要的。手段自可以不择：你可以唱催眠曲，可以讲童话故事，可以抱着他摇摇晃晃来来回回在漆黑的房内摸索着走：一步两步三步……从窗台到房门有十步，从房门到窗台亦是十步。自然，还可以使出其他五花八门乃至奇形怪状的手段来，让他顺利地入睡，都行。按照韦伯的说法，这叫工具理性。记得鲁迅先生还专门为其子海婴作过催眠曲的，文字与节奏大抵是："小红，小象，小红象，小象，小红，小象红，小象，小红，小红象，小红，小象，小红红……"试默读过几遍，发现里面还是略有逻辑的，需用脑去甄别之，效果亦未必佳。

　　按照我的经验，倒有几点是值得记录的：第一，你得把所有发出亮光的物什统统关闭掉，制造出伸手不见五指但绝非月黑风高的状态来。纵便此时有只萤火虫飘荡荡地闯进来，你也得当机立断，一掌拍死在墙上。第二，你得哼歌，而且得哼那种歌词单调无聊、循环往复、无病呻吟的歌儿。唱法须讲究，最好能哼出少林高僧晨钟暮鼓的状态来。倘若不幸，你不善唱，或嗓音过于宏亮，唱不出那种靡靡之音气若游丝的感觉，则建议劳驾音乐玩偶播放之。第三，你得让自己也处于或至少表象上处于渐渐安静、入定进而昏昏而欲睡的状态，俾以带动孩子的睡意。但此处的难点是，你得让自己不要真正睡着。否则你一个盹儿或一个激灵醒来，擦擦嘴角的口水，发觉孩子已在黑暗中坐起来了，两个眼睛正忽闪忽闪地笑望着你呢。

所谓中国人的成功观

　　古今的事情，看得多了，便不难发现，咱们中国人的成功观大抵是团体本位，而非个人本位的。也即，你混得好与歹，成功与否，端非以自己为参照，乃是以团体为参照的，即看你在家族里面，在村子里面，在小学中学大学乃至党校同班同届里面，在校友会老乡会里面，在65后75后或85后里面……混得怎么样。有鉴于此，有些人纵便外人看起来已然极为成功，其本人却颇不得意，甚或倒极焦虑与极沮丧：唉，我们班上上市公司老总有好几个呢！或：我们这届厅级干部有好几个呢！或：我们85后里面博导有好几个呢！总之，清晨起床，眼圈依旧发黑，感觉是个 loser。

　　可见，咱们中国人的成功观以"出人头地"为鹄的，具有一定的相对性、封闭性和竞争性。所谓相对性，乃是指你成功与否，不以自身为标准，而是相对于你所在团体中的其他人而言的。纵使你身价千万，倘清早闻知同班同学孔二愣已是亿万富翁，你的成功感立马报销，"樯橹灰飞烟灭"矣。所谓封闭性，即你只会和团体内的成员较劲，不会去和团体外的人比较，譬如马云纵再风光，于你而言，不构成任何压力。可见，团体外的人的成功往往比团体内的人的成功，在其心理上产生的压力与冲击力，要轻很多，甚至于无。

这便出现了一个吊诡却不难理解的现象：在很多情形下，一个团体内部成员之间的合作和互助，至少在暗处，经常要比与团体外的人合作要少得多。甚或各种私下倾轧与腹黑之情形，亦在所难免。这背后便体现了某种竞争性。

记得前些年偶尔返乡，常听当地朋友们聊起，说：县里有一个令人费解的现象，县领导倘是本地提拔起来的，本地之同侪乃至下级竟往往不大认其账，乃至攻讦、举报、拆台及各种不配合，亦层出不穷矣。而一旦从外地调来领导主政，大家倒能相安无事而合作愉快，原因端在此矣。毕竟，本地的领导，都是身处在"团体"内的，与县里其他官人或是同村同族同乡，或是同校同学同届，或是同一批提拔同一批进城，等等。因成功观的相对性与竞争性，导致其中一人的成功，使得团体内其他人的成功感相对地降低与克减了，其无形中便成了众矢之的，自在意料之中。而外调领导来主政，不具竞争性，大家都无压力，可谓合作愉快。

可喜的是，现在如苏格拉底般，倾听自己内心的声音，按照自己的哲学与趣味过活的人，也渐渐多起来了。大家各自遵行着一种自我实现的个体主义成功观：自己确定一个目标，再努力去实现它，并由此感到由衷的快乐，就行。但，你还得预防着，某一天，当你大汗淋漓跑完一个中程马拉松，意趣昂扬地回到家，发觉你母亲正闷闷地坐在客厅沙发上，边剥着毛豆，边一迭声地同你叹道："你小学班上的李二锤子还记得吧，今天在菜场见到他妈了，说人家前天已买好第四套房子了！唉……"

凿壁借光及共三光永光

汉代刘歆的《西京杂记·卷二》里，讲了一个凿壁借光的故事，可谓妇孺皆知。说的是西汉经学家匡衡少年时代发愤苦读的事儿，"勤学而无烛，邻舍有烛而不逮，衡乃穿壁引其光，以书映光而读之"。无疑，这是一个极富正能量的励志故事。

按照今天法律人的眼光，匡衡的凿壁行为，使隔壁邻居的家庭生活，暴露于外人的侦视之下，隐私权与住宅权受到严重侵害，端的是件"是可忍，而孰不可忍"的侵权事件。隔壁老王怎么看，吃瓜群众怎么看，古书似从未提及。即便其时无所谓住宅权、隐私权之类的说法——据说这些都是西方的舶来品，但其中所关涉之具体权益，也该是贯古通今而"共三光而永光"的吧。不知刘歆编这个励志故事时，是否计算过隔壁老王心里的阴影面积？抑或此事洵属事实，而老王一家忍辱负重，默默忍受，既未提出严正交涉，亦未"在律师陪同下，亲赴法院提起诉讼"，则其人格与品格之高尚，实在高山仰止矣——这似乎总与情理有些不合。

突然想起了另一件事。前些天，在张家港的凤凰古镇参观了一个宗祠。甫一入门，便见大厅的墙上，醒目地张贴着一帧帧古代二十四孝的事迹图。图文并茂，栩栩如生，颇为可观。其中之卖身葬父、行佣供母、卧冰求鲤、恣蚊饱血等，按照密尔的自由观，皆是孝子们自作而自受，"不涉及他人之利害"，咱就不去说他。而最让人触目惊心的，却是晋代郭巨之埋儿奉母。书载："汉郭巨，家贫。有子三岁，母尝减食与之。巨谓妻曰：贫乏不能供母，子又分母之食，盍埋此子？儿可再有，母不可复得。妻不敢违。巨遂掘坑三尺余，忽见黄金一釜，上云：天赐孝子郭巨，官不得取，民不得夺。"遂罢。

幸甚至哉。故事成功反转，太行山下一场活埋亲子的惨剧，遂得以避免。否则一个活蹦乱跳的孩子，便要死于非命了。这种孝法，视孩子的生命（权）为草芥，为刍狗，为蓬麻，而生杀予夺之，在今天与今人看来，未免忒残忍与疯狂了，可谓孝绝人性矣。即便郭老太太闻知，亦绝不会答应。不过，反过来想想，从古至今，以孝治天下的朝代多矣，真的假的半真半假的道学亦多矣，唯有这区区二十四孝得以顺利流传下来，说明绝大多数古人的孝，还是孝得正常，孝得理性，孝得通情达理，孝得"可复制可推广"。至少书中之"妻不敢违"，说明连郭夫人的心里，亦是极不愿意的。

当然，提这两件事儿，绝非是指摘古代与古人如何之不重视权利的保障——这些在读大学时老师们已经多次敲过黑板了，据说也容易犯"具体时空错置"之谬误（毕竟，今天倘要较真起来，本文第一段里的"妇孺皆知"一词儿，在见识与智识上，将妇与孺等量齐观，亦涉嫌歧视女性呢）。我想说的是，今人在今天来推介古代这些正能量故事时，还是有义务按照今天的观念来审视之与择取之的，或"抽象继承"，或"创造性转化"，俾以让这些事迹在今天闪耀出新的光辉来，"共三光而永光"，则善莫大焉。当然，这个也是老生之常谈了。

朋友圈同质化的幸与不幸

　　暑期的大多时间，我的微信朋友圈是关闭着的。渐渐地，再渐渐地，也就习惯不大去看它了，自兹倒可以静下心来看看书，认认字儿，带孩子到山和水之间走一走，或做一些自己想做的事儿，而非整日价端坐在空调房里，用手指优雅地划拉着，做别人生活的冷静的旁观者。毕竟，生活的意义端在于介入与经历，而非旁观。

　　而时下朋友圈的同质化，也越来越令人感到疲劳了。譬如一个法律人吧，朋友圈内大抵皆为法界同道，里面的消息亦无外乎法律消息，以致一则法界资讯甫一出来，便开始在圈内启动循环转发模式，嘻唰唰嘻唰唰，端的汹涌而至，逼人眼球，让你无可逃遁：有推荐法律书籍的（只要是朋友的书，无一不是经典或精品），有推荐法律论文的（一篇论文，动辄洋洋万余言，谁人有此眼力和精力在手机上读？），还有推荐法界新锐和名宿的，等等。有时一则消息或一篇论文，过了几周，竟还在圈内余音绕梁（阴魂不散？）地转发着，令人睹之疲劳。这似乎令人有些不堪其扰了。

　　窃以为，微信圈的阅读，本质上乃是一种休闲阅读，大略止于茶余饭后或"八小时之外"罢。因之，最佳的朋友圈，应该三教九流、三百六十行皆无远弗届的。譬如一个法律人的朋友圈，应该有历史的，地理的，经济的，宗教的，杀猪的，算命的，厨师的，"驴友"赌友的，劈叉劈腿的，和尚尼姑的，抓切糕抢馅饼打闷棍套白狼的，等等。而法律人的，最好少些，再少些，一个没有亦无妨。唯此，每天"批阅"起来，方能真正开拓视野，提升"知识增量"。

邮件回复之规则

为进一步整饬与统一电子邮件之格式，促进邮件往复之文明与规范，弘扬社会主义核心价值观，现根据本人在高校任教多年来接收电邮之经验，作出如下公告：

● 凡电子邮件抬头遗缺本人之姓名或者称呼的，恕不回复。如邮件"这次宪法学考试复不复习？"即是。建议格式："张老师：这次宪法学考试复不复习？"以下格式不建议，但可容忍，如："张海斌：这次宪法学考试复不复习？""小张：这次宪法学考试复不复习？""老张：这次宪法学考试复不复习？""海斌兄：这次宪法学考试复不复习？""斌仔：这次宪法学考试复不复习？"（最后一种格式仅限于香港特别行政区或者广东生源学生）

● 电子邮件未明示或者以各种形式暗示发件人真实姓名的，恕不回复。如邮件全文："张老师：这次宪法学考试复不复习？无名。"或者"张老师：这次宪法学考试复不复习？来自：我是一片云。"又或"张老师：这次宪法学考试复不复习？""张老师：这次宪法学考试复不复习？来自：去年法理学第三节课被您提问的那位学生。"

等等。建议格式："张老师：这次宪法学考试复不复习？古巨基，
2005 年 6 月 14 日。"

- 电子邮件结束语缺乏最基本礼节性表达的，恕不回复。建议
格式："张老师：您好，这次行政法考试复不复习？谢谢！章子怡，
2005 年 6 月 14 日。"邮件结尾之祝辞不限，可以其他形式如："祝
工作顺利！""祝好！""祝减肥成功！""祝摇号成功！""祝您在实
现祖国伟大复兴的征程上一路顺风！"等等。

- 电子邮件应内容健康，积极上进，格调高雅，与其相悖的，
恕不回复。如邮件："张老师：……您喜欢养猫咪还是狗狗？您的
星座和幸运星是什么呢？您喜欢吃什么颜色的冰淇淋？您开心时喜
欢喝卡布奇诺还是拿铁咖啡？"等等即是。建议格式："张老师：您
好，最近世界政治风云变幻，尤其非洲颇不平静，难民问题日益严
重，作为新时代的大学生，历史赋予我们的神圣使命是什么呢？希
望张老师指点迷津。谢谢。学生：穆托姆博，2005 年 6 月 14 日。"

- 电子邮件违反法律规定或者公序良俗的，恕不回复。

过 年 记

想写点关于过年的事儿。

其实，在写之前，和很多人一样，我一直想一个问题：现在的年味儿怎么就越来越淡了呢？揆诸缘由，每个人的答案自然是不一样的。在我看来，小时候忻忻然悬盼的年与节，总是和"吃"物质性地勾连着的：中秋可以吃月饼，端午可以吃粽子，重阳可以吃花糕，到了春节，自然更可以大张旗鼓连轴地吃，鸡鸭鱼肉之类，自是不可少的。即便到了元宵，亦赓续春节之余绪，可以吃到各色的汤圆——至于里面有啥文化与焉，自是那些高冠博带的专家们的事儿，咱且不管它。当然，过年更隆重一些的，便是穿新衣裳。每俟阴历十二月时分，家家户户便会扯好了各色的布，把村里的老裁缝延到家来，给家人里里外外做身过年的衣裳。衣服做罢，孩子们便在大厅的火盆旁兴奋地试穿，个个兴高采烈，上蹿下跳，其情其景，堪比西游里的佛衣会矣。

贴春联自是过年一道必不可少的程序。小的时候，我家的对联大多是集市上购买的，很便宜，一两块钱一对。偶尔我们兄弟也亲自写，先排好红纸，折好字格，蘸好墨汁，再气运丹田，一挥而就，煞有介事也。除却大门、后门，屋内的每间房都要写。即便是各色常用的器物和设施，亦要隆重地贴上一条：倘是食厨，便写"五香六味"；倘是筷子筒，便写"添丁进口"；倘是牛棚或猪栏，便写"猪牛顺序"；倘是鸡窝，便写"金鸡报晓"……这些都是常见的程式了。偶尔我们也会雅兴大发，胡乱应着些景儿，压着些韵儿，"或操觚以率尔，或含毫而邈然"，搜索枯肠，原创出一些对联来，再用毛笔在红纸上写就，隆重地张贴于门，再倒背着手，挺胸叠肚，在门口左右地看，"意气扬扬，甚自得也"。

除了春联，大门和后门上还要贴门神。门神一般是尉迟恭和秦叔宝之类，刻画得确实彪悍，手里擎着剑和铜，威风凛凛，恍若扑克牌里的老K。不消说是妖魔鬼怪之属，即便孩子们见到了，亦要敬凛二三分呢——至于门神的来历，后来读《西游记》，讲到唐太宗被泾河龙王的魂魄追着索命一节，才约略明白。贴了春联、门神，最让孩子们兴奋的，就是贴年画了。在我记忆中，村里人家贴的年画，如果是伟人们的画像，皆是神采奕奕，天庭饱满，印堂发亮。尤其是那眼睛，端的炯炯有神，无论你从大厅哪个角落望过去，都像在凝视着你，着实神奇。记得里面也有几个大胡子，小时候便经常疑惑：这些人早上怎么喝荞麦粥呢？但疑归疑，似乎一直也没问起过。另一种就是电影明星的日历画，记忆中先后荣登俺家墙壁的明星有李玲玉、林芳兵、龚雪等，个个明眸善睐，温情脉脉，"巧笑倩兮，美目盼兮"。当然，人气最旺的，还是那些当年流行电视剧的图画，一格一格的，类似九宫格。印象中极为拉风的，有《霍元甲》《再向虎山行》《八仙过海》《上海滩》《雾锁南洋》等。年画除了增添喜庆外，亦有美化之功效。众所周知，乡间的老屋，墙上本不大干净，趁势在上面贴上几张年画，如梁实秋先生所言，颇可"收补壁之效"也。因此，每俟除夕，年画一贴，屋内立马蓬荜生辉起来了。

想象一下吧，平素里单调枯燥的景象里，经过一个下午的装扮，整个宅子，乃至整个村子都焕然一新了，年的味儿热腾腾地旺起来了。按照什克洛夫斯基的陌生化理论，整个村子如此这般地装饰过后，倏然地"陌生化"了：老宅便不似旧日的老宅了，牛棚亦不似昨日的牛棚了，鸡窝上贴上了"金鸡报晓"四个大字，亦不似昨日的鸡窝了，竟有一种新奇的美感与焉。到了傍晚，村子里便陆陆续续开始放爆竹了，敬过了天地祖宗，家家户户便开始忙碌起年夜饭来了。年夜饭无外乎是鸡鸭鱼肉之属，因为这些菜肴平素都难吃到，因此一旦齐斩斩地团聚起来，热气腾腾地摆放在桌上，在我们孩子们眼里，其或在大人们的眼里，端的是相当地丰盛乃至奢侈了。记得母亲把菜往桌上端时，还会仔细地数数有多少只碗。里面大概有啥讲究吧，我竟没问过。但饺子，确乎是没有的，南方不兴这些。因此每年春晚，主持人总要兴高采烈地说：此时此刻，每家每户都围坐在一起吃饺子，云云。里面的节目也动辄谈年夜饭吃饺子，这个还真没有。

年夜饭吃过，孩子们便要换上新衣裳了。上衣、裤子、袜子、鞋，都是簇新的，散发着新布料特有的香味。当然，所谓新者，倒未必是当年新裁的，有些可能是旧年做的，过完年，便濯洗干净，仔细地收藏起来，待来年再取出来穿。鉴于此，村里的父母给孩子们裁做的新衣裳，往往要大一号甚至两号，套在身上，个个长袖善舞，恍如那少林寺的小沙弥，袖子要卷起好几卷，才能见其小手哩。但待到第二年再穿，倒刚刚合适了——这也是农家的一种生存理性吧。那时候，我们整个家族的好几家都聚居在祖传的一间老屋里，换好新衣的孩子们个个面带腼色，舞之蹈之，兴高而采烈地来到大厅。爷爷早已将一个硕大的树根在大堂中间点燃了，红通通的火焰映红了他苍老的面孔，映红了四旁的木壁，映红了门外的夜色，整个大堂里竟弥漫起了一种安徒生童话里所特有的温暖而神圣的情愫。

除夕，大人们照例是要给孩子们压岁钱的。之前，父母都已经把崭新的压岁钱准备好了，都换成一角一角的一沓，簇新簇新的。按上海话说，叫"擦刮勒新"。我们家有四个孩子，起先是每人两毛钱，后来随着年龄的增加，渐渐地变成了两块五块十块，不等。即便再少，我们都极为珍惜，捂在贴身的口袋里，总不舍得用。记得有好几年，过了元宵节后，便是开学报到的日子，哥哥姐姐还会把珍藏了十几天的压岁钱恋恋不舍地贡献出来，作为一年的学费——那时候家里真的是太穷了。偶尔我们也会花上一毛两毛，从挑着货担走街串巷兜售的李老爷那儿，买上一两只彩色的小气泡吹着玩儿：先是把气泡使劲儿吹大，再吹大，再慢慢把气放掉，气泡尾端的小竹管便会发出清晰悦耳的声音，端的有趣。至于李老爷为何叫李老爷，我竟忘了，似乎一直就这么叫着。李老爷有个外甥，和我熟识，年纪大我一些。我在华东政法学院读本科时，他在读研究生，每次老乡聚会，他总是慷慨地买单，现在在沪上某法学院任教授矣。除了音乐气泡外，我们偶尔也会买一小挂爆竹，用烟头点着，候着有人经过，便扔向墙角或屋顶，随后便听到"噼里啪啦"的声响，将路人唬得周身一震，乃至一声惊叫，孩子们便在旁边十一分开心地大笑起来，这便是过年极畅快的娱乐了。记得林语堂先生曾经提及过年，说"每人都假装着庆祝，一点没有真感情"，这其实是极不准确的。至少至少，对于孩子们绝非如是。

大年初一，是整个村子内部相互拜年。一早，吃过象征着顺和的面条，大人们便开始忙碌起来，先在大厅里燃起旺旺的炭火，再在桌子上摆放好各色自制的点心，大略是爆米糕、花生、葵花籽、薯片之属。隆重一些的，会上一盘辣椒酱饼，那便是孩子们的最爱了。我小的时候，大年初一每家每户都要去拜年，成群结队，挨家挨户，就像查户口一般。顺序按照亲疏，略有先后：先是同房同族的，再按照费孝通先生的涟漪论，一圈一圈推开去拜。即便是平素不大往来，甚至有些芥蒂或过节的人家，此刻亦会相互上门拜年。清人顾铁卿在《清嘉录》里讲到拜年，云"有终岁不相接者，此时亦相互往拜于门"，堪为佐证。

孩子们的拜年，往往结伴上门。推开门，"嗡"地冲进去，无论识与不识，见人便拜。记忆中，拜年本身倒不难，最为艰难的，竟是琢磨各种称呼：哥耶？叔耶？爷耶？太爷耶？殊为伤神。众所周知，中国的村庄，大抵是单姓繁衍而来，高老庄、祝家庄、李家屯，即是也。各房各支，因繁衍速度各异，以致同龄老庚，同窗发小，排起辈分来，竟是叔侄，乃至爷孙矣。记得俺的同窗兼发小张小兵，便高我一辈，即便我们从小一道摸鱼儿，粘知了，捉糯米虫，"无恶不作"，但因他和我父亲一辈，我就得叫他叔。至于班上同学，例属爷爷奶奶级别的，亦不乏其人矣。因之，每年拜年之前，父母对一些辈分较特别的人（譬如年纪不大、辈分极高之类），总要给孩子反复演练之：记着，村头的三根，不能叫叔，应该叫爷。其情其形，颇类似于拙内期末考之前给小儿排不规则动词表矣。

拜年的礼仪，总是先从尊长开始。因之，俟大年初一，老人们往往便穿戴整齐，端坐在厅堂圆炉前的睡椅上，等候着一拨一拨登门的拜年者。偶尔遇到有老人尚在灶间忙碌的，倘古派谨严一些的大人，便要小心翼翼地把老人先牵到厅堂，再庄肃地跪下来拜。但孩子们是不拘这些的，发现目标后，便一径地杀向厨房，朝着正在灶间添柴的老人冲过去，端的是推金山，倒玉柱，纳头便拜，唬得老人家们赶忙放下手里的火钳，一一将他们扶起，嘴里忙不迭地念叨着"就是了，就是了，学习进步哈"；也有些人家的男女尚未下床，正恹恹地穿戴之中，孩子们亦是不管不顾，径直掀开布帘，

"嗡"地挤进去，在床头胡乱地厮拜完，便一窝蜂地离去了。这番情形，现在想来，依旧令人忍俊不禁。后来我读《水浒传》，看到梁山泊里的好汉们动辄纳头便拜，便会油然想起那番火热的情形来。

按照家乡的风俗，孩子们拜过年后，大人们便会从烟盒里抽出烟来分发给他们。家庭富裕一些的，烟会贵一些，这往往是孩子们争相炫耀的内容了。往往谁家发出了好烟，消息传开，各路英雄便闻风而动，一齐杀将过去，一时门庭若市，应接不暇也。当然，派发出好烟的人家，日后提起，往往也极自豪，说："想当年，大年初一，俺家发的可是某某烟呢。"其言止与神情，与今日之开宝马奔驰的土豪，不遑多让矣。记得我读大学那年的初一，父亲还特地给我准备了两包好烟，郑重地说："放在口袋里吧，倘有孩子给你拜年，你可以发发。"现在想来，这两包香烟，庶几近乎吾人之成人礼矣。记得很多年前，我表哥还特地以递烟的题材，写了篇作文，题目叫《我们错怪了他》，说他们村里有位万元户，过年时孩子们结伴去他家拜年，都巴巴地以为他家散发出的定然是土豪级的香烟了，讵料居然是大前门，一时恚怨不已，目之守财奴也。不承想，不日村里修桥缺钱，"守财奴"竟大方地捐出了大笔的钱，表哥便有感而发："我们错怪了他！"情节饶为有趣。此文当时作为优秀作文被县里编入文集，油印出版，一时声名鹊起矣。

按照家乡的风俗，拜年是有一定程式的。按照当地的说法，"初一逛逛（邻里），初二外甥，初三舅仔，初四郎仔（女婿）"。即，大年初一，主要在村里相互拜，初二便上外婆家，初三上姐夫家，初四便是姑爷上岳父母家，不一而足，拜到正月十五，才鸣金收兵。我的外婆家在山区一个叫倾溪的村子，从家里出发，步行过去，大约要走一个半小时。每年初二，吃罢早饭，我和哥哥姐姐们便步行出发了。越沟过坎，穿村越寨：溧溪、堆背、黎溪、王溪、何家坊，路溪，城田，最后成功到达倾溪。一路都是崎岖的乡间小路，颇有跋山涉水之慨，略观一路之村名，即可知也。倘遇到晴天，乡间曲曲折折的田埂上，逶迤着的都是上外婆家拜年的人。大人们相互寒暄问候着，孩子们则穿着簇新的衣裳，蹦蹦跳跳地跑在前面，草狗们也摇着尾巴欢快地尾随着，待主人们到了，它们便继续欢快地摇着尾巴原路返回了。

想象一下吧，在冬日的阳光底下，清凉的山风夹杂着田野的泥土气息，和刚刚吐蕾的油菜花的清香，从附近的松林里吹拂过来，端的让人心旷神怡矣。倘若遇到雨雪，却是另一番狼狈而可悯的情形了：一不小心，便滑倒在泥田里，于是挣扎着从泥泞里爬起，浑身湿漉漉的，一路嚎哭，一路抖索，返家去换衣服了——对于孩子们而言，这该是多么悲伤的经历啊！

外婆家就在一座不高不低的山脚下。至于这山叫啥名，现在已经忘却了——似乎也没有啥名字。老家山多水多，处处皆是，似乎没有必要像海子诗里发愿的那般，"给每一条河每一座山取一个温暖的名字"，这都犯不着。记忆中村子前头有一条小溪，那是我暑假经常洗澡的地儿。再前面，就是一片稻田，按照贾平凹的写法，此处应该省去五百字。毕竟，传统山村的模样，国人稍微闭眼都能想象到，自不消在此赘述。外婆家较简陋，房子是用江西农村常见的土砖砌成的，里面是木制结构。记得每年春节，我们一到，无论时间早晚，外婆便立即去灶间起火，给我们每人煮碗面条，面里笃定卧着三个荷包蛋，以及几块白斩鸡。在我童年的记忆中，外婆煮的面条端的是人世间少见的美味了。按照母亲的说法，外婆烧菜特别"舍得本"，也即猪油和味精都放得比较足，佐料亦丰富，因之味道也就与众不同了。当地的妇女们提到某某烧菜好，往往誉之曰"舍得本"，高深莫测的厨艺问题，居然被解构成了原料与佐料之间题，端的令人哭笑不得。不过想想亦是，在那个贫瘠的年代，倘若炒个青菜，若能用锅铲勾一点点猪油佐进去，青菜便立马熠熠生辉其味无穷矣。但外婆之"舍得本"里面，彰显着对于外孙们的关爱，却令我们感念于心。

过年之乐，除却吃和穿之外，还能见到一些常年不见的亲戚和朋友，这在交通与通信不便的年代，亦是一种至高的快乐。我有四个舅舅和四个姑姑，表兄表妹非常之多，规模颇有红楼贾府之盛矣。每年过年，相互厮见着，其欢乐与热闹之情形，自不难想见。当然，孩子们自然有孩子们的游戏，现在似乎都很难想起来了。在外婆家做客这几日，记忆最深刻的，是深夜上厕所。山里人家，茅厕大多是在背山的坡上，也是用土砖垒砌成的，就置于牛棚或猪栏里。倘若半夜不幸，要上厕所，便要颤抖着牙关，披上厚重的冬衣，开门出去，借着微弱的上弦月色，沿着陡峭的土坡，上猪栏解决。如此这般，自然搅乱了猪先生的好梦，以致引发二师兄们的不快，便哼哼唧唧拱着栏圈表达着抗议。记得多年以后，看到"老顽童"黄永玉老先生的系列画《出恭十二景》，里面有幅人在猪圈里方便之速写，不禁哑然失笑了，里面的情形与气象竟大略类似，当然厕所的结构倒是大异其趣的。——深夜的山村静寂无声，远处荒凉的田野和黑黢黢的矮山，在月光底下显得格外的森寒，偶尔有夜鸟在背后的树林里扑棱着飞起，间或枭叫几声，竟让人凛然生发出一种海德格尔式的"畏"来。

过年用的酒，大多是农家自己酿制的土烧，或者老酒。印象中，烧酒倒不大喝，老酒颇为流行：在木炭火上稍微温热，再加入一点姜丝，或者蜂蜜，便是极佳的美酿了。但老酒的后劲很大，喝的时候固然豪迈焉，伟岸焉，两肋插刀焉，一旦酒性发作，便恍如毒性发作，一时面若桃花，不省人事矣。在家乡，过年的宴请，不拘早与晚，即便是早晨起来，亦要隆重地收拾出满满一桌来，白酒黄酒，觥筹交错，"将进酒，杯莫停"，推杯换盏，其乐融融矣。倘若是初四，姑爷们上门的日子，路上摇摇晃晃推着自行车，或干脆扛着自行车的，一无例外，皆姑爷矣。倘是新姑爷上门，自有更严格的程式，按照风俗，泰山泰水们若未能将之灌醉，或未能在酒桌上把他镇压住，其后果，按照古代罗马法的说法，实在无异于人格大减等矣，女儿在夫家之人格与地位亦难以确立也。于是泰山泰水，大小舅子，新老连襟，端着酒壶，轮番上阵。待到新姑爷大醉酩酊，摇晃着返到家里，那番前世不修、跌跌撞撞的情形，被新妇们见到，自然又是一通声色俱厉的抱怨矣。但这些都是假象，女人们的内心还是极欣喜的："咱娘家还是有人啊！"

老家人喝酒，醉酒，乃至发酒疯，都是极为单纯的，兴之所至，直抒胸臆矣。过年见到了，就高兴，就喝，就喝多，就喝醉，就随意找个地儿倒头便睡，"今我不乐，日月其迈"也，绝无古代文人骚客笔下的"酾酒聊驱万古愁""酒人愁肠，化作相思泪"之类幽思与豪情与焉——这些都是臭氧层的东西，挨不着。当然，喝完了，如何趁着月色跌跌撞撞地返家，却是极有趣的事儿：有的半路就歪了身子，斜倚着老屋的墙角，酣然地入睡了；有的中途莫名地趄进牛栏，一头扎进了干燥的稻草堆里，接续起古人的黄粱美梦来；还有的竟钻进了村北那棵古樟的树洞里去了；诸如此类，不一而足。但家人们最后总能顺利地将他们一一找到，毕竟这些都已是醉汉们常规的路线图了。但醉后发酒疯的，确乎极少。记得前些年，村里的一位远房堂叔来上海，我请他吃饭，席间提及其年轻时醉酒后倚靠在田埂上胡言乱语之情形，他竟一脸赧色："这事儿你还记得！"我的家人都不善饮，记得小时候，过年来了客人，酒菜上罢，父亲便打横陪着聊天，酒是照例不喝的，唯间或筛酒点烟而已。前面要么放一杯茶，要么放一只空碗。有时候顺序也会倒过来，他自己先把饭盛好，快速地吃完，再陪客人聊天，筛酒，点烟。"我是滴酒不沾的。我们家都是不能饮的"，他总这样讲。

　　过年，对于农村的人来说，是一年里难得的休息时光。即便是最为勤劳的人，在这几日，也要稍微停下来，张罗着接待客人，但也有一两个例外。村里有个老人，叫大女仔，是个男的。记忆里他是村里最为勤劳的人了，几乎从未见他在家里闲坐过，要么在田里，要么在地里，甚至最淡的冬季，亦要上附近的山里转转，待到夕阳西下，竟扛一根硕大的老树根悠悠地下得山来。即使下雨落雪，也要在屋里搓出一根长长的草绳来。村人便揶揄他："你没日没夜这般地劳，也不休憩些许，这辈子岂不白活了？"他答曰："习惯了，每天总要做点事，不能闲着吧？"因之，每年春节，除了初一初二略作周旋外，待到初三，他便笑眯眯且精神抖擞地下地了。村人便以各色的眼光看他，情形仿佛是大学的宿舍，当小伙伴在周末关起门在四国大战，竟有个人从上铺跳将下来，夹着本《思想品德与法律基础》上图书馆去，好不煞风景也！——但勤劳的人总是让人肃然起敬的。

　　我的外公也是极勤劳的人。记忆中每次去外婆家，他总不在，中午时分或傍晚时分，便见他从田里或山上驮着背疲惫地回家了，但脸上总挂着沉静和蔼的微笑，见到我，便亲热地招呼：斌仔来了。接下来便继续去忙其他的家务活儿了。在他的眼里，总是有忙不完的活儿，"昼尔于茅，宵尔索陶"，可谓极尽劬劳。即便是过年，亦大抵如是。外公的话不多，耳朵也不大方便，性格却极刚毅坚韧，绝不输人后。印象中，我和外公交流很少——其实，这里用交流这个词儿，似乎有些过于正式，乃至有些奢侈了。更确切些，就是说话——每次见到，他似乎就是这么一句"斌仔来了"，然后便是沉静和蔼地笑着。后来，外公外婆随着小舅住到了县城，房子坐落在附近的一座山脚下。外公甫住下，便"总不能闲着吧"，乃上下物色之，四处求索之，竟然孜孜矻矻，在附近的荒地里辟出了一块齐整的菜地来。按四季之轮回，种上茄椒芹蒜之属，浇水焉，施肥焉，心与血兼之，竟换得了屋前屋后一片的郁葱。其风范与品质，令我景仰。粗略算来，外公离开我们已十多年了，我们永远怀念他。

春节，总是和春晚勾连在一起的。但因为在乡村，电视普及较晚，因之早些年的除夕记忆，春晚总是缺席的。到了稍后的几年，家境较为殷实的叔叔，在村里率先吃螃蟹，发狠买了台黑白电视机回来，我们的人生便算是正式进入电视时代了。但电视信号总不稳定，看一集电视剧，总要让人牵着天线，各个方向尝试着旋转，上下求索地找信号，才能差强人意地看完。其间身体扭曲之幅度，非有积年的瑜伽之功而不能胜任也。记得那时候黑白电视机流行贴一种叫三色片的膜儿，上中下，三层色儿，便买来郑重地贴在屏幕上，庶几算是看上彩电了，精神于是完胜。但其观感却实在不敢恭维，好端端一只碧绿透亮的青蛙，经过三色片的过滤，屏幕上色彩杂陈，竟恍若那非洲变异蛙一般，可谓触目惊心。每俟春晚，舞台上五颜六色的背景和道具，三色片更是无能为力而功效不逮矣。

堪堪数年过去。到了20世纪80年代的后期，村里买了一台东芝牌彩色电视机，放在一间晒谷场旁的仓库里，聊作村级放映室。每日晚饭罢，全村的人便各自拎着椅凳，一路说笑，聚到仓库里看电视。村里有啥事，也是趁看电视的当儿，由村支书现场布置之，讨论之，情形颇类似于哈贝马斯笔下之公共领域矣。记得那时电视台在放一部墨西哥电视剧，叫《卞卡》，前前后后，凡二百集，端的比小脚老太的老款裹脚布，还要长它七八公分呢。村人们硬着头皮几个月扛着看下来，个个看得奄奄一息，鼻血都要流出来了：这个杀千刀的！但其时的《射雕英雄传》《再向虎山行》之类，便广受欢迎，颇有万人空巷之慨。孩子们晚上看完，次日便在学堂里哓哓地叫喊"南沧海，北铁山，一岳擎天绝世间"，煞是威武。

但春晚与春节，因着这简陋的仓库，在我的记忆里便渐渐清晰地勾连起来了。记得1987年，费翔在春晚上唱《冬天里的一把火》，我就是在仓库里看的，那种热烈而娇娆的舞姿，至今记忆犹新。看完后，便迅速颠儿颠儿地赶回家去。按照家乡的风俗，凌晨前各家各户都要放爆竹封门的，一旦封门，便再不能出入，须等到次日放鞭炮开门后，方能进屋。据父亲讲，在旧的时代，穷人家为预防债主除夕上门来讨债，往往一家早早地吃罢年夜饭，便放爆竹封门大吉也。而此时临门的债主，即便是恶霸豪强，亦得遵守此公序良俗，不得破门而入，只好悻悻作罢。西谚所谓"风能进，雨能进，国王不能进"云云，亦不过如是。待到次日天光开门，债务却已顺利捱过一年矣。记得丰子恺先生曾在一篇忆文里，饶有兴味地提及债主们除夕讨债之情形："街上提着灯笼讨债的，络绎不绝，直到天色将晓，还有人提着灯笼急急忙忙地跑来跑去。灯笼是千万少不得的。提灯笼，表示还是大年夜，可以讨债；如果不提灯笼，那就是新年，欠债的可以打你几记耳光，要你保他三年顺境，因为大年初一讨债是禁忌的。"——其情形大抵类似也。

以上种种，都是20世纪八九十年代的过年记忆。"日月忽其不淹兮，春与秋其代序"，如今蓦然回首，二十多载，竟已草草斯过了。其间之世事人事，白云苍狗，令人感慨系之。而关于过年的这些片段，亦如吉光片羽，鸿爪雪泥，似乎再难拼凑出一幅完整的图景来了。记得黑格尔曾经说："一切事物并不是在时间中产生和消逝的，反之，时间本身就是这种变易。"——这是一种多么无奈的宿命！但那些关于过年的意绪与情事，却总还在时间之流中草蛇灰线地或隐或现着，坚韧地彰显着它们的存在（being），此洵为伟大而不朽的历史图景。——但，这些都是题外话了。

回到过年。其实，关于近年来年味的浓与淡，每个人都会据着各自的经历与心态，得出各自的论断来。在孩童时代与贫瘠时代的人看来，过年也者，总是和吃美味、穿新衣、亲友团聚等勾连在一起的。但时过境迁，昔日的稀罕物，业已成了今日的新常态，按照母亲的说法，现在"天天像过年"矣。即便亲友之间的相聚，由于交通与通信的便利，也变成了触手可及的事儿。也即，过年背后承载着的诸多物质性功能，都已日渐被侵蚀乃至抽离，并蜕化成了一种单纯的仪式。但是，即便作为一种仪式，过年，按照迪尔凯姆的说法，亦有其极为重要的功能与焉。毕竟，仪式之运行，端在不断唤醒着我们内心深处所共有的那些观念和情感，形塑着我们的"共同体"意识，进而沟通着我们的过去、现在和将来，"把现在归为过去，把个体归为群体"，并在此进程中不断建构与证成着整全而自洽的自我、民族与国家。其功莫大焉。

——但，这些都是大人们的想法，孩子们却未必这般想，因为这几日，我的孩子总要推开书房的门来，探着头问："爸爸，还有几天就要过年了？"

爱与诚间的信仰

再过一日，就是孩子两周岁的生日了。一眨眼，两年了，真快。记得孩子出生那天，学院刚好承办了上海外国法与比较法研究会的年会，便决定上午先参会，下午再赶去医院。中午，匆匆吃罢饭，同预备做讲座的何师打了招呼，便风风火火地赶到红房子。其时，岳母已在手术室外，说孩子已顺利出生了。说话间，医生刚好出来找家属，便迎了上去，听其交代术后注意之事项，乃唯唯而已。虽说已是第二次做父亲了，但心中依然不免激动。

日居月诸。一晃，竟已两年过去。作为父亲，偶尔会回顾大儿迄今的成长史，常常自觉颇不满意。记得其出生时，我亦恰值而立之年，和许多甫为人父的人一样，也有许多关于教育的豪迈的想法与预案，但最终总未能一一地真正兑现。遗憾总是有的，甚或既多且深。偶尔便会自我安慰，大约是自己太忙而无暇顾及的缘故罢——但不忙的时候，似乎亦未做出什么特别的举措来。更遑论这种忙，大抵亦是可有可无或若有若无的，远不至"百事猬集"之地步。有时候想想，其思想之根源，大约是自己在乡村之中自然而胡乱成长的经历，而渐渐形塑的人生哲学所致吧。似乎总觉得孩子有自己的"命"，父母东奔西突、左支右绌，所能改变的，总是有限。

就像卢梭说的，"出自造物主之手的东西，都是好的，而一到人的手里，就全变坏了"。于是，童年时代，便不妨让孩子快活些。但这种自然教育的观念，总不免有托辞的嫌疑，可谓"翩其反矣"。

当然，有了孩子，成为了父母，于大人而言，定是一种新的自我塑造。这些年的体认便是，自有了孩子，人便像自兹信仰了一门宗教一般，逐渐竭力地开始重塑着自身，并日益激发出爱与诚的力量来了：每日早晨，眼望着孩子背着书包欢快地踏入校门，直至身影完全消失，才忻然或怅然地离去；傍晚，再手扶着铁门，巴巴地探头翘盼着他随着迤逦的队伍从学校欢快地出来，无疑便是每日诚笃的宗教仪式了。其中的幸福与踏实之感，竟如信徒般的厚重与深切。想想吧，自孩子出生，一日，又一日，渐渐地长大，每天都会给你带来新的进步与惊喜，以及各种"甜蜜的烦恼"，这是何等日进月累的功业。记得鲁迅先生在文章里，每提及幼时的海婴种种捣蛋之情形，总不断摊手道："这真是叫作怎么好？"但字里行间的那种忻慰，自是跃然纸上的。为人父母，每日沉浸于如斯汹涌的"事实"之流中，烦与忙兼之，但心却有所皈依，执此一念，而绝无无所事事的焦惶。按宗教家们的说法，每个人生来便注定要履行天职的。而做好父母，无疑是一种虔诚的履职。

记得几年前，老大还在读小学的时候，在学校门口，遇到他班级一位同学的家长。寒暄之间，她便很兴奋地同我说："张老师，我现在每天最期盼的事儿，就是来接孩子了。"每天下课铃响，远远望着孩子在队伍里迤逦地出来，就觉得特别幸福，心花怒放那种。不过，有时候，将孩子接定后，听到班主任举报孩子课堂上捣蛋之情形，便又立马怒火攻心咬牙切齿手与脚皆发痒也。但次日，则天开云雾，一切如旧。照样喜气洋洋威风凛凛地出现在校门口，继续倚着铁门，探头探脑地往里巴望——这种情形，为人父母，大抵都是能感同身受的。前几日，阿尔伯塔大学教育学院的院长来同我们交流，在历数了每日须竭力处理种种繁杂的行政事务后，她最后用坚毅的口气说："当然，下午四点，我是雷打不动，要去学校接孩子的。从那个时间开始，我是母亲了。"可见，父母之爱，乃是中外一体而概莫能外的。

因为便利的缘故，在老大读小学的那几年，由我负责接送。每日在放学之际，我总习惯候着时间点儿过去。待孩子出来，接着，转身便走。偶尔早点过去，发觉校门口总拱聚着一丛威风凛凛的家长，个个像说书般，轮流地迈到圈中央，眉飞色舞地介绍着自己的育儿经。每个人似乎对沪上各种辅导班及地址、师资、收费、质量等了如指掌："……侬晓得，少年宫里面有个李先生，就是秃着顶，几根头发盘在脑门四周的那个。专门教人写景作文，上海滩头一只鼎呢。伊门槛高得很，一般的学生，人家是不收的。上趟阿拉辗转托了三个人，人家才肯答应收我儿子呢。"其气宇轩昂之状，似乎就是未来的比尔·盖茨或朗朗他娘了。我在旁边闷闷地听了一会儿，发现自己啥也不懂，就觉得很惭愧，便自觉踅到远处的一棵梧桐底下去看蚂蚁上树。

其实，我也没有完全无所事事，也尽量做一些努力。每日的接送，搭帮着上海堵车的福利，便顺便和孩子聊聊当日遭遇的有趣或无趣的事儿，这是每日最为惬意与欢乐的时光了。孩子恰值天性未漓之际，正是愿意讲的年龄。再过几年，到了叛逆期，按照鲁迅的说法，"革命也就要临头了"。又譬如，前些年，每至周末，便会开车带孩子去江浙一带转一转，看看各色的山和水，古镇与古迹。逢寒暑之假，便会带他去更远一些地方，依旧是山和水之类。其间，蹲下身子捏着嗓子来循循善诱，却从未有过。概念与词汇是最苍白的。让孩子用自己的眼睛去看，用自己的心灵去体认，足矣。试想，伫立在泰山之巅，极目远眺，那种层云荡胸的感觉，还需再用词汇去叠叠刻画吗？知识不是最重要或主要的，而视野与气象的形成，却至为关键。游历之中，孩子自是观山是山看水是水，而乃父乃母，却已是观山不是山看水不是水的年纪了——这都是相安无碍的。待孩子到了观山不是山的年纪，愚夫愚妇却复观山是山看水是水了。世事循环，人道渺渺，这些都是题外的话了。

　　一晃两年过去了。端如庄子说的，"若白驹之过隙，忽然而已"。现在小儿也已两岁了。自打他会走路始，我每日的功课，或宗教的程式，便是带着他下楼，牵着手在小区里摇摇晃晃来回地逛，看看花花草草。或出了小区，去附近的超市转转，主要去看养在玻璃水缸里的各色的金鱼。偶尔兴起，便买几条，用透明的塑料袋装了水，一路晃晃悠悠地拎回来。遛娃的快乐，自不必说了。然而其中的艰难与挑战，正如我以前说过的，却是你须竭力凿穿积年的经验在你心上郁积的那层硬壳：世故与固执，沉重与沧桑，疲惫与郁茫……重又扎挣着进到孩子的心灵中去，与之一道来建构和分享他的世界：花儿在微笑，鸟儿在歌唱。看，远处草地上翻滚着的小狗们，都在汪汪地冲你打招呼呢。

　　再过一日，便是孩子来到这个世界的第二个生日了。每年遇到孩子的生日，我固定的祝词就是："祝你平安，健康，快乐！"今年也是。稍许的不同，是遥祝。

小金和关于小金

这几天突然想起了小金。小金是我进入大学任教后教的第一届学生。那时我刚刚从华东政法大学那边搬过来，暂住在东体育会路的一间公寓里。公寓面积不大，却闹中取静，很适合我这种昼起夜伏的人居住。因为离学校很近，小金便和一些同学偶尔来玩，或一起打篮球，或一起逛逛书店，有时替我整理书架上杂陈无章的书籍，但总不能完全理好。当然，我们偶尔也聊一些私人的话题——这是一定的了。

记得那几年韦伯的风头渐渐过去，哈耶克正流行着，小金开始断断续续地在读一些哈耶克了。有一段时间他在读赫尔岑的《往事与随想》，是巴金的译本，读罢后便和我谈起阅读的感受，由于我尚未好好读过，只能泛泛地谈谈19世纪乃至白银时代俄国知识分子的运命与状况——大概是这样的吧。之后，我才将三卷本的《往事与随想》找出来，断断续续地读过。也许是经济拮据的缘故吧，小金读过的书，大多是在图书馆借阅的。记得有一天他打电话给我，说所借张千帆教授的《自由的魂魄所在》不知何故遗佚了，需赔付书价的十倍价款，而书店又一时难以觅到，甚为焦急。所幸我的书架上恰好有一本，便赶忙取下来，让他先赔给了图书馆。

大凡在大学任教的人都有一种体会，就是有些学生你不会单纯地视之为学生，而更愿意视之为朋友。我和小金就是。准确一些说，大约属于亦师亦友的状态吧。但小金对于我，却不肯随便，而一直执弟子礼的。小金的阅读很广，很杂，社会科学的居多，偶尔涉及文艺。因为他的英文很不错，我便建议他看一些原版的学术作品，他私下里搜罗了不少，并为我复印了一些。我手头的伊利（Ely）的《民主与不信任》，便是他当时复印给我的。记得他当时评论道：此书的译本荒腔走板之处甚多，不妨径直阅读原版。我深以为然。

2002 年德沃金来复旦做讲座，我约他一起去听。讲座后我问小金感觉如何，他说德沃金的英文表达很简单，内容也很浅，似乎是在故意迎合中国的听众。我闻之深自愧怍，说句实话，演讲过程中的有些话，我是没有完全听懂的。在阅读之余，小金偶尔也做点翻译，大抵是兴之所至而为之的。大三的时候，我教他们西方法律哲学，小金便和一个诸姓的同学（后赴剑桥大学留学）一起翻译了拉德布鲁赫的一篇长文，并断断续续地将若干章节送给我审读。译笔尚可，小有气象。我答应倘若完全译好，便发在我主编的《华东法律评论》第三卷上，但由于种种原因，译文的终稿我没有见到。但小金翻译的热情不减，因了在上海三联书店任编辑的朋友、"北大才女"王笑红的联系，小金得以初试啼声，翻译出版了《指环王与哲学》一书。由于题材的关系，我仅仅读了其中的一些章节，没有全部看完，虽然题材较为艰涩，但小金的译笔依旧流畅生动。总之，他是一个极有才情的人。

由于小金的介绍，我认识了王笑红。笑红是贺卫方先生的女弟子，是一位小有名气的才女。其时她刚刚从上海市第一中级人民法院调入上海三联书店做编辑。由于她不久前翻译出版了爱尔兰法律史家凯莉的《西方法律思想简史》，反响较好，一时声名鹊起。小金和她似乎很早就相契了，基于什么机缘而相识，我一直没有问过，或问过，而已经忘却了。我们一起到四川北路多伦路的楚湘源吃饭——大家都是湘菜馆的铁杆了。其时笑红正在翻译麦金农的《言词而已》，初稿已译就，便拿过来请小金和我一起商讨。笑红对待翻译是极为认真的，她在餐桌上同我探讨一些英文单词的准确译法，反复推敲。据说她为了翻译其中的一些情色表达，还专门阅读过《金瓶梅》，其用心之苦，令人感佩。

笑红后来又翻译了《当知识分子遇到政治》。我读过其中的一些章节（我读书有个习惯，即先看序言后记之类，再看重点章节或感兴趣的部分，最后决定有无通读的必要），笑红的译笔流畅而优美，但有一些意译的痕迹。特别是书里涉及海德格尔的部分，需要研读一些参考资料才行，可见译事之不易。后来由于笑红的介绍，我又结识或认识了浙江大学法学院的一些年轻才俊，譬如李学尧、傅蔚冈、宋华琳等——这些都是题外话了。

2004年，小金从法学院毕业，进入了新华社。我们见面的机会就极少了。一天他打来电话，说准备和王笑红一起翻译伯尔曼的《法律与革命》第二卷，似乎已和出版社达成了意向，并开始断断续续地译起来了。我说这本书很重要，一定要慎重，并叮嘱他将译好的章节发给我看看。但后来不知什么缘故，翻译未能最后实现。可能比较忙的缘故，或囿于健康的缘故吧，我没有专门问过。但现在市面上的版本，却是袁瑜珺等人的译本了。

这就是关于小金的故事。

在寂寞与欢愉之后

　　其实，在获知邓正来先生逝世后的那几日，我便一直有想写点纪念文字的冲动了。其时，在各种媒体上亦拜读到了许多回忆与评价邓先生的文章，所谓一千个人有一千个哈姆雷特，见仁见智，这是自然而寻常的。虽然学界同人对于邓先生的印象与评价在角度与程度上或许会有所不同，但对先生学术贡献之颂誉以及对其溘然逝世之惋憾与悲悼，其心其情，却是共通的。而对于我而言，作为一名晚学后进，虽然即便写点什么，亦决没有"谬托知己"的资格与嫌疑，却实在没有必要再添上一些沉重却汗漫的文字了，于是便作罢。

　　屈指算来，邓先生去世已经半年多了。不久前，一个偶然的机会，遇到邓先生的高足孙国东博士，我们又极自然地聊起邓正来先生的学术与风范以及为人处世之行状，不禁相对唏嘘。国东兄说在先生逝世一周年之际，拟编辑一册纪念文集，询问我是否可以写点关于邓先生的纪念文字，我竟有些忐忑地应诺了。应诺也者，自然这也是我一直萦绕心中的想法。而所谓忐忑者，主要是觉得除了拜读其作品以外，我与邓正来先生的交集其实是极少的，大略也仅仅是见过几面聊过几次而已，但我想还是把几个场景真实地写下来，聊作对先生的纪念吧。

现在想来，我与邓正来先生的交往大约源于法律博客吧。我们都是这个博客的作者。记得 2006 年先生入驻时，一时风生水起，成为一件大事，其风采和气象与贺卫方先生入驻时不遑多让，颇有登高一呼而应者云集之慨。毕竟，在很多普通的学人心里，邓先生算是学界一个响当当的人物了，居然屈尊纡贵地开了博客，与博友直接交流，的确是一件让人兴奋的事儿，而且也极大地提升了法律博客的人气与品质。记得当时各色人等以各种不同的口吻或心态恭称其"大师""巨师"，先生倒不在意，坦然受之。其实现在想来，包括我在内的大多数年轻学者心中，也确是以大师视之的，绝无揶揄或"话贿"的意思与焉。记得先生的博客名为"思想着"，大略表达了他谨守悟思的一以贯之的精神进行时（ing）状态吧。在"思想着"开张后的一段日子里，邓先生的文章总是被版主推荐到主页最显眼的位置，他也兴致盎然，陆续不断推出一系列文章，并积极与博友进行深入地探讨，"谈笑而麾之，天下靡然从公"，他的回复总是谨严而温和的，言必称学友，回复采用的大抵是一些商量与探究的口吻，但礼貌之中依旧透出一种自信与霸气，这些都是我们意料之中与习以为常的了。

接下来，便是我和邓先生之间发生的一个小小的"笔仗"了，当然称之为"笔仗"，不免有些文艺化或上纲上线了。准确地讲，应该算是我对先生的一个公开的请益吧。

事情的起因源于我的一则小文。当时我基于对邓正来先生著译的阅读而获致的一个显著印象，便是觉得其著述之文字风格不甚简洁流畅，相反透出一点点沉冗与奥涩，乃至影响到读者的阅读美感，进而影响对其著译思想的准确把握，颇以为憾。一时心血来潮，便撰文对其文风进行商榷。兹将主要文字摘录如下：

征诸先生之表达惯习，似乎很有些爱惜标点符号，行文动辄一句数行，言不加点，往往读者一句读罢，早已气喘吁吁矣，几页下来，恐怕须伏案休息一番才行。而且，先生诸多表达句式大约受到英文定语从句的影响，修饰句重重叠叠，盘根错节，让人恍如进入盘丝洞，不得不找出铅笔，重新画出主谓宾才能够看懂，其情形类似研究生入学考试之英译中；其次，先生作品中的一些词汇，显得比较生僻，此种生僻并非许章润先生那种让人边读边查《康熙字典》式的生僻，邓先生文章之生僻，并非使用一些《康熙字典》查不到的词，而是喜欢用简单的词组合出一些陌生的新词来。而实际上很多意旨并非没有相应的中文表达，甚至在一些辞典里有更精彩更准确的表达。在这种情形下，先生倘要杜撰出一些新词来，很可能是掌握中文词汇之丰富程度不足所致了。

学者的著述，最好尽量选择一些常用的词汇来表达，不要以为学术作品表达就必然要诘屈聱牙云山雾罩。这是很不确的。学术要受到尊重，学者要有学术地位，首要者在于一定要让人看明白，看不明白，如何去传播思想，如何去交流学术并促进"知识增量"呢。特别对于先生这种引领一代风气的学术大师而言，在此细节上要求更高一些，似乎也在情理之中。

现在想来，属文之时，正值而立之年，所谓血气方刚焉，意气风发焉，观点正确与否，姑且不论，但笔下出言无状之情形，却是现在的我深以为憾的，以致现在重读此文，亦不免觉得愧怍无极。

小文发布以后，被推荐到头条，一时聚讼纷纭，有人深以为然，也有人不敢苟同，乃至不以为然，这些都是极为正常的。说实话，文章发表后，我心里一直有些惴惴，毕竟，以如此公开并以如斯语气来质疑大师，未免有些不知天高地厚，乃至"大逆不道"了。但出乎我意料之外的是，极快地，先生便以一种极为真诚的学术态度回应了我这个较为随性的质疑与建议，他专门写了一篇《警惕一种表达方式上的本质主义》的短文，对我这个"小人物"的文章进行了一种就事论事的回应。他首先以一种宽厚的学术前辈的口吻对我的"进言"表达了感谢，随后以德里达为例，从表达方式作为学人的一种自由与权利的角度，对我的观点进行了回应，他指出：

> 我也认为德里达哲学著作中的表述方式很难懂，但是我却尊重他的这种表达方式——因而也尊重那半数懂得或理解他的表达方式的哲学家。这意味着：我会尽力去理解德里达以他的方式表达出来的观点，而绝不会因为我在阅读上的不舒服或困难而要求他改变他的表达方式。因为我认为，对一个人的表达方式的尊重，在很大的程度上是对一个人的基本自由的尊重，它与尊重其他人发表不同观点的权利一样重要。

现在想想，先生的看法其实是较为中肯，亦符合法律人共通的价值与旨趣，文风问题乃至表达方式问题本质上亦是作者个性与自由乃至存在之形式，作为读者应给予充分的理解与尊重。当然，对于先生回应里面的有些观点，我迄今还是持适当之保留态度的。

我第一次见到邓先生，应该是2007年吧。其时邓先生尚在吉林大学法学院任教，受上海财经大学法学院邀请，来做一场名为《我的学问和人生》的讲座。因为演讲的地点刚好在我的住所附近，吃好晚饭，我便步行至财大听讲座去，顺便见识一下大师的风范。记得甫踏入行政楼报告厅时，里面已是人群如堵人声鼎沸了。不仅财大的师生，附近复旦、同济的学人亦慕名而来了，大家一边候着，一面兴奋地议论着大师的风采与行宜，所谓孺慕，亦不过如此矣。会场恍若巨星演唱会前的光景，唯一缺的便是场下摇曳的荧光棒了。可见先生大师的招牌并非是浪得虚名的。

讲座时间到，财大法学院郑少华院长（现为财大校长助理矣）陪着先生进来，报告厅里立刻发出意料之中的惊叹之声，便像歌友会上久候的粉丝第一眼见到偶像一般。那天晚上，邓先生戴着浅色的运动帽，穿着平素常见的唐装，精神抖擞，龙行虎步，气宇轩昂，大气凛然。这种行状与做派，相信很多熟悉先生秉性的人都可以想见。那天晚上的讲座，邓先生主要谈学术与人生问题，这是他毕生都在关注并反思的一个命题，亦孜孜矻矻地身体力行，不免刻骨铭心，讲起来自然极为深入流畅，颇有其素常推崇之气象与境界。他讲座的口吻不紧不慢，如其著文，闳中肆外，波澜老成，决无大腕之声色俱厉，亦无乡愿之插科打诨，所谓初写黄庭，恰到好处。这是让人印象深刻而喟然感佩的。场下听众凝神屏息地仰听着，鸦雀无声，不时如梦初醒，轰然鼓掌，可见梨园之大腕镇台与压轴之说，竟非虚言。

由于讲座的很多内容已在大师公开发表的作品中提到过，这里就不一一赘述了，不过其中先生有些关于治学和修身的说法，倒让我谙然有得。记得讲座其间，他以一种动情的口吻说道：

> 我最享受的时光是一人一水一世界，特别是在这样的秋天的黄昏，每天夕阳西下的时候，到我所在的小区门前，有很多鱼塘，看那一汪水，我之所以把学术研究当作自己的生活方式，因为我非常喜欢这样一种状态。这个鱼塘何其有限，这一汪水何其有限，我们短暂的人生何其有限，这个世界则是何其无限。我告诉朋友们，我不喜欢玩，不

是我不喜欢自然，不是我不喜欢大海、大江、大山，当人们把它作为对象欣赏的时候，我告诉我的朋友们，所有这些美好的东西，在我的心里，我的心足够大。在那样一个寂寞静谧的时刻，足可容纳一个无穷无限的思维的世界。

无疑，这些话都是让在场听众为之共鸣的。

讲座罢，少华兄将我引至先生台前介绍之，他立刻便认出了我，伸出手来同我握手，用毛主席的口吻对我说："海斌有才啊！"随后，我们陪他至其下榻的宝隆宾馆喝茶。甫坐定，邓先生同我说：刚刚看到学生发来的你那篇质疑方法论主义的文章，不错。问题的关键还在于，那些专门搞方法论的人，往往是一些没有能力干其他研究的人，其实，方法论从来不能离开研究对象而存在，真正的大师，从来不会专门去研究方法论，他们在关注各自时代的问题之余，才会顺带而自然地考虑到方法论的问题，如德沃金、罗尔斯之类，凡是和生命（而不一定是现实）没有关联的研究，都是没有价值的研究。现在国内法理学的很多研究，严格来说并没有真正进入研究。一些学者没有认真而系统地读过书，没有养成一种学者的气象，对于整个学术脉络没有深刻的把握，也就根本不能提出真问题并研究真问题，最后也只能谈谈方法论。

他进而指出，德国方法论研究之产生，有其历史背景和学术背景，所谓水到渠成，事出有因。而时下谈方法论之时尚，实在是一种学术跟风和学术策略。很多学者都没有自己的问题，东拼西凑，没有真正进入研究，只能随风而动，贻害新进。这种研究是不会有什么贡献的，总之要读书，要有气象和境界。接着，邓先生还谈了自己研究的一些状况，言下不免豪迈而自负，当然，由于邓先生的学术成绩大家都有目共睹，因之有些话从他嘴里豪迈地说出，倒也不觉为忤，这大略是其在学术责任与学术使命上的自我担当吧。先生还谈到中国法治建设的问题，认为关键之处必须解决好宗教问题，西方之法治及其制度运作有其宗教背景，中国缺乏这个背景，很难真正建立其法治。在近两个小时的时间里，我们海阔天空地聊了法学界的其他一些人与事，兴致盎然。其间，先生还介绍了自己指导研究生的一些做法，对自己门下的弟子颇为自负，言下之意似乎今后必出大师，云云。其时众人听着，乃唯唯而已。

过了一段时间，大约是2008年年初吧。先生自吉林大学加盟复旦大学，做了社会科学高等研究院院长，上任伊始，便大施拳脚，发挥了他学术组织家的特长，策划了很多高质量高层次的学术活动，各色大腕与巨师（时人语也），如过江之鲫，盛况空前，"一时多少英雄"，这些自不必赘述了。而我和邓先生的第二次见面，是在高研院的一个学术活动上。记得那天我刚好在复旦大学附近的书店闲逛，看到宣传栏上有这么一个讲座，主题较为新颖，具体叫什么，现在已然忘却了，因为颇感兴趣，便决定留下来听听。讲座开始前，在报告厅恰好遇到了先生的爱徒国东博士，我们各知其名而一直未曾谋面。我便过去和他打了个招呼，国东兄极热情地把我带到正在门外等候讲座人的邓先生面前。先生极为亲热且豪迈地重重拍了一下我的肩膀，爽朗地说："我们早见过面了。"接着，他便极热心地向我介绍起那次讲座的内容和讲座人的背景，以及高研院之前已举办过与之后将要举办的一些学术活动来，并"炫耀性"地给我透露近期将要莅临复旦大学的国外学术大家，语气豪迈而坚定，踌躇满志然，让人觉得面前站着的既是个运筹帷幄的军师，又是个决战千里的将帅。"过段日子约瑟夫·拉兹要来复旦做讲座，不可错过，你一定要来啊"，这是他离开时叮嘱我的一句话，我现在还能清晰地记得当时他说话时那种不容拒辞的表情，当然，说这句话时，他又毫无例外地习惯性地重重拍了一下我的肩膀。

　　这两次的见面都令我如坐春风，打消了我以前有过的种种顾虑与不安，让我体认到了先生为人之宽厚、真诚与热忱，尤其是对青年学人的关心与提携之意，的确让人感动。我知道学界中的有些人可能不会这样认为，甚或会从其他角度或心态来理解邓先生的一些做法，其实这也很正常。我在这里表达的只不过是作为一个素不相识的青年学人两次与邓先生见面的真实想法而已。

　　在邓先生去世后的一段时间里，我较为集中地阅读了回忆邓先生的各种文字，有些评论我是深以为然的，有些也不以为然。当然，由于每个回忆者与邓先生的交往与了解的程度不同，导致不同的回忆文字里会呈现出不同的邓正来，这些都是极为正常的。但是邓正来先生的逝世对于我们每一位与之有或深或浅交集的学人而言，无疑都是一种"失去"。正如邓正来先生曾经在《逝去的，也包括活着的》一文中所指出的那样："我们的生命实际上是由一段段与其他人紧密相关的'逝去'建构起来的——而不论这'逝去'中的具体故事或因素是什么——善的或恶的。我们都应当善待我们自己当下遭遇的一切，也不论它是令你高兴的或不高兴的，因为它都是你的生命的组成部分。"因之，随着邓先生的逝世，他的家人、师友及弟子等亦随之逝去了建构各自生命的重要或无法替代的一部分。在这个意义上，我们每一位与邓先生有过交集的人都在经历一场"逝去"。只不过逝者的逝去是终结性的，而我们的逝去只是我们生命当中无数次"逝去"中的一次。因之每一次逝去，都是值得我们郑重纪念并谨致敬意的。记得先生曾经指出："死亡的出现才真正意味着生命的存在，因为死亡的缺席，生命本身是无法证明自己存在的。"现在，先生总算证明了他的存在。而我们这些活着的人，无疑都在无法自证或不证自明中继续活着，继续寂寞或者欢愉地活下去。

绍兴漫记

很多年前，大约是 2005 年吧，我去过绍兴一趟。记得当时抵达市区时，正好是傍晚时分，街上的灯陆陆续续地亮了，满眼都是浓郁的江南水乡的景致，白的墙，红的楼，绿的草和缓步的行人，让人浊闷的心，刹那间轻松起来了。记得那天晚上，我和朋友们一起喝绍兴老酒，四个人一连竟喝了十二瓶，继而相持着，悠悠恍恍地来到咸亨酒店，继续要酒喝。因为要打烊了，在伙计连声地劝阻下，只好怏怏地作罢。

隔了很多年，又来到了绍兴，因为是中午，见到的情形比上次更真确一些。街头的景致似乎有了较大的变化，没有了印象中的宁静与安详。空气显得有些混浊，灰蒙蒙的，与上海的情形没有两样。因为时间富裕，整个下午，我便在街头随意地游逛，目光所及，处处是建筑的工地，昔日江南水乡的气象似乎已踪迹全无了。值得一记的是，在一个旧陋的胡同里，竟偶遇了章学诚的故居，曾读过余英时先生的《论戴震与章学诚》，略知其行述，竦然起敬，便购票进去看。里间较简陋，正厅上悬"瀗云山房"，乃实斋的堂号。古的家具，旧的图书，照片及其他资料，倒也陈列了一些。特别珍贵而有意味的，不多。不远的鲁迅故居，游客却是极多，闹闹腾腾地留着影，俾以表达到此一游的意思。故居前侧有一家臭豆腐店，生意极红火，排队的人群竟较故居更多一些。

晚上我们就在咸亨酒店用餐。偌大的客厅里摆放的是一张张八仙桌，宽敞而气派，大有"摆开八仙桌，招待十六方"的气势。开席之际，先端上来的，是六样小碗盛装的冷菜，特别精致，其中自然有一味经典的茴香豆了。大家个个迫不及待地尝过，言下颇有些隐隐的失望。其实又想，倘若这确乎是落魄的孔乙己平素里吃的点心，则着实不能抱有过高的念想的。记忆中至为美好的，是端上来的一碗碗黄酒，颜色极浓酽，口感甘冽，但后劲极大，一碗下肚，谈笑之间，个个脸上便有些关云长的模样了。美酒饮罢，碗底居然还残留有些许浓渍，恍如药草汤剂，据说这便是好酒的明证。记得《谰言长语》中有云，绍酒"入口便螫，味同烧刀"，我想里面说的大概是最初的绍酒吧。

第二天是去柯岩。天空中正飘沥着微濛的细雨，将整个园林笼罩在一层缥缈的云雾里。沿着林中蜿蜒的石径拾级而上，路上没有其他人，显得静谧幽寂，目力所及，林木萧疏，清秀淡冶，深深呼吸之，令人心旷神怡，沦陷于都市积年的尘土面目，为之洗尽。路边的草丛里，随意散置着各式各样的佛雕，神情与姿态各异，傍边竖着小石碑，介绍诸佛的行状及人生态度。一路读来，倒谙然有得。心下窃想，倘能在此住上一段时间，偃仰林麓，养梅放鹤，聚两三友，且聊天，且散步，且读书，蠲烦祛爵，参释味玄，端的是极佳的地儿了。

去鲁镇需要坐船的。我们雇了一只乌篷船，荡荡地划了过去。划船的是一位老叟，戴着毡帽，操一口地道的当地口音，摇起橹来，却有板有式，优雅从容。鲁镇是按照鲁迅笔下的情形复制出来的，府第与弄堂都约略地按原样矗立着，街头叫买唤卖，依去伊来，煞是闹忙。有人还扮做潦倒的阿Q与悲怆的祥林嫂，在路上癫癫地逡巡着，吸引了不少游客的目光。总之，一路所呈现的，大抵是些装扮的景致：奎文阁，钱府，赵府，茶馆，庙宇及后院里"一棵是枣树，另一棵也是枣树"……我们边走边看，止于走马观花而已。但信步于这幽深的巷道里，隐隐能闻到青砖红瓦间飘出来的阵阵酒香，却如侵如浸，若有若无，沁人心脾。这大概便是真正的绍兴味道吧，我想。

那些年， 那些书店

现在是网络时代了，买书一般都在网上进行，实体书店去得少了，眼睁睁看着一家家书店关门歇业，实在是件特别痛惜的事情。读书的当儿，和大多数人一样，特别喜欢逛的，就是书店。只要路上经过，看到，便要弯进去转一转，恍若唐僧在取经路上见到寺庙，就要进去礼拜一般。

当年，华东政法大学附近没啥好的书店，较为突出的，是韬奋楼二楼转角处的法律图书公司。店面很小，但法律书比较整齐，且流转较快。因为就在教室附近，每天上下课的间隙，光顾者比较多。记得有一天我在书店翻看新书，何勤华老师当时也在里面翻看一本书，记忆中是法律史界声名鹊起的一位青年才俊的作品，当时他正教我们外法史的课。我便过去同他打招呼，何老师举着书对我说："这本书很好，文笔很漂亮，你可以读读。"直到今天，这个场景我依旧记忆犹新。华东师范大学图书馆倒有一家书店，曰心中书店，人文书籍特别多，也新，是华政研究生常光顾的地方。

研究生期间，我们还经常结伴骑车去绍兴路的上海人民出版社门店看，文艺书较多，经常还有一些特价书。从万航渡路一路骑过去，大约要 45 分钟吧。记得有一次，一位法律史专业的同学在人行道上借道骑行，被交警拦住，拟罚款，旋即看看他还是学生状，一副清瘦而风尘仆仆的模样，自行车后座还扎扎实实捆了一大摞法律书，笑了笑，挥挥手"下不为例"了。华政附近的长寿路上，有家上海法学书局，偶尔也光顾过，但不打折。路过时，偶尔会进去转转。我手头波斯纳的《法律的经济分析》就是那儿购得的。

参加工作后，生活重心从长宁转到了虹口和杨浦。因为家就在复旦大学附近，兼之其时颇有傍晚步行的习惯。每天傍晚，我总是从家里出发，步行至国权路去逛书店。复旦大学附近书店较多，涉及人文社会科学的种类也较丰富，重要的是，书的流转很新，总能看到最新上市的作品。以前去得比较多的是鹿鸣书店，这个书店品味较高雅，但打折较为死板，有种知识分子的坚韧性。所以大家往往先到鹿鸣书店看看有啥新书，然后再到其他书店去看能不能打折。

国权路上还有一家左岸书店，一律八折，我们经常光顾，买了不少三联书店的书。这家书店后来搬到复旦大学学生宿舍前面的运动馆里去了。不久，又搬到杨浦区纪念路图书批发市场里，新场地很局促，但书的品味依旧高雅，继续八折出售，伙计都是老伙计，见到依旧很热情，积极推荐最新的书。不久，店址又发生变化，搬到复旦大学国年路上去了（就是以前企鹅书店的旧址）。那里的场地极大，书目种类也成倍增加，但法律类的书较少，主要是商务印书馆和中华书局的书较多。

国年路上有家小书店，叫心平书店，面积不大（有些像华师大的心中书店或者山阴路书店），但里面的书目种类很多，而且一些外面购买不到的杂志，比如《二十一世纪》《战略与管理》等，倒很齐全。以前心平书店的书目和左岸书店与鹿鸣书店差不多，但是好像从2006年下半年开始，心平书店逐渐找到了一个较好的定位，就是开始出售法律类书籍了，在进门显目的地方摆放的，都是法律类的书，主要偏重法律出版社和中国政法大学出版社的书，而且往往成套摆放，种类反倒不甚可观了。

在复旦大学当时有条步行街，两三百米长，吃喝玩乐啥都有。中间有一家学人书店（以前松江大学城文汇路上也有一家），书目种类丰富，涉及科目广泛，但每一科目往往不是很充分，文艺类的书目偏多一些。当代小说家的新作往往能最快在这里购到，譬如韩东的小说《我和你》，我便是在那里购至的。步行街上还有一家打折书店，名叫庆云书店，所有书籍都打三折，不时有一些正版而经典且老旧的社会科学作品出售，这是我每次必去的地方。步行街出去至国权路，正对面有一家刚开的书店，里面的书籍更新较快，但过于杂乱，五花八门，英语啊计算机啊都有，往往仔细一看，想买的书恰恰不在里面。

国权路上还有一家书店，就是复旦大学出版社自己的经世书局，我对于这个书店的印象不甚好，似乎从不打折，一副店大欺客的架势。即便同一本书在隔壁半价出售，它也岿然不动。这家书店的法律书是比较多的，当然和华政的法律图书公司不能相较了。经世书局的商务印书馆的书比较齐全。对于经世书局而言，一般读者也只是进来看看而已，发现什么新书，往往会到其他书店购买。所以每次进入书店，里面的人不是很多，购买的人更是寥寥。记得前些年进入经世书局，在法律书架附近总能见到一位年轻人，不修边幅，面目模糊，裹穿着一件油腻腻的浅绿色的棉大衣，箕坐在地上，捧着一本书看。有时候是康德的，有时候是罗素的，不一。人要经过，他亦不避让，大家只好跨过去。他总一面看书，一面念念叨叨地嬉笑着，似乎读得极受益且开心。据营业员悄悄说，他原是复旦大学的本科生，因为精神问题，休学了，但每日依旧来书店看书，因为不扰人，书店也就不去干预他。"真是作孽啊

（上海话可怜之意）"，她们说。

如果进入复旦大学校园内，至北区宿舍，前面有一排低矮的平房，其间有几个小书店的书目品味颇高，一律八折，但开发票就要八五折。我经常路过时进去转一圈，随便翻翻，也是一种享受。从复旦大学北区后面出来，有一家新文艺书局，里面商务印书馆的书较多，也值得看看。书店的商务印书馆的书全部八折，而且比较齐全，这是其较有吸引力的地方。整体而言，复旦大学这一块人文方面的书的品质基本上可以保证，只是法律作品的品质不大能保证。多年来，每天空手走到复旦大学，一圈逛下来，近一个半小时，大抵要购一本或几本书回去（当然，多的时候有十数本）。有些成套的丛书，一开始总挑选几本特别中意的，但随着多次地逛，倘未遇到好书，为免于空手而回，往往又再挑几本，不知不觉，书架上有好几套丛书成功会师了。

其实，在上海外国语大学附近的山阴路，有一家小书店，层次也特别高，属于小而精而特的书店。摆放的主要是哲学和文艺类的作品。老板是一位高个儿老人，目光犀利，对书的行情特别熟悉，与我们聊起一些作者来，皆娓娓道来，颇有些根底。所以一些特别新的人文社科作品，一旦面世，总能在他书店醒目处看到。我刚到上海外国语大学工作那几年，就租住在鲁迅公园附近的老公房里，每天傍晚散步时，都会去看看，和老板也熟悉。余华的《兄弟》就是在那儿购至的。在上海外国语大学迎宾馆对面，有家上海财经大学出版社的书店，呈直角的两段，里面书也较多，但以财经类为主，法律作品相对较少，流转也慢。即便在 2001 年，我还能在书架上看到梁治平《法律的文化解释》的初版。

这是十多年前我逛得较多的书店。随着网络时代的到来，很多书店陆次地消失了。比如山阴路的书店、左岸书店、学人书店、心平书店、庆云书店以及年前刚刚关门的新文艺书局等。现在一无例外，都被当当网、卓越网等成功取代了。对于复旦大学是如此，对于华东师范大学亦如是。当年人文书店的盛况，似乎很难再见到了。然而，人文书出版的盛况，似乎再一次到来了，各色各样，琳琅满目。但，——这是人文精神的复兴，还是出版业的繁荣，或者兼而有之，却难以遽然地断定。

并非白衣飘飘的年代

　　我的初中是在一所乡村中学读的，叫溧江初级中学。前些天，我特地到学校新建立的网站上浏览了一番，粗略了解了母校现在的一些情形。在相册栏里，看到了一张全体教师的合影，教师的规模显然越来越大了，但对我来说，绝大部分的面孔都是新的，曾经教过我的，大略只有两三个还在。毕竟，屈指一算，二十多年过去了，昔日风华正茂的老师们都已日渐苍老，但依稀还有当年的一些影子，让人不由得感喟时光之易陨。

　　我是 1988 年到 1991 年在溧江中学就读的。在我读书的那些年头，学校正处于声誉正隆如日中天的年代。每年的中考成绩总是名列全县乃至吉安地区的前列。校风和学风特别坚韧而富于进取，在全县颇有令名，乃至常有一些县城的领导，将自己的孩子转过来借读。但是，当时学习与生活之艰苦情形，现在思及，亦常常要生出无限的嗟喟来。每天天未亮，大家就起床，睡眼惺忪摇摇晃晃地冲到校门口的小溪旁，就着溪水刷牙、洗脸，再争先恐后冲向操场报到、做早操。每俟冬季，小溪表面都已经结冰，大家便用鹅卵石敲开一个个大大小小的冰窟窿，用陶瓷杯子盛水来洗刷，一批洗罢，另一批便接上去，个个手冻得通红。有一次，一位邻村的男同学被后面的人挤推着，一时站立不稳，竟扑倒在溪水里，待到从水里惶惶地爬起，已是浑身湿透瑟瑟发抖了，情形至为作孽。当然，倘若在夏季，溪边则是另一幅浪漫的情景了。同学们趿着塑料拖鞋，在晨曦和微风中昂首挺立，且刷牙，且洗脸，且挖鼻孔，一些同学还摸索着踏入溪水中，闲庭信步地徜徉着，画面颇动人。

洗漱完毕，大家便集中到操场做早操，所有的班主任还有值日的校领导也早早地起来，在操场四周威严地逡巡着，双手交剪在身后，在人群中进进出出，仔细地清点着人数。做完早操，便是校领导训话的时间了，有话则长，无话则短，大抵是批评某某班级卫生包干区没有打扫干净，某某班级深夜有人点蜡烛自习，等等，声色俱厉，在寒风中飘散开来，颇有些肃杀之气。倘若在冬季，各个班级还要绕着学校外围的道路跑步，晨雾笼罩之中，人声喧漫，意气风发，一路激起阵阵尘土，恍如士兵突袭，引得赶早卖菜的老乡远远地驻足凝望。跑完步，大家便回到教室里上早自习，一时校园里诵读之声鼎沸，子曰诗云焉，草履虫猪肉绦虫焉，恍如和尚念经，此起彼伏。这时，也有人在默默地看着课外书，大抵是些武侠小说之类，当时我有个好友，叫刘三宝，手头有一部《五凤朝阳刀》，可谓炙手可热，班上的男同学便如在医院挂号一般，预约着轮流地读。倘若有人读的进度慢了一些，便要被后面悬盼的人催促、抱怨，只好在自习的时间里马不停蹄地读。

在我读书的那些年，学校还没有专门的学生食堂，每天班级安排三个值日生，专门负责全班的伙食，一般是两男一女搭配。每日三餐时分，三个人便到食堂里去取伙食，两个男同学抬着一大桶饭，女同学则端着一脸盘菜，直接放置在教室门口分发。每个人按照自己事先预定的饭量，自觉地排队打饭，一些调皮的男生往往用调羹敲着搪瓷碗，奏出各种通俗歌曲的节奏来，虽为破铜烂铁之属，其音亦颇为激越。现在回想起来，这种"送饭下乡"的方式实在有些罗曼蒂克的意味了，毕竟无论刮风下雨，霜降雪飘，只需在门口便能吃到热腾腾的饭菜，所谓饭来张口之情形，我想亦不过如此吧。当然，每天吃的饭菜实在有些不堪回首。一般早上是一脸盆什锦酱菜，中午是一脸盆南瓜，晚上则是一脸盆冬瓜，有时候甚至一连好几个月都是南瓜。每当课间休息时分，我们倚在教学楼的栏杆前聊天，远远看到一辆辆装满南瓜的拖拉机驶进校园，个个不免心如刀割，恨得鼻血都要流出来了。所以，初中的经历给很多人留下了终身的后遗症，至少我现在看到南瓜，依旧觉得心有余悸，乃至初中毕业至今，基本上没有再吃过南瓜。

其实，溧江中学最让人怀念的，是下午课后的那一段时光。当时学校有两个水泥筑的乒乓球台，非常简陋，中间没有球网，而是用一排竖立着的砖块代替。大家围成一圈，用木板削制而成的球拍轮流着打球。因为人多，便类似于古代的车轮大战，实行三分赛制，大家轮流着打擂台，往往你方唱罢我登场，颇为热闹。记得班级里有个同学叫李三根（当时我们班有两个李三根，因为年龄相差一岁，我们便叫年纪大些的为老李三根，这个便是小李三根了），他很擅发转球，往往一面发球，一面还得意地指示着球将要飞旋的方向，恍如猫鼠游戏，让对方手忙脚乱。因为身怀绝技，小李三根往往能雄踞庄主地位，人挡杀人佛挡杀佛，堪为翘楚。打完球便是晚饭时分，大家三三两两地端着饭碗到溪边去吃，饭后顺便可以将碗洗干净。天气炎热时，便脱了鞋，在清澈见底的浅水里踩着光滑的鹅卵石缓慢地游走，偶尔会有细小的鱼群绕着腿肚子嬉戏，殊为惬意。远处则是一大片金黄的稻田，炊烟袅袅地升起，清新的稻香随着晚风阵阵地吹拂过来，沁人心脾。现在想来，那时的学生们，内心是至为沉笃的，没有一丝的焦虑与惶惑，所谓赤子之心，亦不过如是。

　　按照学校的计划，晚上我们一般有两节自修课，学校会安排任课老师来巡查，并负责答疑解惑。来得最多的，是刚从吉安师专数学系毕业的钟老师，这是一位非常认真的年轻人，但脾气也很大，对上课不专心的学生，批评起来气势汹汹，毫无情面，让人凛然生畏。记得在一堂课上，有位同学低头在纸条上写着什么。钟老师便停下来，走到他的课桌前，攫掠起纸条，高声念道"我很喜欢你"，引得大家哄堂大笑。可惜的是，多年以后，这位同学在县盐矿值夜班时，不慎触电身亡了，留下身怀六甲的未亡人，情形至为可悯。我们的英文老师也偶尔会来巡查，她姓黄，较为爱美，每次进教室，总是花枝招展香气扑鼻。她对学生很和善，有一次我们在打球，她刚买了几根黄瓜回来，便拿出来请我们吃，让我们受宠若惊，也特别感动。印象至深的是有一次上英语课，黄老师进来后，一言不语，只是安静地端坐在讲台前，凝望着大家，神情肃穆而感伤，过了许久，她才断断续续地说了一些话，极为悲情，似乎是班上有人写了信，说了她的一些不是。至于什么具体的原因，我却无从知晓了。我们还有一位英语老师，姓姚，偶尔也会出现在自修室，他喜欢运动，颇有肌肉男之慨，有时甚至直接穿着运动短裤和背心大汗淋漓地闯进教室来。

　　晚自修后，大家便陆陆续续回宿舍睡觉。初中的寝室很拥挤，两个班共用一个宿舍，因此每天睡觉前的那段时光，往往是一天中最为喧嚣与热闹的时光，也是最有趣味的时光。几十个人在黑暗中七嘴八舌地聊着天，开着各种各样的玩笑，各自讲述着自己村庄中发生的奇闻异事，偷鸡摸狗、男盗女娼之类，无所不及。直到现在，我还能记起当时讲过的许多笑话与掌故，着实是妙趣横生。在满堂哄笑之中，偶尔会有人装扮着巡查老师的模样，静静地站在门口，偶尔威严地咳嗽一两声，唬得大家个个藏头缩脑，一时鸦雀无声。这时恶作剧者便忍俊不禁，哈哈大笑起来，引得大家一片恶毒的咒骂。记得某个冬夜，当所有人东洋西洋聊兴正浓之际，又有一个肃静的影子如出一辙地站在门口，大家便如出一辙地用最恶毒的语言声讨之，讵料突然手电筒亮了，值日的老师气急败坏地冲了进来，把一个最为剽悍的同学从被窝里拎出来，罚他在寝室外站立一个小时，当时已是深冬，这位同学回到宿舍时，已是面色发青浑身寒栗了。

其实，现在想来，在溧江中学这三年的初中生活，我倒没有什么特别的印象。唯一的感觉便是特别艰苦，但当时身处其中，似乎也不觉得如何的苦。无论是饮食方面，还是衣着方面，都是如此。记得我当时穿的衣服，都是两位哥哥穿过后剩下来的，很少专门做新衣服，上衣是很便宜的"的确良"，裤子则是用乡下常见的蚂蚁布制成的，极为粗陋。初一时有一次我的裤子不小心被刮破了，前腿处撕开了一个小小的裂洞。恰好那个周五学校举行期中考试表彰大会，我便用一只手捂着裂洞踅上主席台去领奖，情形颇为好笑。虽然略微觉得有些不好意思，但也不至于到自卑或尴尬的地步。毕竟那时只有十多岁，可谓正心诚意，绝不会想那么多。其实，在初中时代，大家是没什么美丑观念的，只管一心一意地读书，稍微穿得齐整一些的，大抵也是镇上的同学，即所谓"吃商品粮"一族。当时我们班的文艺委员，母亲是附近中心小学教师，穿着颇新式，楚楚谡谡的，堪为学校的文艺明星了。另外，初中也没什么特别的娱乐，最为隆重的，要算学校的迎新晚会了。每个班级都要贡献节目，自娱自乐，极为闹忙，校领导还要一个班一个班地观摩打分。年轻老师们则按照当时的潮流，把自己的头发烫成卷发，跳着霹雳舞来助兴，时而滑步，时而擦玻璃，时而触电般浑身抽搐着，无疑这些都是让人艳羡的摩登舞步了。

印象中，当时溧江中学的年轻教师很多，大多数都是吉安师专的毕业生，也有个别是赣南师院毕业的。现在能忆起的，大略有钟雄雄、曾庆如、张文根、姚志勇、皮继军、陈小军、张梅苟、罗春华、曾水华等。每天傍晚，老师们便在学校的篮球场打篮球，我们学生则端着饭碗在一旁痴痴傻傻地看。有时候老师们也会邀请其他中学或乡镇部门的人一起打比赛，赛后便一起凑份子喝酒，这大概是他们生活中的最大娱乐了。其实，现在想想，这些乡村中学的年轻老师们，工作状态和生活状态都是极艰苦的，不仅教学任务很重，校领导对他们的要求也非常严格。我们初三的时候，教师会议室就在教室的隔壁，校领导在会议上的训话我们也能隐约地听到。记得在一次例会上，校长对一些表现不佳的年轻教师，一个个训斥过来，恍如训其孽子佞孙，甚至还能听到"你不好好干，就给我滚出去"之类的狠话，煞是惊心动魄。遇到星期日，这些年轻人偶尔会聚在一起打打麻将，聊作消遣。有一天晚上，当几个人在宿舍"小来来"时，校领导不知从何处获悉，突然从天而降，气势汹汹地将房门堵住，唬得这些年轻人慌忙从三楼的后窗跳下逃离，幸好没有人受伤，但事后依旧免不了被学校警告处分。

在我们读初中的时候，国家还没有实行双休日。每周六下午放假，周日下午学生便要返校。于是每俟周六，吃完午饭，我们同村的几个孩子便结伴同行，要步行十多里的山路返回村里。路上偶尔还会一起爬上山去，采摘一些五颜六色的野果子吃，在栀子花开的季节，便摘下一把栀子花，贪婪地吮吸其花蜜，栀子花蜜清凉甜美，在我们眼里，端的是琼浆玉液了。傍晚回到家里，美美地睡上一觉，次日便和家人一起下地干活了，中午吃完饭，便又结伙步行返校。那时候农村的父母对孩子的学习也不大过问，毕竟，祖祖辈辈都是种田人，再多一个亦无妨，就像随意撒在荒地里的一把种子，并不指望其破土发芽，长成参天大树，识得几个字，便算差强人意了。当然，倘若有一两颗种子不期然而然地破土发芽并茁壮成长了，自是意外的收获了。但农村人都信命，认为一切皆由命中注定，也就顺其自然了——这些都是题外话了。在回家的路上，有时候会遇到装沙的手扶拖拉机经过，大家便一齐奔跑着追赶上去，动作敏捷的，便先翻爬上车，再相帮其他人爬上去。最后大家扶着拖拉机栏杆，迎风而立，显得特别神气和自豪。当然，开车的人往往也不以为意，只是回过头来狠狠地瞪一眼，并不会停下车来汹汹地驱赶。

现在想来，我的整个初中时代，差不多都是在这么一种懵懂浑噩的状态下度过的，这既非所谓的峥嵘岁月，亦绝非所谓白衣飘飘的年代，用这些浪漫的词儿来形容之，实在是太奢侈了。毕竟，当时的中学所能提供给我们的也极为有限，大略只是一种顺其自然与吃苦耐劳的精神吧。但现在回想起来，愈是艰苦的年代，却让人感触最深，而一旦心血来潮或兴之所至，想要细细地忆起，这些鲜活的日子却已模糊成一片晦暗和沉重的意绪了，让人层云荡胸，却无从谈起。所以在大多数时候，回忆是一种不好的存在方式，毕竟，任何回忆的行动与努力，总想要理出一条清晰的线索来，由此建构完整而自洽的自身，但结果往往适得其反，倒常常让人怀疑起现在来，甚至经常陷入庄周梦蝶式的时空错乱之境。因之在今后的日子里，不妨少一些回头，只顾低了头笃笃地前行才是。

杨昂这厮： 一种文本

　　第一次见杨昂，应该是十多年前吧。之前，我猜想他应该是个体积和面积皆为杰出，且气势极威猛的人吧。但第一眼见到，却颇有些意外——好像消瘦了很多，有些腼腆，还有些帅气。我笑曰：你怎么瘦了？他讷讷地说最近在减肥，效果差强人意，"同志仍需努力！"他说此行来上海的目的，是想在上海档案馆查些资料（他的博士后论题是关于东吴法学院的），随后我们海阔天空地聊了一些学界轶闻之类的话题，主要涉及史界。离开时，我约他到家里去玩，他愉快地答应了。

　　第二天上午他便如约乘轻轨三号线到我家附近。接到电话，我去车站接他，他已在附近的麦当劳买好了早点，双肩背着一个书包，干净利索，像一个准备去长途旅行的行者。至家，我们坐在书房里聊天，主要是相互交流一些研究的情况，以及最新出版的值得一读的书。他对自己研究的领域非常用心，涉猎很专，在他的一亩三分地——不对，至少是一亩五分地，无论是对资料的把握，还是对前沿热点的了解，他都是绝对的专家，达致于侃侃而谈，甚或夸夸其谈的地步，极具气象与丰仪。

　　聊天中我提到，夏志清先生曾在回忆录中提及胡适看不起教会学校的学生，他便很热切地问出自何处，并请我当场取出回忆录查找之。我便从书橱里取出《岁除的哀伤》，粗粗检索，找到一处，还有一处由于匆忙，竟未当场找到。他如获至宝，当场打开笔记本，记录下来，说这些掌故在学术史中具有重要价值。他笔记本里下载有海量的电子书，很慷慨地让我挑一些。我大略浏览了一下，或是旨趣与关怀不同，竟未发现什么特别感兴趣的书。他便有些失望，认为里面有一些特别经典的近代史作品，我竟未表现出兴趣。

中午我们就在复旦大学附近的湘菜馆吃饭。这家湘菜馆最新开发了一例招牌菜，曰"洞庭湖剁椒鱼头"。甫入餐馆，我便叫嚣着要剁椒鱼头，讵料话音未落，便被他慢悠悠地打断"Sorry，我不吃鱼头"，其中之缘故，我未当场询问之。不过，杨昂倒很喜欢吃辣，他说这几日在上海一直没有好好吃饭，"淡出鸟来"，今天要大开杀戒啦，让减肥见鬼去吧。我们点了六个菜，都是辣的，不怕辣遇到不怕辣，可谓棋逢对手。菜全部被歼灭，饭干掉了五碗。出得餐厅，杨昂拎着大半瓶可乐，意趣昂扬，说："大哥，咱们的口味是一样的，今后跟着你去吃饭，错不了！"

随后，我们就在复旦大学附近的几家书店逛了逛，起初杨昂显得很谨慎，他说现在已经尽量避免去书店了，防止自己铺张浪费，以致倾家荡产。在一家特价书店，我看到谢咏先生的《储安平与〈观察〉》，七块多钱一本，便动员他购买一本，说此书网上已脱销，现在不买，更待何时。这厮被我说动心了，便买了一本，自此不可收拾，随后跟进了几本刚上市的书，有熊十力之《十力语要除初续》。他站在书架前随意翻看了几页，指着一段说："此言甚妙，甚合吾意。"在该书的 185 页，熊氏云："今日各大学法科政治经济者，只知读外籍，玩空理论，而于本国人情及当世利弊曾不留心考索。至其愤激现状，往往因自身利害之私而不自觉，乃自居公愤，实无《大易》所谓'吉凶与民同患'之心。"这段话实在振聋发聩，可见这厮眼力极尖。

我也买了一本柯瑞·罗宾的《恐惧：一种政治观念史》，此书原本不错，但译成中文出版时，居然将书名改成了《我们心底的"怕"：一种政治观念史》，不免大煞风景，至少令人深以为憾。毕竟，在哲学或政治哲学上，恐惧和怕还是有值得深究的区别的。记得朱学勤先生在"绪言"里有个介绍，而对于改名，却语焉不详，大概是出版社的一种发行策略吧。我们还逛了几家书店，一路上，杨昂拎着沉甸甸的书袋，无奈而懊恼地说："你看，你看，还是被你拉下水了。"

返回的路上，看到一家按摩店，杨昂便问："老张，你经常去不去按摩啊？"我答曰从未去过。这厮以为我误会了他，便很急切地说："我说的按摩是那种真正的消除疲劳的按摩，你不要误会哈。"我笑曰：我没有误会你啊，我每天傍晚跑步一个小时，大汗淋漓后，便回家冲个澡，自不必做什么按摩。他听了才放下心，嘿嘿地自笑。

在我家小区门口，要分道扬镳了。杨昂说："下次去武汉，我请你吃湘菜啊。"我听罢心里好笑：这厮一直叫嚣着减肥，却偏好湘菜与川菜，与红烧猪手、干锅肥肠为伍，减肥大计注定要失败。第二日，他又给我发来短信，问夏志清提及胡适那段话的另一出处。我只好再取出《岁除的哀伤》，快速地浏览了一遍，终于找到了第二处，给他发了过去。他收到，极开心，誓曰："下次去武汉，不仅要请你吃湘菜，还要请你去按摩。"

随后的几天，杨昂一直在上海档案馆查资料，有一天他发短信来，说："回想法学界，名人都在天上飞，课堂上喷口水，有几个真正在档案馆工作？跟这帮人做同行，真是羞耻！"言辞中愤怒青年之气概，直冲霄汉也。不久，他又发短信来，说在档案馆遇见了法国里昂大学东亚学院院长安克强等牛人，言下极尽惊艳之意。我开玩笑道，倘遇到旷世美人，要注意正心诚意啊。他慌忙回复曰：我是一个很专一的人哦。

关于杨昂，记得清华大学法学院的许章润先生曾跟我讲起过一件事儿。有一年，他在武汉讲学，晚上十一点多了，在准备洗洗睡的当儿，听到有人在急吼吼咣咣咣地敲房门。开门一看，门口站着大汗淋漓的杨昂。许先生便热情地邀他进来，这厮一边抹着汗，一边说："听说先生来了，我过来见您一面。"说完转身告辞，让许章润先生呆立一旁哭笑不得。这种情形相信每一个熟悉他的人，都能生动地想象出来。

这便是杨昂。

我们仨： 无处安放的青春

昨天，收到成都的小毛发来的一张合影，勾起了我的一些回忆。我和小毛、良玉是高中很要好的朋友。良玉最大，我次之，小毛最小。

我们仨在高一并不相识，进入文科班后才渐渐熟稔起来。说起我进文科班的缘由，不免好笑。高二文理分科，我和同学聂志田本准备去报理科。在老办公大楼的走廊里，遇到邓小群老师——其时她刚刚从江西师大毕业不久，大约才一年吧。得知我要去读理科，便找我谈话，说按照你的禀赋，是最适合读文科的。我要担任文科班的班主任，你来文科班吧。就这么几分钟，几句话，我就变成文科生了，可见命运有时候很偶然。小毛、良玉和我从此成了同窗。

我们都是农家子弟，我和小毛家里都比较清贫，良玉家相对殷实一些。因为良玉家离学校很近，所以在周末我们会去他家玩。良玉父母属于那种特别厚道特别勤劳的人，对人特别热情，说话很直爽，特别掏心窝子。每次去良玉家，他们总会殷勤地给我们烧一桌好菜，还煮一碗面，里面放三个荷包蛋。这在当地算是一种很高的待遇了，大概只有新姑爷上门或其他重要的客人登门才能享受到。而这对于我们来说，无疑是一种难得的滋补。

我们在良玉家感到非常放松，宾至如归：喝酒，再喝酒，然后喝醉（就是山区常见的一种老酒，入口颇涩，后劲极大），然后横七竖八地睡倒在良玉的床上，胡乱地聊着各自的心事。但理想之类的东西——比如什么时候实现共产主义，谈得很少，几乎没有。当然不是说我们没有理想，而是面对着高考，谈理想似乎是一件很遥远、很奢侈的事儿，就像一个光棍汉谈如何抚养孩子一样，犯不着，也够不着。

良玉家有一台双卡的录音机，我们深夜就窝在房间里听郑智化的磁带，并五音不全地跟着吼，吼着吼着，便经常莫名其妙地觉得沧桑。这种感觉像贾樟柯的电影《小武》里，梅梅在出租房里给小武唱《天空》一样，感觉有一种无以言说而直击内心的伤感和沧桑，在夜色中慢慢地升上来，围笼过来，胶着起来，令人窒息。到了高三的时候，这种沧桑的感觉尤为强烈，大家都觉得像暴露在沙滩上的鱼——未来会怎么样，无疑是个伪命题，而首要的问题，是有没有未来。

高三的学习比较艰苦。晚自修经常要到十一点，日子很枯燥，没有什么特别的趣味。晚自修唯一的乐趣就是倚着栏杆乘凉，并无聊地东张西望。当然，这里面很有一些"对面的女孩看过来"的意思。其实黑夜里什么都看不到，但这种居高临下仰俯天地的姿态，让人感到豪迈自励，有一种纵横捭阖而"天将降大任于斯人"之感。在远处的乌桕树下，经常聚着一些小混混，穿着庞大的太子裤和黑色的背心，留着郭富城的小分头，叼着香烟抖着大腿，表情迷离而空洞。总之，一切都很沉闷，沉闷得很。

记得五月的一个晚上，我们在楼台前乘凉，突然听到"嘭"的一声巨响。二楼一位坐在平台上乘凉的女生，不知何故，居然翻倒下去了。她躺在教学楼前的空地上，一动不动，大家见状，一时惊慌失色，手忙脚乱。但过了一会儿，这位同学居然兀自缓过气来，四肢试着稍微动弹一会儿，最后竟若无其事地爬起来，施施然进教室自习去了。一场虚惊，幸甚至哉！

自修完了，大家便陆续回到宿舍，开始在水池边洗脚、洗衣服，有的则穿着短裤用脸盆冲凉，冬天也不例外，整个宿舍区像一个喧闹的农贸市场。而我们三个经常会到校门口的一家餐点去吃夜宵。餐点的老板是个五十岁左右的老太太，面色发黄，神情委顿，话不多，努着嘴，笑起来，整个牙床都暴露在外面。生物学老师曾信誓旦旦地警告说，此人定是重症肝炎患者。但大家都不在意，照吃不误。因为肝炎是什么，我们都不了解；但肉包子是什么，却很了解。

高考前的一段时间，学校对晚自修抓得不紧，我们便偷偷地到县城里去玩，有一次觉得特别无聊，就去电影院看电影。电影票是良玉掏钱买的。那天放映的是一部外国电影，名字忘了，大家都觉得兴味索然。我当时对于外国电影的反感，来自小时候的经历。20世纪80年代村里买了一台东芝牌电视机，放在一间大仓库里，全村的人吃好晚饭，就聚到那里看电视。村里有什么事，也是在看电视的时候，村支书当场布置下去，大概类似于哈贝马斯的公共领域吧。那时电视台在放一部墨西哥电视剧，叫《卞卡》，好像比现在的一些韩剧还要长，村里人很不习惯看外国的电视剧，但又无处可去。几个月下来，看得鼻血都要流出来了。而当时的《射雕英雄传》《再向虎山行》等就很受欢迎，有万人空巷之慨。

记得那天我们看完电影刚出门，遇到小舅妈带着表妹正在冷饮店里逛，她见到我，给了我一些零钱，但没有询问我为何不在学校自修，这让我很惭愧。那时候新干街头到处是桌球台，每个球台前都围着一群人，每个人都以十字架上耶稣受难的姿势，抖晃着腿，扛着一根桌球杆：煞有介事地瞄准，用力一击，再直起腰来，将小分头往上一甩，酷得很，我们偶尔也去玩过。我二哥当时在村里开了个球台，钱没有赚到多少，球技倒练得精熟。我偶尔替他看看场子，球技也不赖，属于威猛型，击球的声音很响，"咣当"一声，恍如砸锅卖铁。

暑假的时候，我们在一起的时间很少。大家都是农家子弟，而且是家里的主要劳动力，需要参加"双抢"（这里的"双抢"不是"两抢"。记得有一年夏天我给家里寄钱去，在附言里说，此钱供"双抢"请人之用，邮电局的人便很紧张，以为是"两抢"）。"双抢"其实是抢割、抢栽的简称。因为在夏天越早插秧，秧苗的成长就越好，所以需要农民抢时间收割。大家每天凌晨三四点钟就下地，割稻子或者拔秧，稻田里蚂蟥很多，小腿上叮得都是包，又痒又痛，直到晚上八九点钟，才极度疲劳地返家。

"双抢"完后便是摘花生。这个过程要持续近一个月。现在想想，这大概是最能激发农村孩子的身份意识并由此产生沧桑之感的经历了。而城里的同学此时要么外出旅游，要么在家里复习功课，这些对于我们，无疑是一种极度的奢侈了。所以我觉得农村的孩子，倘若能顺利考上大学，的确是不易的。新学期开始，我们个个又黑又瘦，恍如非洲难民，城里的同学则显得翩翩跹跹。这种反差使我们对于未来有一种不自觉的使命感，便是要通过努力去改变这种状况。幸运的是，高考以后我们都如愿考上了大学。但从此天南海北，相互联系也渐渐少了。尤其参加工作后，即便偶尔回家，亦很难凑到一起。

今年春节，我们三个都回到老家过年，也总算能聚到一起了。大年初五，我们聚在良玉家那间日渐老旧的房子里，像十五年前一样喝酒聊天，没有丝毫的隔膜，良玉的父母依旧非常热情，就像招待自己多年未归的孩子，让我们很感动。但我感觉在其乐融融之间，大家都在小心翼翼且心照不宣地避开一些话题，至于什么话题，我也很难清晰地说出来。隐隐地觉得，这么多年来，我们每个人都在坚韧地持着同一班的船票，约着多年后再来共渡。但当已届不惑的我们风尘仆仆地归来，蓦然地发现，船已漂泊着逝去了——或者，这里本来就没有船。

昨天，小毛给我发来了我们在良玉家的合影，他在邮件里说："海斌兄，我们从农村走出，辛辛苦苦努力这么些年，可回过头一看，我们曾经苦苦追求的物质或精神，并不能带给我们快乐，也不再是我们生命中所谓追求的动力了。关于'四十不惑'，我现在都稍微能有点感悟了，对于能做到的事情，已经做到了；对于做不到的事情，经历过若干次的失败后，于是放弃，也便成了一种不惑。"接到这封邮件，我一直没有回复，也不知道如何回复。因为这便是我见面时想说而最后没有说出的那些话。

《三国》 多少事

· 《三国演义》七擒孟获一节，涉及少数民族：一是，乌戈国主兀突骨，身长丈二，不食五谷，以生蛇恶兽为饭。二是，银坑山。无刑法，但犯罪即斩。有女长成，却于溪中沐浴，男女自相混淆，任其自配，父母不禁……杀蛇为羹，煮象为饭。三是，八纳洞木鹿大王，深通法术，出则骑象，能呼风唤雨，常有虎豹豺狼、毒蛇恶蝎跟随。

· 《三国演义》的神奇，前段大抵刻画人的神机妙算而已，其间有些天文地理的意思，大略可信。到了后半段，便陆续出现一些神神怪怪了，尤其到孔明攻打秃龙洞一节，山神竟化作老叟到前台指点迷津了。最后还告知孔明："吾乃本处山神，奉伏波将军之命，特来指引。言讫，喝开庙后石壁而入。"这就没啥大的意思了。

· 《三国演义》里有很多血腥情节，最不堪的，是第六十五回里马超之所见："梁宽、赵衢立在城上，大骂马超；将马超妻杨氏从城上一刀砍了，撇下尸首来；又将马超幼子三人，并至亲十余口，都从城上一刀一个，剁将下来。超气噎塞胸，几乎坠下马来。背后夏侯渊引兵追赶。超见势大，不敢恋战，与庞德马岱杀开一条路走。"

● 《三国演义》里有不少人是"面如重枣"的，如关羽"面如重枣，唇若涂脂"，魏延"面如重枣，目若朗星"等。查了一下，面如重枣之重，有两种说法：一种是读 chóng，指重阳节时候的枣子。因枣子初生时是青色的，待到重阳节前后，就逐渐变成暗红、紫红色。另一种是读 zhòng，形容颜色之深重。似第二义更普适些。

● 古人小说，都要处理今天的信息或情报问题。在《三国演义》里面，某夜观天象即是。从天象可以看出一个人甚至某个人要死了，"某夜观天象，见一将星欲坠。以分野度之，当应在孙坚"。天象甚至可以看出今晚有人要来偷袭，还可以作为战略依据："臣夜观天象，见中原旺气正盛，奎星犯太白，不利于西川。"

● 《三国演义》第三十三回，许攸的死端的是作死。攻下冀州后，许攸鞭指城门而呼操曰：阿瞒，汝不得我，安得入此门？曹一笑，不跟你见识；遇到猛将兄许褚，他竟也说："汝等无我，安能出入此门乎？"褚怒曰："吾等……身冒血战，夺得城池，汝安敢夸口！"攸骂曰："汝等皆匹夫耳，何足道哉！"褚大怒，拔剑杀攸。岂非作死?!

● 《三国演义》第三十四回有段抢劫描写，非常之酷：玄德与关、张、赵云出马在门旗下，望见张武所骑之马，极其雄骏。玄德曰：此必千里马也。言未毕，赵云挺枪而出，径冲彼阵。张武纵马来迎，不三合，被赵云一枪刺落马下，随手扯住辔头，牵马回阵。

陈孙见了，随赶来夺。张飞大喝一声，挺矛直出，将陈孙刺死。众皆溃散。

● 《三国演义》里经常出现"两阵对圆"，此处的"圆"乃"完"之意。此用法颇与江西方言相似。譬如在家乡话里"吃完饭"习惯说"吃圆饭"等，而且"圆"字替代"完"字，往往有完满之褒义，譬如在江西话里，"打完人"或"杀完人"之类恶行，往往不说"打圆人""杀圆人"等，此中意味，值得琢磨。

● 《三国志》里讲，刘备在荆州时与刘表聊天儿，中间抽空上了趟厕所，"见髀里肉生，慨然流涕。还坐，表怪问备，备曰：'吾尝身不离鞍，髀肉皆消。今不复骑，髀里肉生。日月若驰，老将至矣，而功业不建，是以悲耳。"（又见《三国演义》第三十四回）玄德此番励志式矫情，足令今日肥胖界碌碌如俺者羞愤死矣。

● 《三国演义》里有两个人是"双手过膝"的：一个是刘备，"两耳垂肩，双手过膝，目能自顾其耳"；另一个是司马炎，"立发垂地，两手过膝"。据季羡林先生的考证，这种人物形象乃是因袭佛经中对佛的瑞相的描述，如《金光明经》卷一中就提到佛："修臂下垂，立过于膝。"问题是，佛们的瑞相又因袭于何处呢？

● 《三国演义》第二十一回，曹操煮酒论英雄一节。聊到什么是英雄，曹操的定义是："夫英雄者，胸怀大志，腹有良谋，有包藏宇宙之机，吞吐天地之志者也。"曹操的这个定义太过于高端了。所谓胸怀大志，腹有良谋云云，这个倒没啥，一般人凑巴凑巴，踮踮脚儿，大概还能够得上。但后面这"包藏宇宙""吞吐天地"八个字，恐怕非世界级的政治家、军事家或国际顶级商业大亨而不能胜任了。凡一国之内的普通大佬、精英、名流，大约都挨不着。可见英雄之难。对于咱们闲杂人等及引车卖浆之流，大约只堪在孩子面前硬着做一回"英雄"吧。

• 《三国演义》第五十七回里，有一段对话颇不妥。其中讲到，曹操降诏加马腾为征南将军，"使讨孙权"。马腾接诏后和长子马超、侄子马岱商量。马岱谏曰："曹操心怀叵测，叔父若往，恐遭其害。"马超说："儿愿尽起西凉之兵，随父亲杀入许昌，为天下除害，有何不可？"腾曰："汝自统羌兵保守西凉，只教次子马休、马铁并侄马岱随我同往……"马腾这段话在人称上有点混乱。首先，马腾作为父亲，对长子马超说"次子马休马铁"，似乎不合，应为"汝弟马休马铁"才是。另外，从对话场景看，侄子马岱应该是在场的，但马腾当其面说"侄马岱"亦为不妥。整体感觉这段话应是马腾对幕僚或第三人说的，颇存疑。

• 刘备看人的水平的确比诸葛亮高一点，体现了帝王与丞相之间的区别，不服不行。在《三国演义》第八十五回，刘备临终之际，与诸葛亮有段对话："先主谓孔明曰：'丞相观马谡之才何如？'孔明曰：'此人亦当世之英才也。'先主曰：'不然。朕观此人，言过其实，不可大用。丞相宜深察之。'"煞是厉害！

• 《三国演义》第一百十八回北地王刘谌殉国一节，端的壮烈。其闻后主要降，便"欲先死以见先帝于地下"。其妻崔夫人又很配合，听说要死，曰"贤哉！贤哉！得其死矣！妾请先死，王死未迟"，言讫，触柱而死。谌乃自杀其三子，并割妻头，提至昭烈庙中，大哭一场，自刎而死。此以今日之法治思维评判之，着实暴虐。

• 鲁迅说孔明近妖，多有符合。最厉害的，是《三国演义》第八十四回八阵图困陆逊一节：在孔明入川之时，就已在鱼腹浦布下石阵。临去时还叮嘱老丈人黄承彦：后有东吴大将迷于阵中，莫要引他出来。多年后，陆逊果然兵败误入"死门"，幸亏黄"平生好善，不忍将军陷没于此，故特自生门引出也"。——这一节孔明为何竟未料到？

龙虫并雕话西游

• 《西游记》岳麓书院版里，巨灵神第一次见到大圣："一双怪眼似明星，两耳过肩眉又硬。"有两点值得关注，即这猴子居然"两耳过肩"，其洪福齐天状，堪与刘邦媲美。但仔细脑补一下，这石猴儿该多难看！另，在人民文学版里，后句是"两耳过肩查又硬"。据查，查（zhā）耳为张开耳朵之意，此版本语意颇合也。

• 《西游记》第七回里，大圣被压五行山，天庭举行安天大会："只见王母娘娘引一班仙子、仙娥、美姬、毛女……"此处毛女为何许人也？一查，系"古代中国传说中的仙女，字玉姜，形体生毛，自言秦始皇宫中人，秦亡入山。食松叶，遂不饥寒。身轻如飞"。但从语境看，不应为特定人名，而为一类人，似有误。

• 人民文学出版社版《西游记》第七回里，孙悟空遇到如来，厉声高叫道："你是那方善士，敢来止住刀兵问我？"如来笑道："我是西方极乐世界释迦牟尼尊者，南无阿弥陀佛。"此处有误。南无（梵文 Namas 的音译）乃致敬之意。换言之，"南无阿弥陀佛"直译"向阿弥陀佛致敬"。这句话不应由如来来说，而有的版本径直去掉了南无二字。

• 《西游记》第八回里，猪八戒遇到观音菩萨，观音劝这厮改邪归正，他竟应答了一段很酷的话。即，菩萨道："古人云：'若要有前程，莫做没前程。'你既上界违法，今又不改凶心，伤生造孽，却不是二罪俱罚？"那怪道："前程！前程！若依你，教我嗑风！常言道：'依着官法打杀，依着佛法饿杀。'去也！去也！"

• 在流沙河，悟空、八戒曾讨论过背师父过河乃至径去西天取经一事。八戒说："师父的骨肉凡胎，重似泰山，我这驾云的，怎称得起？"悟空似可，"但只是师父要穷历异邦，不能彀超脱苦海……我和你只做得个拥护，保得他身在命在，替不得这些苦恼，也取不得经来；就是有能先去见了佛，那佛也不肯把经善与你我"。

• 《西游记》第十七回有个情节颇不合：孙悟空请观音来降熊罴怪，路上遇到苍狼精变成的道士，"被行者撞个满怀，掣出棒，就照头一下，打得脑里浆流出，腔中血迸撺"。按说观音法力无边，此时竟"认他不得"，嗔之："你怎么就将他打死？"悟空做了一番解释，说是妖精。菩萨才说："既是这等说来，也罢。"

• 《西游记》第二十三回里，唐僧说："徒弟，如今天色又晚，却往那里安歇？"行者道："师父说话差了，出家人餐风宿水，卧月眠霜，随处是家。又问那里安歇，何也？"后面只是八戒从挑担辛苦角度做了点抱怨"身挑着重担，老大难捱也"，再未见到唐僧的回应，因悟空之言具道德高度，唐僧措手不及，应该受伤不小。

• 《西游记》第二十四回，孙悟空拘土地来询问人参果之事，土地对人参果有一番介绍，其吃法是："吃他须用磁器，清水化开食用。"但随后从清风、明月两位童子及孙悟空、猪八戒、沙僧先后的吃法来看，大抵是按苹果的吃法啃之而已，颇不合。另，唐僧"教八戒解包袱，取些米粮，借他锅灶，做顿饭吃"，可知八戒一路还负责做饭！

• 《西游记》第二十七回，三打白骨精，悟空向唐僧解释妖精套路，说"老孙在水帘洞里做妖魔时，若想人肉吃，便是这等：或变金银，或变庄台，或变醉人，或变女色……迷他到洞里，尽意随心，或蒸或煮受用"。第八回八戒也和观音讲："在此日久年深，没有个赡身的勾当，只是依本等吃人度日。"看来都不是善茬儿。

• 《西游记》第三十三回，悟空把莲花洞精细鬼、伶俐虫持的紫金红葫芦和羊脂玉净瓶骗到手，本可"飕的跳起走了"。又思道："不好！不好！抢便抢去，只是坏了老孙的名头。这叫做白日抢夺了。"于是变个假葫芦来换，道："我与你写个合同文书……向后去日久年深，有甚反悔不便，故写此各执为照。"颇有法律意识。

• 《西游记》第三十五回，孙悟空收服了金角、银角大王。太上老君出现，要求返回金银童子及宝贝。大圣道："你这老官儿，着实无礼。纵放家属为邪，该问个铃束不严的罪名。"老君道："不干我事，不可错怪了人。此乃海上菩萨问我借了三次，送他在此托化妖魔，看你师徒可有真心往西去也。"可见观音乃取经总策划。

• 《西游记》第四十三回，黑水河降了妖鼍以后，唐僧犯愁怎么过河。河神道："老爷勿虑，且请上马，小神开路，引老爷过河。"只见河神作起阻水的法术，将上流挡住。须臾，下流撤干，开出一条大路。师徒们行过西边，谢了河神，登崖上路。——怎么感觉黑水河神的过河办法有点智商"欠费"嘛，明显违背了比例原则。

• 唐僧处理感情问题颇有意思。《西游记》第二十三回"四圣试禅心"，那妇人三番五次表达家大业大"意欲坐山招夫"之意。"三藏闻言，推聋妆哑，瞑目宁心，寂然不答"，或"也只是如痴如蠢，默默无言"。《西游记》第五十四回，在女儿国，女太师来说媒，"三藏闻言，低头不语"，甚至还征求悟空意见："悟空，凭你怎么说好。"似乎总无断然态度。

• 《西游记》第五十五回里，毒敌山琵琶洞的蝎子精着实厉害。悟空和八戒一起和她斗，"三个斗罢多时，不分胜负"，最后蜇得大败。观音也说："他前者在雷音寺听佛谈经，如来见了，不合用手推他一把，他就转过钩子，把如来左手中拇指上扎了一下，如来也疼难禁，即着金刚拿他。他却在这里……我也是近他不得。"

• 《西游记》第五十六回，悟空打死两个剪径土匪，唐僧让八戒掘坑掩埋，并祝云："你到森罗殿下兴词，倒树寻根，他姓孙，我姓陈，各居异姓。冤有头，债有主，切莫告我取经僧人。"八戒在旁撇清说悟空打时他和沙僧也不在旁。三藏真个又撮土祷告道："好汉告状，只告行者，也不干八戒、沙僧之事。"极无情义。

• 《西游记》的不同章节，分别从人、神、妖等角度，对于唐僧的仪容有颇多的描述。但似乎唯有第八十回里，提到其"双手过膝""双耳垂肩"的特点，颇类似三国里的刘备，又恍如那马凡氏综合症患者。书云："那喇嘛和尚，走出门来，看见三藏眉清目秀，额阔顶平，耳垂肩，手过膝，好似罗汉临凡，十分俊雅。"

• 牛魔王其实是个很有故事的人。年轻时跟孙悟空混，叫平天大圣，"海吃湖喝"。后和罗刹女结婚，生了红孩儿，派他去镇守自己的产业号山。还在摩云洞找个了小三玉面狐狸，在那儿专门辟了个书房，有空就看看书，"静玩丹书"，经常还去赴个宴啥的，和老龙精蛟精等小兄弟们喝点小酒。最后依旧归了佛。

•《西游记》中，但凡涉及恶山恶水处，方圆与距离皆为八百里。如：流沙河"上下不知多远，但只见这径过足有八百里"；通天河则"径过八百里，亘古少人行"；火焰山"有八百里火焰，四周围寸草不生"；荆棘岭乃"荆棘蓬攀八百里，古来有路少人行"；七绝山"径过有八百里，满山尽是柿果"。不知有何讲究。

西游路上的妖与怪

期末了，发现孩子这几日在拼命读《西游记》。一问，原来前几日他们语文老师布置了，让大家把《西游记》第三十至五十回里所有妖怪的名字一一理出来、背出来，以备期末考试之用。俺闻得此言，颇觉哭笑不得。乃评曰：你们老师这般布置之深意，老爸不便妄加臆测，但你们班过年以后，每个同学的外号，指定会按照《西游记》慢慢配齐的。譬如啥金角大王、银角大王、虎力大仙、鹿力大仙、红孩儿、黄袍怪、春十三娘（蜘蛛精）等，届时都会在班上出现的。建议你们寒假有空，每人不妨主动认领一个妖怪吧，争取主动，防止被动。

说到妖怪呢，老爸颇有些心得。比如我觉得麒麟山獬豸洞里赛太岁的心腹小校"有来有去"就不错。遗憾的是出现在第七十回里，有点超纲，不妨先持币观望，适当时候可跟进。记得这小妖出场之时，便兀自在绪绪聒聒自念自诵地抱怨赛太岁"我家大王，忒也心毒……只是天理难容也"，颇有点朴素的正义感和自觉的道德反思意识。众所周知，孙悟空的为人算是够刻薄了，闻得此言，也忍不住暗喜道，"妖精也有存心好的"，可见人品着实不错。而且，"有来有去"一词，代表了中国礼的理念，礼尚往来嘛，颇合时宜。

缺点就是戏份不多，下场亦不妙，竟是被孙悟空一棒子打死的，成了"有来无去"。但责任也不在他，而是那猴子不对。总之，还是有硬伤。

剩下的妖怪呢，大多是动物世界里出来的。譬如第四十七回里的灵感大王，名字挺不错，颇有点现代奥数大赛或创意大赛冠军的色彩。可惜是个金鱼精，拿不上台面。还有就是第三十一回里的奎木狼君了，也就是碗子山波月洞的黄袍怪。这个同志出身不错，属于天界公务员编制。本事也不低，与孙悟空打斗，"战有五六十合，不分胜负"。这厮能毅然放弃公职，"不负前期，变作妖魔，占了名山"，去与宝象国公主了结前世姻缘，算得有情有义了。最后的下场也不错，重新回到了体制内。缺点呢，就是长得难看了点，"青靛脸，白獠牙，一张大口呀呀。两边乱蓬蓬的鬓毛，却都是些胭脂染色"。而且，饮食习惯很不好，喜欢边喝酒，边吃人："坐在上面，自斟自酌。喝一盏，扳过人来，血淋淋的啃上两口。"瘆得慌！建议不做优先考虑。

在考试范围里的优质妖怪，算来算去，还得数枯松涧火云洞里的红孩儿。这厮家庭出身不错，是牛魔王的孩子。别看牛魔王貌似粗鲁，其实也是个文化人呢。《西游记》第六十回，玉面狐狸被孙悟空追杀得粉汗淋淋，退回积雷山摩云洞，"径入书房里面。原来牛魔王正在那里静玩丹书"。诸君皆知，那时节，能静下心来待在书房里读点书的牛，已不多矣。可见牛魔王还是有追求的。按说红孩儿是最佳人选，但我总觉得这厮心术不正，邪性太重。而且按山神的说法，"他曾在火焰山修行了三百年"，可见年龄也不小了，至少超过三百岁吧，却还系着个红肚兜扮嫩，着实不堪。再说今后头发斑白之际去参加同学会，还被人叫红孩儿或圣婴大王，总觉得怪怪的。拟不推荐。

其实呢，我觉得红孩儿麾下有六个心腹小妖，名字都挺不错，也在考试范围里，倒值得考虑。"一个叫做云里雾，一个叫做雾里云，一个叫做急如火，一个叫做快如风，一个叫做兴烘掀，一个叫做掀烘兴"。窃以为，如果有同学今后准备做通信、物流或快递行业的，不妨叫急如火，或快如风。今后拟做组织人事工作的，不妨叫云里雾或雾里云。当然，那些准备做烟草行业的，或有吞云吐雾嗜好的，或准备出家做僧做道的，也可以考虑一下。而那些准备做烧烤、热饮、爆米花或肯德基麦当劳必胜客之类产业的同学，便不妨叫兴烘掀或掀烘兴。总之，这些小妖的名字都颇具行业特色，且辨识度高，注册起来也不容易与人冲突，值得推荐。

土生阿耿的人生三戒

前些天，我收到一个来自野马浜的包裹，打开一看，是绍章（姓李，笔名土生阿耿）新出版的"三戒"文丛系列——啊，土生阿耿总算出书了。我想。这套书的出版对于阿耿来说，对于很多欣赏阿耿的朋友来说，是一桩延拓了多年、也让人期盼了多年的好事儿——虽然好事总不免要多磨的。而且更为关键的是，阿耿这次不仅出了书，而且一出就是三卷，出手之阔绰，让人羡慕妒忌恨，情形就像去买天价烟，我们凡夫俗子总是一包一包地买，阿耿则不然，他老兄直接拎个塑料袋过来，淡定地说：给我来三条。就是这种派儿。

昨天我抽空大略翻了翻这套书里收录的诸篇什，说大略翻了翻，言下即是阿耿的文章其实我以前大抵都已通读过的，甚至里面涉及的一些论题，我都曾或深或浅地参与过讨论。因之现在再读，显得更为亲切与熟悉。粗略看来，阿耿新书里的很多文章都经过精心修订过的，相较初稿而言，印成铅字的文字显得更加温和与理性，彰显出了一种硝烟散尽后的宁静与安详。这或多或少反映了同我一样日益逼近不惑的阿耿，对于学术、学界与人生等命题更为全新甚或更为深刻的洞察与理解。毕竟，年轻的血液总是要逐渐地冷静下来的。

不过，倘若简单乃至武断地将这一过程视为"一个愤青的蜕变"，那么你就错了。根据与阿耿并不多的接触，我觉得他其实一直是一个寂寞的家伙。所谓愤青也者，这仅仅是一个假象。我们的阿耿是一个有追求有情怀的人，网络上的他激情四射，狂狷而张扬，就像烟花一样绚闹地绽放着，但蜗居陋室的阿耿也许不是这样，"他比烟花更寂寞"。很多时候，我想象中的阿耿是一个站在窗口孤单地仰望烟花的人，他食指和中指之间夹着一支香烟，冷静而安详。阿耿在书中说过："我是一个内向的人。"

就"三戒"丛书所庋集的文章来看，较为集中地揭橥了阿耿这些年来在网络上"煽风点火""惹是生非"，与天斗与地斗与人斗与自己斗的其乐无穷的笔战轨迹。思想极犀利，文字极畅快，爱恨交织，痛并快乐。有些文章即便隔了很多年，现在读起来，依旧让人有硝烟犹未散尽的感觉。所以阿耿的书是一部部快意恩仇录，让人阅之痛快。现在想来，其实我在十多年前就开始读阿耿了，因为我们有很多共同的朋友，每隔一段时间，总有人兴冲冲地来询问我："阿耿最新的文章你看过没有？他又和某某干上了！"所以有空的时候，我也会搬条板凳潜伏在人群里围观，偶尔在暗地里喝一声彩："好一条汉子！"

纵观阿耿的战斗史，他的疾恶如仇中有一股决绝的韧劲。对于非正义与不道德的人与事，他绝不轻易妥协，绝不骑墙式的"费厄泼赖"，有时候就像鲁迅先生笔下讲的，即便对手落了水，倘不肯认错，亦要继续痛殴之。阿耿之痛打落水狗，绝不类鲁迅先生所言，仅仅操一根竹竿或扁担，在岸上晓晓地示威，而是血脉偾张地冲到水里去，继续与对手缠斗，直到对手彻底告饶，才肯湿漉漉地上岸。这就是阿耿的斗争精神，我想现在的中国与学界，需要的就是这种绝不妥协的斗争精神。

所以，或者总之，我要祝贺阿耿兄"三戒"文丛的出版。

青年岳飞是如何炼成的

关于岳飞的故事，小时候听评书，已是极为熟稔了。周末有闲，便随意翻看清代小说家钱彩的《说岳全传》。断断续续，走马观花地读，依旧觉得有趣。发觉英雄岳飞的炼成，除了其自身的超强素质与主观努力外，亦是诸种机遇、条件与因素辐辏、交互与建构的结果，其中颇能东鳞西爪地折射出古人的英雄观与成功学。

首先，看出身。人常道，英雄莫论出身，那是在世俗意义上说的。所谓看出身，并非必然是看富贵，而是在更超越意义上，看其出生是否神圣或神奇。或天神下凡，或乃母怀孕时梦见"飞熊入怀"，或分娩时"霞光满室"，即是。总之，按照马克斯·韦伯的说法，得要有点奇理斯玛才行。岳飞的出身就不同凡响，按照小说的说法，他"本是如来佛顶上头一位护法神祇，名为大鹏金翅明王"，只是因为秦桧之妻的前身、莲台之下的女土蝠听经之时，撒了个臭屁。老兄大怒，展翅过去，一嘴把她啄死了。因违反了法条，被罚往东土投了胎——那时候有点背景的人投胎技术都很高，动辄投胎到文明富庶的东土去，绝不肯投到欧罗巴或阿非利加洲去茹毛饮血。总之，小说里的岳飞出身极为神圣，按照今天魔幻电视剧里的说法，属于神族人士。

其次，看师承。一个英雄的诞生，除了出身神圣，还得师承名门。既要有好的血统，也要有好的学统，这是品格、能力和素质的保证，也是行走江湖的护身符与通行证。众所周知，岳飞的授业恩师，乃是当时名满天下的一代宗师周侗老先生。老先生不仅武艺高强，而且饱读诗书，德艺双馨，堪称宋代国家级教学名师。门下弟子都是响当当的绝世英雄，既有东京八十万禁军教头林冲，也有河北大名府的"玉麒麟"卢俊义。周侗老先生不仅收岳飞作为关门弟子，更是主动提出收其为螟蛉义子，"将平生本事，尽心传得一人"。后来岳飞在多处与人提到"拜了陕西周侗为义父，学成武艺"。人的名，树的影，闻者无不肃然起敬，刮目相看。可见师承与学统之重要。

再次，看班底。岳飞与母亲从河南汤阴流落到河北大名府内黄县麒麟村，先后结识了王员外儿子王贵、张员外儿子张显、汤员外儿子汤怀等，"俱豪富之家"。在富豪们的接济与扶助下，方得以安身立命并茁壮成长——此情形颇类似于时下庸俗偶像剧之套路，英雄未发而暂时落难之时，身边一定有一个善良纯厚、爱才惜才还极富正义感与同情心的富家少爷或小姐，并经常在关键时候暗中施以援手，以解决少年英雄剧情中可能遭遇的经济问题。后来，岳飞又结拜了落草为寇、拦路打劫的豪爽人士牛皋，以及"马前张保，马后王横"等，皆属志同道合的过命兄弟，"抛头颅洒热血"的割颈之交。值得一提的是，麒麟村的几个员外对于小伙伴们的支持力度亦极大，后来岳飞拟举家搬回汤阴归宗，员外们秉持朋辈教育的先进理念，居然也一并把家从河北搬到河南，塑造了宋代孟母之群像。即便孟母三迁，恐怕也是不带跨省的。总之，铁打的班底，乃是英雄人物想干大事、能干大事、干得成大事的重要保证。

复次，看装备。先看岳飞的枪，那是一条丈八长的蘸金枪，唤

"沥泉神矛"，是沥泉山后山沥泉洞里面盘踞的一条吞云吐雾的巨蛇，被岳飞击毙后变化成的，可谓不同凡响，堪称神器。再来看岳飞的剑，此剑名曰"湛卢"，乃是春秋时期铸剑名匠欧冶子所铸名剑之一，"唐朝薛仁贵曾得之"，最后由前晋名将周德威的后代周三畏先生义赠岳飞。再看岳飞的马，马是老丈人赠送的，乃是自北地买来的烈马，据说有一半的野马基因，"头如博兔，眼若铜铃，耳小蹄圆，尾轻胸阔"，"浑身雪白，并无一根杂毛"。岳飞后来写过名篇《论马》，大谈相马哲学，他亲自选的马，自属宝马良驹。最后看岳飞的学习教材，是沥泉山上的高僧志明长老友情赠送的一册兵书。其时岳飞刚刚获得沥泉神矛，老和尚见之，对周侗道："这神枪非比凡间兵器，老僧有兵书一册，内有传枪之法并行兵布阵妙用，今赠与令郎用心温习。"于是赠送了这套神枪配套教材，可谓人间之秘笈。上述各种装备，无不尖端精良，现在的游戏玩家们，倘要获得完整一套，恐怕在游戏机房通宵达旦呕心沥血一年半载，亦莫想获致呢。

最后，看人脉。检讨英雄人物的发达史，无不有贵人相助的经历。按照小说的线索，岳飞的第一个贵人便是内黄知县李春先生。老李因为赏识岳飞，不仅送马给他，还把女儿许配给他。而且翻看李小姐的庚帖，"却与岳大爷同年同月同日同时生的，岂不是姻缘辐辏！"后来岳飞要搬回汤阴归宗，老李还修书一封，把他推荐给汤阴县令徐仁。徐见之，亦极欣赏，待岳飞进京考武状元时，又修书一封，把他推荐给权倾一时的名帅宗泽老先生："他若见了，必有好处。"中间岳飞还遇到了"贵人"刘都院，老刘也赞不绝口，继续修书推荐："本都院着人送书进京，与你料理功名便了。"最后岳飞在东京见了爱才识才惜才的大贵人宗泽。老帅看师承，看才艺，看品格，看相貌，看韬略……上看下看，左看右看，无不激赏。

乃各种举荐，多方庇护，如此这般，在各路、各层人脉之交互作用下，青年岳飞最终得以脱颖而出，修炼成功。

当然，英雄人物的炼成，亦需其他必要且重要的因素，如优良的家风、合适的时势、正确的"三观"及各种因缘际会等，自不必赘述了。齐东野语，小说家言，聊备一哂，不足为凭。谨识。

下篇 · 随想与随记

我　思

● 据《维摩诘经·观众生品》载："维摩诘室有一天女，每见诸菩萨聆听讲说佛法，就呈现原身，并将天花撒在他们身上，以验证其向道之心。道心坚定者花不着身，反之则着身不去。"这大约就是所谓天女散花之来源吧。我想，倘若世上真有如是之天女，则不妨延聘至各高校及科研院所的人事部门去。每俟研究人员或专业教师招聘面试前，便先击鼓撞钟奏乐，隆重请出天女，进行撒花仪式，以测申请者学术向道之心笃诚与否。花瓣着身者，淘汰之；不着身者，留下。过得第一关，方来考察其知识积累、心智情商、学术规划及商讨待遇薪酬、住房补贴等。如此这般，一直为社会诟病的所谓大学教师之学术信仰与学术情怀日衰，以及立身功利、治学浮躁等痼疾，便可彻底根治矣。

● 人与雨的关系，古人煞是看重。取的斋轩名号，大抵是听雨斋、观雨轩或煮雨轩云云，白天观雨，夜阑听雨，深夜煮雨，再泡壶茶，可谓风雅之至。记得多年前，余于嘉定古漪园看到一亭，唤数雨轩，乃眼前一亮，属意那种雨初下，滴滴答答，两点三点，雨打芭蕉或窗纸之情状，相较而言，境界又不知高出凡几矣。

● 因空虚忧郁，因失恋忧郁，因贫疾忧郁，因职场忧郁，因怀才不遇忧郁，因世风日下忧郁，因民权不彰忧郁，因国将不国忧郁……最后一律"非他杀"地离世了。接着，便有了个统一标签：忧郁症。死者成了患者，自杀是疾病的发作，反思被"未及时治疗"的惋惜代替。幸好，屈原死在一个没有忧郁症的时代。

● 偶尔会想，其实衰老也不一定是那么沮丧乃至悲哀的事。毕竟，随着身体的日渐衰老，由身体所能感受到和经历过的一切物事，亦会随着身体之衰老而渐渐地变得迟钝、暗淡、模糊，以至消逝，乃至被彻底地忘记掉，最终随身体的死亡而统统化成了灰烬，就恍若从未来过。而这之于人生，又何尝不是一件极大的幸事。

● 我们总是寄望于通过立法来促进社会变迁，进而追求各种各样的善端，但我们依旧没有学会如何控制它并使其不产生大恶。也即，我们对谁应当拥有立法权的争论掩盖了如何确定立法权之限度这个更为基本的问题。"如果人们仍是相信立法权只有坏人行使才会为害，那么立法将仍然会是一种极其危险的力量。"

● 我们的阅读、研习与思考总是按特定的专业来展开的，据说这是社会分工的一个可欲的和可喜的好处。当我们埋首于书斋或傲立于讲台时，总觉得能透过专业的视角完满地重构和理解这个世界并为之立法。但遗憾的是，真实的生活世界大抵并非按专业来界定与展开的，这常常让我们生发出一种无力、沮丧乃至幻灭之感。

● 特别想再买一份日历，挂在墙上。每日晨起，便干脆而响亮地撕下一张，旧的一日便自兹决绝地告别了，勿论心情，抑或事情。而新的一日又崭新地呈现在眼前了。最妙不过的是，你永远不会去猜想这页的背后是哪一页或哪一日。在新的一页尚未撕掉之前，下一页是不会出现的——便踏踏实实地把这一页度过了再说。

● 回想自己阅读的经历，至大的遗憾便是哲理性的作品读得多了，而历史作品相对地少了些，尤其是史料读得少。待年岁渐渐地长了，便发现倘仅仅是研读和玄思诸种奇妙而精致的哲理，固然会让人"速成"地深刻乃至犀利起来。但倘要获致真正渗入骨髓的体认与教益，除了真实乃至有痛感的经历外，还须多读史才行。

● 有一个体会，即对于细节梳理的历史作品，一旦读得多了，便会发现任何所谓的理论或结论，本质上都是一些经过人为理性裁剪过的"叙事"。历史本身是一团线头，诸种向度的甚至歧异的事实都有，并且都可以逻辑地导向各种可能的方向。我们不能亦不必纠结于那些琐碎的细节，而须立足于当下，并向前看。

● 其实最可学习的，是高速收费口收费员的工作态度。只要在岗，便不奢想忙过一阵后再痛快地歇一阵，毕竟，车流是永不停息的，他们的工作自然也永不停歇。因此，如何调整好心态，将工作本身，或者说将个个接续而至的"劳"与"烦"，当作存在之当然背景，而有条不紊乃至快乐地度日，才是我们须勠力修炼的。

● 每个人其实都有很多潜伏着的人生目标，不是我们有意识选择的，而是身处其中的文化与角色预先嵌入的。就像新买的电脑，有些程序是预先内置的，我们毫无知觉，却依旧命定地影响着我们的判断与行动，让我们陷入各种莫名的焦虑与沉窒中。因此，我们需要做的，便是不断把它们找出来，重新评估之，乃至卸载之。

● 今日之中国，远远没有超越传统中国之窠臼，依旧是一个巨型"江湖"，她物质摩登，而人际依旧按照传统江湖逻辑运转如仪：官人、商人、学人、妖人、伶人……林林总总，各色"精英"，以不同角色跻身其中，坑蒙之拐骗之，各施绝技，相互呼应，同气相求，排开西式刀叉，共同享用这"吃人"的盛世狂欢。

● 今天，我们似乎都有交流的渴望，缺乏的仅仅是契机。但仔细想想，一旦给我们足够的交流条件，起始不免感觉兴奋，不久便会陷入倦怠与无聊。毕竟，我们在本质上渐渐退回了内心，只能说说个体的经验和感受，其余的很难说出来，甚或不想去说。毕竟，我们需要的不再是承认，而仅是说，说完了，交流即告结束。

● 我从小到大，似乎从没有想过今后要做什么，或要做到什么地步。顶多顶多，只是浮想今后不必再如此艰辛地作田，就是极好。人生便在各种具体而特定的场境里展开，不断面对问题解决问题，懵懵懂懂、寻寻觅觅、主观客观、偶然必然地走到现在。今后恐怕还要继续这般地走下去。这大概就是没有理想的意思吧。

● 终于开始消费青春记忆了。这是一个消费时代，任何神圣的纯洁的事物，都有卖点，最后都顺利转化成票房。我想，那些正弓着腰像虾米般在田里插秧的农民，或者同样弓着腰像虾米般在工地上扛着沙袋的农民工们，是不会稍微地停下来，想一想他们即将逝去的青春的。毕竟，活着要紧，回忆也者，那是有闲人的事儿。

• 读古人诗词，关于夕阳、残阳、斜阳等寓情于景之类的名句很多，意境也很美。当然月亮就更不消说了。但在当今时代，很少能读到这种关于落日或残月之类的描写了，大家似乎没有闲情雅致甚至没有时间和耐心去观察太阳或月亮——甚至观察所有关于时间流转的自然事物了。我们今天有了钟表和日历，已不再需要这些。

• 中国最伟大的词儿，无疑是"搞"字。记得俺有个安徽同学，大学四年，仅凭一个搞字，搞遍天下无敌手：搞杯茶焉，搞斤苹果焉，把门搞开焉，搞个俯卧撑焉……可谓一招鲜，吃遍天。区区一个搞字，被贵老兄用得惊天地泣鬼神。其实，人常云"某人很搞"，言下他各种动作很多，亦庶几证明搞字可取代任何动词矣。

• 昨天去某专卖店，随着门口一声"欢迎光临"，四周便此起彼伏响起杂乱的呼和之声。很多人在低头收拾货架，亦有口无心面无表情地随声招呼，令人颇感不适。彬彬有礼固然是好事，而所谓礼者，不止于语言与仪容，更在内心之情感。子曰：礼云礼云，玉帛云乎哉？乐云乐云，钟鼓云乎哉？我当时便突然想起这句话。

• 看到一则微博：某年兄接到单位通知，让其去领甩饼，颇怪之。取来一看竟是月饼，便问：为何叫甩饼？主管笑曰：月饼要交税，而甩饼不交税，故都用毛笔多画了一道，变甩饼矣。此事颇有趣。记得福柯曾经说：权力总是双向的，即便是弱者，亦可在规则内进行合理之"闪躲"，乃至"细微的反击"，此为一例。

• 有个禅道故事，说一个人甫入佛门，在早餐之际便迫不及待地问方丈：禅是什么，人真的会轮回吗，我如何才能得道呢……方丈闻后，慈祥地望着他，指着早点说："快吃吧，快要凉了。"其实，我们每个人面前都有一份早餐，因此，我们当下最紧要的事，便是先把它吃下去。佛很远，早餐很近，甚或佛即快吃早餐。

• 一个法律人除了要经过严格的法学学术训练，并由此具备严谨的法学推理能力之外，尤要注意培养一种健全的自然理性，庶几使之能在另一种角度与高度，评判自身或囿于纯粹法学思维下的诸推理之道德与常识之维度，俾以规避荒腔走板的"法呆子"之情形。按照耶林的说法，此乃"自然的法律感觉"抑或"法律良知"。

• 晚上失眠了，坊间有很多解决之道。但最为博大的方法，应该算海明威短篇《我累了，要休息》里的特纳德先生了。他睡不着时，就为每个自己认识的人祈祷，说上一句"万福，圣母玛利亚"，再念一段祷文。如果再不行，就念叨地球上每一种动物的名字，从马到鱼到不同食品以及芝加哥每条街道的名字。最后天终于亮了。

• 近来我对时事的评论渐渐地少了。当然，关注是一如既往的。我以为一个事件之发生是有其来龙去脉的细微线索的，截然地插入，就一个侧面评论之，月旦之，臧否之，不免武断。尼采晚年曾自叹："我年轻的时候，对世事总投之以对错的评判，如今年纪大了，对此感到后悔不已。"更何况今日是资讯泥沙俱下的时代呢。

• 萨特曾回忆他教书的第一天，看到一束阳光从窗户射进来，地板上泛出了冰冷的金色，便自言自语地叹到："我是一个教师！"言语之间感到自己是那样的不幸。"因为我知道教书意味着一整个秩序和纪律的领域，而我对此深感厌恶。"这是萨特的想法。但我倒挺喜爱这个职业，因为它相对可以自由与超越一些。

• 杜门苦读五十年，躲进寒斋成一统，恐怕是很多读书人追求的理想生活。但偶尔我也在想，这样的人生虽然是自足的，但本质上亦是自私的，其价值恐怕不如将街头一辆倒在地上的自行车扶了起来。毕竟，人生之意义端在于对生活的"介入"与"干预"，但纵如是，我们又能做什么呢？

• 每至夜深人静独处笃思之际，往往是一个人最为澄净安详之时，肃然畏敬之心，便油然而生了。因之所谓静·夜·思，不啻为一种修身养气之道。昔孟子视此敬畏之心为"夜气"，即在夜间生发的善良之心，云"夜气不足以存，则其违禽兽不远矣"，颇剀切。而今人之深夜乃摘下面具或疗伤之时，则不免世故过矣。

• 才华横溢这个词儿挺让人犯琢磨的。尤其这个横字，与横行霸道或横眉冷对之横，庶几近之。这不免暗示了史上那些才子们多舛的命运了。毕竟，才华多得溢了出来，固然是好事，但倘若横溢了起来，犯到别人的地界儿上，或影响了同侪们才华的外溢，后果则可想而知了。因之，才华须有秩序地溢才行。

• 去年，父亲来上海小住时，我们一起去面馆吃面。父亲见价目表上一碗面动辄二三十元，便不解地感叹道："面不过是面的味道，又不能吃出鸡的味道来，怎么这么贵？"朴素的一句话，便揭示了马克思的"质的规定性"。有意思的是，现在的面馆却都在努力地把面做出鸡的味道来。但试问这面还是面吗？

● 有个外国人曾经说："我看不懂很多中国人，怎么总迫不及待地奔向死亡。"言下之意是：中国人不惯于亦不善于珍惜当下，年纪轻轻便像看穿人世参透生死般老气横秋。想想也是，一个人倘一直向死而生着，其生该如何的无趣与无奈啊。因之须珍惜这烟花般转瞬即逝的当下才行。过一日，便算一日，乃是大智慧。

● 人生是无法设计的，它是由一场场可以完全改变人生进程的偶然或短期的情境组成的。我们一路不断遭遇"问题"，解决"问题"，从而被"问题"牵着鼻子，一步步不知不觉地偏离了预设路线，走到一个从未预想甚或无法预想的人生境地。而在此形形色色"问题"之解决过程中，我们亦逐渐蜕变成另一个自己。

● 一个事件发生之后，我们经常接受到的"解释"，其实仅仅是一个"说法"，而并非"原因"。而面对一个"说法"，我们只有认与不认的问题，而所谓原因，便是我们信与不信的问题。"原因"一般只有一个，而"说法"可以有无数种。很多时候，"说法"以"原因"的面目出现，因为我们信了，便成了"原因"。

● 有时想想，今人活在世上，似乎比古人更精彩、更有意义些。但其实总结下来，亦不过停留在谋其生、致其知、怡其情的私面，与古人差不离的，大抵形式更丰富一些吧。而建功立业之类的话语与情操却渐行渐远了。所以三国的阚泽说："大丈夫处世，不能立功建业，不几与草木同腐乎！"的确常令人心灵为之一震。

● 真实的人生总是充满着偶然、跳跃、空白乃至断裂以及各种非理性，但会"讲故事的人"总能将之叙述成一个连续的、理性的、富有意义并朝神圣顺利挺进的故事。于是乎，蚍蜉之人生乃至整个国家的进程，便成了黑格尔意义上的"绝对精神"之展开了。

• 冬季的早晨，是极适宜睡懒觉的。但在都市里，遥远的车水马龙声以及各色匆忙的噪声总让人心神不宁，有种时不我待的紧张之感。我想，其实最适宜睡懒觉的，便是在冬季的乡村了，每家起床都很晚，旭日初升，鸡犬之声偶尔相闻，整个村子依旧沉浸在冬夜的余绪之中，倘是夜里下了一场雪，却是最妙不过的了。

• 早上去买菜，路过一家海产品摊点，摊主在和一个老太太抱怨道："刚刚遇见一个戆大，来我这儿买虾皮，张口就问你这虾皮是福建产的，还是山东或者宁波产的？你说这不是神经哇，虾皮不就是虾皮，还分啥地方，是不是搞笑？"旁的人便深一句浅一句地跟着他附和着。我想，这大概就是人世间矛盾不绝的根源之一吧。

• 后现代后殖民之类的作品，都具有解放、解构乃至革命的意味，进或建构出以自我为主体的知识和视角来，很好。但问题是别人认不认，当然不认也不打紧，只消不跟别人玩，自我承认之，并乐在其中即可。可惜落后就要挨打，郁郁乎文哉，终究抵不过人家船坚炮利。况且是否真正乐在其中，或醉在其中，亦未可知也。

• 时间飞逝如箭，邓正来教授去世居然已经三年整了，但他留下来的著译却一次次以崭新的面目生动地再生着，让人唏嘘之余而颇感欣慰。梁任公曾指出，"今日之中国欲自强，第一策，当以译书为第一事"。在此意义上，邓先生在译介上的贡献与其本身的创作乃不遑多让，甚或在品质与影响上，有过之而无不及。

● 看时装发布会，偶尔也会暗自想，模特身上的衣服，其观感固然是不差的，惜乎很难直接穿到街上去。但设计师的理念还能在街头化整为零地看到，并引为风尚，便是贡献。思想亦是，大师们的理论，其深刻与精致亦常令人景仰，但也惜乎"很难穿到街上去"，须让实际与实践创造性改造一番，方能彰显其效用。

● 买了本书，晚上翻了翻，都是杂记文字，竟没有读下去。其实书还是挺有意思的。但不知是因为年纪大了还是其他缘故，近年我对这类文字，包括回忆录等，都不大有耐心去读。一则潜意识里有怕浪费时间的焦虑——其实不读，也并不意味着会去干啥；二则到了不惑之年，如鱼饮水，竟乎没有兴趣去关心别人的过活了。

● 有些时候，我说的是偶尔，我们总想找点事儿来做，做什么为何做并不重要，仅仅觉得要做点什么。我们企图通过做这个动作表明对世界的参与，并证明自己的存在。就像我们经常习惯翻看手机，似乎在等待什么，其实我们仅仅在伪装一种等待的姿态——我们装着在等待戈多，但戈多并不存在，或戈多早已死去。

● 每次进入图书馆，我都有一种很慌的感觉。你想想，当所有书像午后的阳光般猝不及防地一下子涌现在你面前，让人莫名其妙地紧张与慌张，乃至压抑得喘不过气来。我想，世界上如果仅仅只有一部书该多好。每天我们温暖地反复阅读它，无数人无数次从无数角度来阐释它，庶几如是，我们才感觉到真正拥有着它。

● 下午逛了逛书店，每本书都被包装成经典的样子耀眼地摆放着，让人无从择取，即便仅仅阅读喜爱的作品，亦能耗尽人之一生。

记得在博尔赫斯《一个厌倦的人的乌托邦》里，一位象征未来的看门人说："印刷这一行业已经取缔，它是最糟糕的弊端之一，容易把没有流传必要的书籍数量增加到使人眼光缭乱的程度。"

● 近些年来，我越来越不喜欢读当代的小说了：翻开书本扑面而来的，是各色强烈的气味：焦虑、阴郁、骚动、标榜或各种不成熟的深沉与无情感的技巧，就像在城中心打开窗户，各种味道的空气纷至沓来。相反，我渐渐喜欢读20世纪前的那些小说，经过长年的沉淀，一切都毫无例外地酿成了酒，供我们安静品尝。

● 乔布斯的离世让世人唏嘘，更令人嗒然若失的，则是人生的有限性：一个人即便做到如此伟大的地步，却依旧要死的。可见，死亡是每个人，无论辉煌与卑微，都无可逃避地要独自面对的。既然是向死而生，则此生如何筹划，庶几使之不失其意义，愈发彰显其重要。因此，佛教徒乔布斯说："死亡是生命的最大发明。"

● "存在感总是与痛感联系在一起"。譬如一颗智齿，兀然疼了起来，你便会发现它的存在，倘若一直在疼，你都觉得整个世界都在围绕着它而存在了。所以痛可使一些长期被忽略之事物"呈现"与"彰显"出来，甚或进入意义的中心。但这仅仅是暂时的假象，因为一旦它不疼了，便复归于不存在了。

● 这大约是古人常见的场景了：几个真假文人，"割了几斤肉，又买了鸡，一尾鱼和一些蔬菜"，"又去买了些笋干、盐蛋、熟栗子、瓜子之类"，让小厮做好，再用食盒盛着，挑到某个湖上或某个亭里。摊开，或饮酒划拳，或分韵赋诗，待日暮风起，再各自随着小厮摇摇晃晃地返家。这大约也是黄金时代之一种吧。

• 韩非子讲"君人南面之术",所谓"君无见其所欲","去好去恶,臣乃见素","君见恶,则群臣匿端;君见好,则群臣诬能"云云,此乃防守之君道,不足为奇。最凶险的是"倒言反事以尝所疑",即故意正话反说或正事反做,以试探臣下。此招就让臣僚拙于招架,最后死得很难看。

• 上午带爸妈到苏州拙政园去看看。虽然隔了十年再次参观,依然觉得别有意趣。园内移步换景,曲径通幽,自不必说。令人感叹的是,古代的富人在审美和文化上还是有追求有情趣的,"灌园鬻蔬,以供朝夕之膳……此亦拙者之为政也",很淡泊很内敛。不像今日的有钱人,拎个名包,牵个名狗,开着名车还要撞死人。

• 车里总喜欢放一两本历代史料笔记,傍晚等孩子放学时便断断续续地看。这种"翻到哪页读哪页"的阅读,既无学术之价值,亦无知识之增量,更无益于所谓课题的完成,但相对时人之惯于围观、起哄、喝彩、磨牙、打酱油、琢磨等闹性而言,还是能让人最大限度沉静下来,物我两忘,亦不啻为每日修身养气之道。

• 上海最近在打击乞讨行为,人言人殊,这个倒也自然。不过,我觉得乞丐们仅仅伪装成可怜而乞讨施舍,毕竟还简单了些。记得布莱希特《三毛钱小说》里有个皮丘姆先生就颇高明,他特地针对人类苦难而为乞丐设计几种类型,有工业发展受害者、战争受害者等,这样的形象一亮相,就有些让人刮目相看了。

• 记得有位哲人说过，"积极的人生不过是从经验到技巧，从技巧到艺术，从艺术到原则，从原则到哲学的过程"。我觉得中国人之为人与做事，大体惯于从经验达致技巧，进而从技巧达致艺术，但往往便停留于此而乐此不彼了，很难进入原则性和超越性的层面，所以各行各业形形色色的"玩主"自然层出不穷。

• 这次回家，听说母校新干中学在学生里分别设立了普通班、次尖班、尖子班和超尖班，不一而足。每类班级配置教师的强弱及相关资源亦有所区别。想想实在匪夷所思。本来好好的同学，居然被制度性地区分成了如此悬殊的等级，三六九等，优劣立判，这种畸形的教育理念对于学生心理的无形伤害，实在无以复加矣。

• 近日，《甘肃晨报》三名记者涉嫌犯罪被批捕。据报道，不少网友发短信给武威市的书记、市长，希望他们正面回应之。这就有些怪道了。按说记者被批捕了，就该找相关机关的头儿要说法去。现在网友们自己竟也不信法律信书记，你说人家书记是管还是不管呢？不管，未免犯了漠视舆情之罪；管，是不是算干预司法独立办案呢？难啊。

• 有些历史作品是需要静下心来细读的，尤其是中世纪部分，尤其是那些其时叱咤风云而今日隐而不彰的宗教家们的作品。还是那句话，写史本质上是场宏大叙事，它注定要烛照出一些面孔来，而相应地湮没另一些面孔，而前者们的贡献可能仅仅是湮没者们言说之形式、方法和观念的整理与集成，抑或临门漂亮的一脚而已。

• 晚饭时，自酌自饮了几杯。酒兴阑珊之余，便靠在沙发上看一会儿书，后，竟不知不觉睡了过去。醒，窗外已暮色四合，夜风习习，孩子兀自在旁近安静地做作业，心绪便有些恍惚而迷离起来，颇有今夕何夕之慨矣。记得陶渊明在《归去来兮辞》中云"引壶觞以自酌，眄庭柯以怡颜"，这大约算是人生之真趣味吧。

● 现在的学问，颇有点"今之学者为人"的意思。关注别人关注的或想要知道的，于是便有了前沿热点的概念。学人们踮起脚的前掌，紧赶慢赶，似乎总要体力不支，被远远甩到后面去，只好就地焦虑叹气。而遥想古之学者们，倒能大略地"为己"，抱着四书五经中的一部一篇，摇头晃脑琢磨一辈子，着实淡泊许多。

● 很喜欢读古代各种小说。一来特别欣赏和享受里面那种特有的接地气的文风、言语和修辞，市井、简洁、活泼，人物活灵活现，简直呼之欲出。二来里面所谓的"思想糟粕"，却是小时候一直觉得很熟悉和亲切的，市井人情，衣食住行，僧道神佛，因果报应，竟是身边常见常闻的。因之不在信仰，端在亲切而已矣。

● 蔡英文说"我尊重这个历史事实"，里面意思挺丰富。首先，这仅仅表明作为一个事件或共同认知在历史上曾存在过，其表示尊重，即不否认它的存在，就像尊重秦始皇曾在中国历史上存在过一样；其次，把一种共同的认知（而不是共识）理解为一种历史事实，即意味着它仅仅是事实，不具有规范的性质，不能产生约束力。可洞其奸也。

● 记得二十多年前，书籍相对贫乏，书架上也就那么几本书，无论内容如何，都能深入人心。倘能出版或者翻译一部书，在读书人眼里，那就是代圣贤立言而极为神圣的事儿了。偶尔见到，便如《水浒传》里的好汉遇到宋公明一般："子莫非就是写过（译过）某某书的某先生（女士）乎？"一时肃然起敬。

• 前些天，读到两个博士发表的春节返乡文字。作为万世一系的资深乡下人，俺觉得特别好笑。这么些年过去了，家乡在变，我们也在变，就像揆违了多年的初恋情人，你已不是你，我已亦非我，即便再来个敖包相会，你已不见你的我，我亦不见我的你，却还总想温一温缱绻故事，岂非落得个黯然销魂空悲切?!

• 我们所缺乏的不是宗教本身，而是因宗教才可能酝酿的一种"爱"的冲动。这种持恒博大的"爱"，是当代人最需要的一种品质。高尚的灵魂不是法治的产物，而是法治之前提。没有爱的灵魂，是很难建设和谐的社会秩序的。因为在一个缺乏"爱"与"敬畏之心"的社会秩序里，再精美的法律也只能沦落为一种工具。

• 过年了，自然要对家里进行一次大的扫除。这类似于"整理国故"的过程，即依照新的一年乃至今后人生之立场和态度，对宅子里的物什进行一一整理，重新审视，颇类似于胡适先生所云，"凡事要重新分别一个好与不好"，该摒弃的摒弃，该归置的归置，再整理之，清理之，俾使整个屋子呈现出一种新的格局与气象来。

• 年过完了。洗尽铅华，褪尽了喧嚣，一切重又回到本来。善良的便继续善良，正义的便继续正义，奸猾的便继续奸猾，邪恶的便继续邪恶，绝不会因一个节日而有多大改变。但，年毕竟是一个界碑，让人能在此稍微驻足，煞有介事地对人生与未来重新地省与思一番，也是不错的。即便这最后依旧不免沦为一场仪式。

● 王八蛋，这个词儿糙了一点，意思都明白，就是这么回事，颇能传递出骂人的效果来。但读过许多明清小说后，发现不同的书里有不同的写法，有些书骂的是"忘八代"，意即忘记了列祖列宗，属逆子佞孙，也是一种骂法。又有写作"忘八端"，据说是忘了"孝悌忠信礼义廉耻"，似乎也骂得过去，庶几还典雅了不少。

● 见怪不怪，也是一种高超的境界。浅些说，这是一种知性的境界，也即无论各式的奇与怪，只消真理在握，抑或阅历深厚，总能理性地理解之、解释之，庶几其怪自败也。深些说，这也是一种心态和人生哲学。也即，无论如何奇崛的怪，即便不能理解与解释，也总能视之为一种客观存在，进而承认与尊重之，此不亦说乎？

● 所谓知心之交，大抵有两类：一类是友之一举一动，一笑一颦，不消沟通而莫不默然神会，甚或从未交通，却亦心有灵犀，若古之伯牙子期，管仲鲍叔牙，庶几近之。另一类是知心，乃是平素无话不谈，胸中私隐皆全盘倾诉，恍如答案事先透露于人，如此这般，自然逐渐知心起来了。今人所云之"知心之交"，后者居多。

● 上午到上海书展现场看了看，因为是第一天，所以人不是很多。当然也可以说，虽然是第一天，人却不是很多。现场访谈嘉宾是梁晓声，声音与其名字相反，很飚，很愤青。不得不承认，评价一个作家须置诸其声名鹊起的时代，才能得出较为妥洽的结论。由于网上购书平台的勃兴，书展的意义已经越来越小了。我想。

● 有些人的特立，其实是避开了大道，走火入魔地转进一条长长的死胡同，因为前面看不见人，后面亦不见人跟进来，竟也由是有了一种高尚的孤独的意识，以为自己达到了陈子昂先生的境界，"前不见古人，后不见来者"，自不免"念天地之悠悠，独怆然而涕下"。擦干眼泪后，便愈加豪迈地往胡同的深处迈去了。

● 早上读一位政治宪法派大师的文章，读到"这些年我一直有一种很深的忧虑……"不知何故，竟禁不住笑了出来。因为我都能想见大师扶着书桌眉头紧蹙远眺窗外的那种"很深的忧虑"的样子了。试想在凡夫俗子们都在买菜烧菜吃烤鱼啃猪脚之余，竟有人在那里替我们"很深的忧虑"，说明我们民族还是有希望的。

● 《孔子家语》里有句话："如入鲍鱼之肆，久而不闻其臭，亦与之化矣。"现在有些学者，著文亦颇有些"与之化矣"的意思。常将"鲍鱼之臭"解说为一种中国特色，甚或理解为一种与"芝兰之香"拱然并立的别样的"香"，从而将"久而不闻其臭"误读为"久而不闻其香"。此独特之视角，的确常让人眼前一亮。

● 曲曲折折读书二十余载，倘能对更年轻一些的人说出的最大心得，便是绝不能忽视原典之研读。读书不在于多，不在于新，不在于奇，而在于实。那些专业内不可绕过的经典须一本一本地研读。没有读过，绝没有参与评价与讨论之资格。仅靠读一些经典的二手研究作品，虽一腔饱满，实是举首望云，得到个意乱神迷而已。

● 按友人推荐，购了一套岳南的《南渡北归》，据说不错。近年来围绕着这段历史、这批人物及这些情感已出版了大量的作品，严肃的有之，但大多是猎奇式的稗史野记，读多了，便麻木乃至生厌了。其实每个时代都有一批值得敬仰的学人，我们应当将之发掘出来，并将更多的敬仰与支持投向这些"活着的脊梁"。

· 近两日读到了许多关于"东莞挺住"之类的言论，突然萌生了一个疑惑，即不知在这些大义凛然的言说者中，女性占了多大的比例——我想应该很少吧。进而，捍卫部分特定之女性将自己沦为商品般的所谓卖的自由，可能侵损了其他更多的女性通过长期的奋斗而获致的与男性同等的宝贵的尊严感，不知贤达们想过否？

· 一个人的保守与局限很大程度上是自身加诸其上的——我说的是很大程度上。在做新的尝试之前，总特顾虑他人之看法。惜乎所谓他人的看法，本质上乃是自身所臆断的看法，而吾人之经历、心力、智识及诸种前理解情境，已宿命地限定了理解的境界与视域，导致所谓的换位思考，依旧是一种自我之省思与规训而已。

· 书总是分两类，一类是读得懂的，一类是读不懂的。读不懂的时候，总让人觉得深不可测，肃然起敬焉，似乎一旦读懂，境界便扶摇地上了一层。但最后还是懂了，却发现亦不过尔尔：这么简单的思想，何必用这么复杂的话来说呢？所以以年岁渐渐地大了，读书似乎怡情的成分多了些，益智的成分却陡然地降了许多。

· 经常见到，路旁围着一匝人群，引颈踮脚地看流浪人的表演，偶尔轰然地喝着彩。一旦汉子停却下来，端着盆儿向人"捧个钱场"时，路人们便哄地散了。毕竟，旁观着的仅是些无聊的看客，并发着无聊的喝彩而已。一旦错以为从此便是你的拥趸，而登高一呼便应者云集，就有些幼稚了。结果照例不免是哄地散了。

• 前段时间在外地某法院参观，法庭里面的各种设备应有俱有，据说都是国内一流水准。法庭走廊上也挂满了古今中外的法律名言，图之日月山水，法院文化灿然可观也。主人介绍时亦颇为自得。但我私下里却想，倘若法官没有一颗正义而仁慈的心，纵然物质上如何之绚丽与摩登，又与司法公正与权威何有哉？

• 心灵鸡汤有两种，一种是土鸡熬出来的，一种是鸡精调出来的。

• 人总是有些看客心态的，热衷看新闻听消息，并用"家事国事天下事，事事关心"以自勉之，感觉自己是个与时俱进的现代人。随新闻之跌宕，各色情感与之，乃至数日数十日追踪之，废寝忘食，颇觉生活充实而富有意义。但其实对于大多数事件，我们本质上依旧是个抄着双手的无聊的看客。总之，还是赶路要紧。

• 每到冬季，就特别喜欢卧床看书。据说身体之静，便于思维之动；又据说身体平卧，大脑供血充足，便于思维。总之，有极大的妙处。累了，闭目休憩一会儿，或就此睡了过去，醒来再读。记得母亲在身旁，便要说整日价这样地躺着，总要做点事才行啊——但有的职业，看书就是工作的部分，这却是老人家难以理解的。

• 感觉，仅仅是感觉，当下有些律师对待自己的当事人，就像医生面对绝症患者一样，总以"维护被告合法权益"为名，不断设计一个又一个精致的辩护方案，将诉讼引向深入，由此不断从委托人那里掏钱，只要钱包未空，业务就未完成，案子就"还有希望"，最后败诉，便双手一摊，义愤填膺地说：司法腐败真可恨！

● 一个事件被如何命名，往往界定着事件之意义，亦相应地暗示着事件解决的方法与途径，并最后预设了该事件变迁的方向与结果。

● 在苏州一家书店购得祝万安的《岁月如流：我这八十年》。这是一部私人记忆作品，里面呈现了若干司法史的面相，颇有史料价值。记得胡适先生曾多次强调私人写传之必要，吾人深以为然。其实就我自己而言，亦一直有一种冲动，就是能沉静下来，做点家族与个人史的叙事，不过倘要真正实现，恐怕要俟晚年了。

● 钱钟书曾说：回忆录不可信。此言诚是。即便是一个真诚的回忆者，在不同的年龄段，来撰写回忆录，其对人事的情绪与见解，亦会有些微的区别吧。毕竟事过境迁，心情不同，兼之见识变化与视角变迁，乃至语言表达能力亦不同，对于"历史"和"意义"的理解与表达，自然迥异。更不消说那些有意无意的规避了。

● 立春。又是各种抒情。但在工商社会，对于整日价生活在钢筋水泥里的人来说，立春的意义仅是文化上的，象征性的，表明要好好谋划今年的事儿了。记得当年在农村过活时，一旦立春，便有许多具体的农活儿要动手了。眼前的池塘田野柳树等，也随着立春，渐渐呈现出春的气象来，自有一番天人相合之意味与焉。

• 古典的作品读多了，发现古人的审美哲学往往是以出世的眼光来理解与表达入世的。他们善于通过各种修辞将日常生活之细节渲染出一种出世的气氛。此岸被修饰成彼岸，自然也失去了或没有必要去追求一种超越的宗教精神了。譬如我们形容人之离去为飘然而去，但我总想象不出一个穿牛仔裤的汉子飘然远逝的样子。

• 任何形式进入常规化的生活，无论富足与困窘，亦是一种人生的异化。它使一种充满无限可能性的有活力的人的存在，异化成类似于物理性的存在，骎骎然成为一种"人生的枷锁"。诗人兰波说："生活在别处。"任何人，无论是在内心深处，还是在时间与空间上，总有一种类似的冲动，这是一种人的自由本能的冲动。

• 前几天在宜兴市，顺便随意关注了一下这个县级市的简介。发现这个城市在行政区划上实在是命运多舛。1949 年被划归常州管，1953 年被划归苏州管，1956 年又被划归镇江管，到了 1983 年又被划归无锡管。一个县级地方被如此频繁而随意地划来划去，分别被四个不同的地区管辖过，这在我国行政区划的历史上也是极为少见的。

• 秋风先生说，名教也是一种以名励人的名誉激励机制，通过对名士的推崇来激励其追求卓越。这种治理机制实在太脆弱了些。先不要说沽名钓誉之类的事儿。在一个分裂乃至断裂的社会，评价主体与评价标准多元而混乱，此名教之结果恐不免像娱乐界的评选，人人皆度身定做，乑列"年度某某名士"，何谈激励也哉！

• 中国的近现代史越来越"新"了：焦点在不断位移着，线索在不断重述着，新的意义在不断被挖掘着。就像尼采所说，在生物世界中发生的一切都是征服和战胜，所有的征服和战胜都意味着重新解释与重新正名，在这个过程中，以往的"意义"和"目的"就会不可避免地被掩盖，甚至被全部抹掉。新的历史由此诞生了。

● 早上起来就看到两则消息："河南男子持刀砍 22 名学生，受伤学生暂无生命危险""美国康州小学枪击案致 29 死，含 20 名儿童"，阅之令人唏嘘。可见，倘若世道人心坏了，禁枪与否与杜绝校园伤害之发生并无实质的因果，不能枪击，却还能刀砍。唯一之区别是用刀去砍，"受伤学生暂无生命危险"而已。呜呼。

● 近日读了几篇关于改革中国的雄文，总让我想起葛优在《不见不散》里的台词："如果我们把喜马拉雅山脉炸开一个甬多了就 50 公里宽的口子，世界屋脊还留着，把印度洋的暖风引到我们这里来，试想一下，那我们美丽的青藏高原从此摘掉落后的帽子不算，还得变出多少的鱼米之乡啊！"对，就这感觉。

● 春节，又是空城计。带孩子去吃午饭。吉祥馄饨过年去了，应该有千里香吧，千里香没了，应该有广西米粉吧，广西米粉没了，干脆去湖南湘菜馆吧，再不济，咱去吃徽菜馆。结果一无例外，意料之外，统统敬告高悬，关门大吉也。唯有肯德基、麦当劳及新疆拉面馆等，依旧在热烈地营着业。可见多元文化对于人之生存的重要性。

● 每个人都可能怀持着诸多不同的价值，甚至有时即便分享着某些共同的价值，但由于在价值序列上各有先后与侧重，进而在实现与表达上述价值的手段与策略上各有千秋，导致我们在理解与评价他者的选择与行动上，可能常陷于某种一厢情愿或自以为是的羡慕、妒忌与同情之中。即便反思自身，亦常生发如是之情感。

- 偶尔，当你心血来潮想发表一番议论时，倘若强迫让自己一个小时之后再说，届时不免发现有些话可说，而有些话则不必说，即便是可说的，亦应如此说而不应那般说；倘若再捱过上午，你会发现那些可说的其实亦无必要说；而倘若再捱过了一日，你或许会为昨日意欲言说的冲动而惭愧不置了。人生之玄幻，不免如此。

- 宽容固然可欲，但宽容并非沉默，更非叫好。宽容乃是我可以不同意你甚或批评你，并且认真地警告你或者给你论证：朋友，你也许错了。但决不用拳头阻止你，甚至在肉体上消灭你。人类珍爱宽容的价值，这是极可喜的，但我们依旧要欢迎批评，倘若人类忽视了必须给批评者同样多的宽容，则宽容就是一种绥靖。

- 中国人是很讲究原心定罪的。故常有刀子嘴豆腐心之说，意即其出口虽伤人，但心是好的，庶几稍可宽宥之。殊不知，倘出语尖刻而令闻者恸绝，恐不消说豆腐心，即便是菩萨心，亦让人敬/避而远之了。再者，仅逞一己口舌之快，而罔顾闻者之惨恻，此私心又岂是豆腐心哉？故恶言恶行，无以言其本心。此一诫。

- 老虎的规则与人的规则相较：一是，老虎的规则很清晰，违反即是违反，无须解释；人的规则常有模糊地带，具有辩诿空间；二是，老虎的规则一旦违反，惩罚就必然到来；人的规则，如盗窃凶杀等，常有侥幸之空间；三是，老虎的审判不看情节、原因、家庭等，一律平等执行——死；人的审判常有较大裁量转圜空间。

- 今天开学，所见之人皆意气昂扬。经历了一个寒假的私人生活，或"沉思生活"，无论精致或粗糙，审美或俗庸，按一些哲学家的说法，本质上是没有意义的——更精确些，是没有历史意义的。所以亚里士多德说，人是社会的动物。开学了，即进入了阿伦特所言的积极生活，"行动"开始了，于是不免兴奋，乃至雀跃。

- 近年来，特定国家工作人员上任前，都有一个庄重的宣誓仪式，誓词皆高大上，让人闻之热血沸腾。但正如舆论质疑的，这种宣誓究竟有何政法后果？若无，岂不成了一场秀？窃以为，只要做过公开宣誓的人员，违法犯罪时，应按照"情节严重"或"情节特别严重"的条文升格处罚之，唯此，方能彰显宣誓的严肃性。

- 看到报道，"到2020年，全国出生人口性别比将下降到112以下"。有些不太明白。除了教育人民不要因性别而溺婴或堕胎外，还有啥子手段可以预测乃至控制人口之性别比？除非向俺老家乡政府学习：一家倘生了一个男孩，先不准报户口，须等全乡范围内一名"织女"顺利诞生，才能一同上户口。如此这般，报表上全乡性别比庶几精准平衡矣。

- 和人聊起白发，发现自己近期鬓角竟也不知不觉爬出十数茎白发来，颇感慨系之。原因倒不在白发，端在家人皆云吾发质随母，六十多了依旧无甚白发，闻之颇引以为然为荣也，讵料竟不切实。东坡诗云："人见白发忧，我见白发喜。多少少年头，不见白发死。"想想也是，毕竟活到了白发之生，人生亦算得圆满了。

• 西瓜摊前，人人捧着个西瓜在煞有介事并若有所思地敲着听着，神情讳莫如深矣。我便问旁边一个女孩：你能判断出不同声音代表不同的品质吗？女孩放下瓜不好意思地笑笑，说："其实我也不清楚，但看大家都在敲，我也跟着敲着听听，否则不就显得太随便了。"——其实，我们在人生的诸多选择上，又何尝不是如此？

• 按照天人感应说，天灾乃人祸之征候。因此，古代帝王遇到自然灾害，总要自我检讨一番，深自反省，乃至下个罪己诏，有则改之无则加勉，庶几安慰人心。现在是唯物主义了，所谓的天灾，自然都是"地质、地形、天气等综合因素形成的结果"，官人们连反思、节食的机会都取消了。

• 一个人的思想倘若变得浅薄和平庸了，表现出来的外观，却往往貌似更深刻或更深邃了，似乎把一切都看惯了，看穿了，看透了。——其实，这只是一层遮掩的伪饰。言下的意思，就是不想去看，不敢去看，懒得去看，或者已经丧失了看的能力。

• 事儿是越来越看不懂了。就说武术吧，古人练武都讲保家卫国除暴安良，取的是能打。一班兵卒哼哼哈哈地练，不就为了能打？今天情形变了，武术端在健身和修身——动辄讲打，多么 imbrutement（野蛮）！所以少林沙弥们，一上场来总先连翻几个筋斗，赢得下面一片喝彩。可我总想象不出他们在战场上连翻筋斗的样子来。

• 每到一个地方，或换个地方，用餐之际，总想给自己一个突破的机会，便硬着头皮吃西餐，吃粤菜，吃东北菜，吃上海菜，最后终不免一一地后悔：其实该去吃湘菜。但即便是进入湘菜馆，反反复复尝试后，最后终离不开剁椒鱼头、野山椒牛肉丝、农家小炒肉、腊肉香干那几道——其实，人生也总在这样的循环里挣扎着。

• 学界某某兄之类的相互称呼，渐渐流行起来了，颇有些古风古道，概不能免其俗矣。学界似乎成了家的放大，学人从此兄弟情深了。尤可喜的是，不仅幼称长为兄，反之亦可成立，于是兄行天下，其乐融融。即便偶尔反目，发生了内讧，铺卷蘸笔之际，亦以温情脉脉的某某兄起笔，颇有咱兄弟阋于墙之意与焉。

• 去办今年的游泳证，先要办健康证，于是到游泳馆医务室，一位中年妇女一面划拉手机，一面把一张健康证发给我：五块钱。我把钱交罢，印章一戳"体检合格"，健康证到手——这就是中国很多证件办理的真实程序。记得去年办证，至少还有一段惊惊地问答：你有没有皮肤病啥的？答曰：没有。现在干脆裸奔了。

• 以前听山区老农谈山中药材：丹参、前胡、牛膝、射干、虎杖、商陆、葛根、土伏苓、玄参等，娓娓道来。无他，但每日经手尔。今日之学者，每日书斋捧读：苏格拉底、柏拉图、亚里士多德、阿奎那、马基雅维利、康德、哈贝马斯、罗尔斯等，亦娓娓道来，无他，但每日经手耳。原理如是，何来清矜也哉?!

• 今人谈爱，总求其纯粹。因财富、因权势、因颜值、因他爸是李刚、因内环三套房……乃爱之，总觉得太过功利，据说玷污了爱情，"圣人不与"也。但试想，爱上个人，总得有个因缘吧。因才华因正直因事业等，格调高矣，亦归于功利一路，"君子不为"也。干脆啥都不图，一见而钟情之，纯粹倒是纯粹，然失之于无端也。

· 官府善待言论之自由，着实紧要。不过有时候想想，倘若完全开放之，亦可能发生其他可爱之情形：有人干凭喉咙来言论，有人捧着喇叭来言论，有人雇一帮人攒劲来呐喊，倘是马云或强哥，便干脆盘下几家电台报纸电视台来轰炸。众声喧哗，唯我独尊也。就像迈克·奎恩《金喇叭》里描述的情形：人家有金喇叭呢。

· 入乡问俗。在法治社会，自然是入乡问法了。有意思的是，据网易财经报道，中国海外工程有限责任公司中标波兰 A2 公路项目巨亏，原因端在公司竟不知公路下面建设青蛙等小动物通道乃欧洲标配，导致造价升高，调价未果。可见，"中国走出去"，入乡问法何其重要。毕竟，在人家地盘上，得按人家的游戏规则玩儿。

· 古人的时间概念是极粗糙的，进而时间之单位亦极模糊。如一顿饭的功夫、一炷香的功夫、一袋烟的功夫、一盏茶的功夫等，鲜有精确表达，甚或仅是一种心理现象。记得幼时捉迷藏，说好五分钟开始，往往从一匆匆数到五，就是了。此时间之概念在欧洲亦不例外，据说待到中世纪末期，现代时间观念才开始发展，分钟才开始变得有其意义。

· 偶尔收到学生短信，或因出国，或因他项，祈期末批卷笔下留情，或予优渥。情形颇能同情之理解。回复短信竟颇费思量：惠允之吧，则既违公平，又违师德，端非可为也；峻拒之吧，则失之决绝，伤之太甚；曰：看看再说吧，言下似批卷犹可看，有转圜之空间，亦不妥；或曰收到，似乎默认之，易致误会。只好不复。

● 或曰，敝国法治之不彰，端在缺乏契约之精神；而契约精神之不彰，端在缺乏妥协之精神，颇精当。国人之思维，向来决绝。要么东风压倒西风，要么西风压倒东风；或不是你死，就是我亡。绝不妥协，绝不苟且，绝不骑墙；或能差强人意者，则你走你的阳关道，我过我的独木桥，井水不犯河水矣。所谓契约与合作，竟为古来稀有之物。

● 人倘要活得快乐，无外乎得知足。知足了，便无贪欲，无焦虑，无紧张盗汗，无肝火上亢。按叔本华的说法，人生便是大欲，不满足，苦；满足，亦苦——似乎这是吾人毕生挣扎不出的宿命了。但我以为，人要自由和快乐，有两种活法：一是追求西方式的欲望之满足，一个欲念竟了，便立马有下一个。欲海无垠，人便要永无停歇，向外戮力地探求。二是东方式的欲望之向内缩减，再缩减，乃至于无。无欲，则刚。咱啥念想也没有，知足常乐，汝奈我何哉？窃以为，知足常乐背后，须有一颗感恩的心。即对现有与所得之物有所珍惜，而不视之为当然与必然、应得与必得。犹记得大学有个同学，家境颇贫，每日吃完饭，他便往饭盒里倒些开水，用调羹涮之，便是一份极好的汤了。倘当日吃的是菜，便是菜汤；倘是荤，便目之肉汤。我现在依旧能清晰地忆起他欢快地吹着喝汤的情形来。这便是一种怡然自得的知足之状态。

● 这或许不一定是伪善吧。常常看到在溪流里自由游动着的鱼群，或在池塘里嬉戏的鸭和鹅，在草地上安然地吃着草的牛和羊，以及在山林里欢快飞翔着的鸟群，还有其他形形色色美丽或温柔的动物，等等。便突然地想，倘将这些同人一样生机勃勃的生命杀死，再挥动菜刀，将其剁成大大小小各种肉块，在厨房里将之炒煎炖，烹饪成各色的美味，然后隆重地端上餐桌，供老饕们三分熟或五分熟地品鉴……便抖然有一种恶心的感觉，莫名地从内心深处冒了上来，扼塞住了人的咽喉。就像《天涯明月刀》里的傅红雪经常遭遇的，或萨特笔下的洛根丁在公园的凳子底下蓦然见到裸露的栗树的树根那般。所以便特别能理解，进而钦佩那些终生素食主义者的心态与选择，这定然是正心诚意后的结果吧。子曾经曰过"君子远庖厨"，这不过是掩耳盗铃式的自欺欺人罢，毕竟内心深处还是会想，会不安，会愧的。

• 近年来，小学生暑期出国游学日渐多起来了，美国焉德国焉法国焉列支敦士登焉。有朋友亦询余看法。辄答曰：记得小儿四五岁时，其母鲜格格带其游历北京：瞻天安门，爬长城，登天坛，逛故宫，云云。不可不谓呕其心，沥其血。回到上海，询其游历至深之印象，答曰：别的没啥，印象最深的，就是发现天坛上的那群蚂蚁比上海的大。诸人闻之，一时语塞兼心塞。又，记得俺小时候看战争片，"好人"们的革命情怀与英雄气概倒没大注意，唯一瞩目的，是"坏人"家里的茶几上重重叠叠摆放着的各色水果，端的让人垂涎三到四尺。便一面看，一面心焦兼怨怼：他们怎么不拿来吃啊！由此偶尔会窃想，倘若读一些孩童的游学记，大抵亦会有"凡尔赛宫墙角的蚂蚁，要比上海公园里的大许多"，或"阿根廷 Catamarca 的葡萄比咱中国的甜得多"之类的文字罢。当然，或许还有其他的一些，譬如"哈佛校园里的梧桐树，居然有六个权"，这也说不定。但，家有余资，送孩子出去转转，终究是好的。

● 常听到一些人辩饰自己的错舛，甚或罪愆，曰："俺只是一个农民，没文化，莫识字。不像你们读书人，有知有识。因之犯了点错，又何必跟我计较?"言下之意，颇以为其既无知识，又无见识，纵便有错，亦在可理解可宽宥的范畴。想想也是。但后来的情形渐渐地变了，经常颇能听到知识分子们也这样的辩饰："我乃一介书生尔，平素只管埋头读书，做学问，写东西，其他的既不懂亦不关心。因之说了不该说的话，写了不该写的文章，提了不该提的观点，参加了不该参加的座谈会与论证，甚或斯文坠地，乃至扫地，亦在可理解可宽宥的范畴，你又何必跟我一般见识?!"这种调儿，在各种回忆录里，颇能似曾相识地读到。想想也是，"毕竟是书生"嘛，上面布置啥就做啥，犯了点错，亦纯属幼稚病之列，你又何必跟他计较? 想想也是，"没有宽恕，就没有未来"嘛。但同情、理解与宽宥后，他便又可放下包袱，轻装上阵了。继续意气昂扬地著文、演讲、座谈、论证、当权威、做他的理论创新与重大攻关。

● 有两个中年妇女在小区遛狗。一只黑色的泰迪，一只褐色的泰迪。黑泰迪似较凶悍，总冲着褐泰迪瞪兼哮，汹汹然，哓哓然。褐泰迪抖抖瑟瑟，退缩到女主人脚下，一动不动。不久，黑泰迪被主人牵走了，便见褐泰迪的主人蹲下身子，指着其鼻子，用上海话庄肃地训道："侬哪能这么戆? 都是泰迪，侬怕伊做啥? 下趟见到伊，侬勿要客气，也跟伊凶!"褐泰迪丧气且安静地听着，两眼木木地盯着前方，若有所思。

● 每日都会看到类似的电视广告：一个女孩子，矜持焉，亭亭焉。往往仅仅因为一个"别有用心"的男孩送上一杯某某牌的咖啡，或某某牌的巧克力，或一顿肯德基或麦当劳，甚至一盒某某牌的奶糖或饼干——大不了是一颗某某牌的钻戒吧，便极度惊喜，无任幸福，便眉飞色舞，心花怒放，便转嗔为娇，芳心暗许。按照广告的情节，似乎就这般被男孩俘虏而顺利落入其彀中矣。唯美固然唯美，浪漫自然浪漫，但这种物质主义的、功利主义的和傻白甜的女性形象定位，无疑有某种性别歧视之嫌疑。换言之，为啥不换男生试试？

● 曾经见过一个古代的当铺，设计不可不谓别出心裁。尤其是其高度，一人一臂高，制造出了一种居高临下、以势凌人的格局，让那些当物的人站在下面，心里兀自先虚了，而便于当铺的朝奉们杀价。再则，在旧的时代，当物总非体面的事儿，在熟人社会尤甚。这个设计之高度，朝奉们和当物的人相互觑不着，留着各自的情面，着实煞费苦心矣。可见，古人之建筑与制度，不唯实用与理性，而以人为本的人文主义精神亦无处不在。

● 看到一则报道，肯尼亚最近拟推行最严禁塑令。从 8 月 28 日起，任何被发现销售、进口、制造塑料袋的人都可能面临最高 3.8 万美元的罚款或 4 年监禁。看到评论，国内的舆论大抵是较好的。倘换在敝国，大概，不对，肯定又有法律专家站出来磨墨撰文，批判其违反比例原则与法治精神吧。又譬如，对于电信诈骗、拐卖妇女儿童、组织传销等犯罪，一旦坐实，建议一律予以重刑乃至死刑等，放在他国，皆是人家的霹雳手段。倘放在敝国，却必是专家们口诛笔伐的"治标不治本"的违反法治之策矣。但有时想想，倘能先治得了标，在不违背治本之前提下，总是件好事儿。就像罹了高烧，虽然根子尚未定谳，但在"本"没找到前，先把体温成功降下去，总不是件坏事儿。

● 想想也有趣。因为时区的缘故，埃德蒙顿比国内要晚将近一天的辰光。从昨天开始，便陆陆续续收到一些祝贺中秋的信息了，让人欣喜之余而颇觉恍惚。哲学上说，时间是空间之表现形式。因之，空间上的阻隔，竟将人在时间上切割开来了，人与人之间便似乎在隔断的时间内各自抒情，可谓"一节两表"，颇令人喟叹。但我究竟还是更喜欢古诗里"天涯共此时"的场景一些，在那儿，没有时空之分，没有时区之分。只有当下，只有在场，只有共时性，"举头望明月，天涯共此时"，足矣。

● 周末看《天空之眼》，情节和《战略特勤组》类似，都企图回答关于伦理两难的问题：军方好不容易发现了多名恐怖分子头目之行踪，且正在组织人肉炸弹，正拟用导弹精确清除时，发现爆炸范围内有个女孩在卖饼。要不要炸？炸，构成了直接杀人（在有司的考量里，似乎只有小孩的性命值得重视，爆炸点范围内的引车卖浆闲杂人等，似乎无足轻重）；不炸，则人肉炸弹可能导致近百人伤亡，但这是恐怖分子在杀人。另，恐怖分子引爆杀人，仅仅是一种可能。而导弹清除危及孩子之性命，却是现实的必然。种种考量似乎暗示了正确的答案。但，真的这么简单吗？

● 也许是片面的印象吧，就是在海外，所谓中华风味或风情，大抵是广东、香港或台湾地区的风味与风情：菜是广东菜，话是广东话，传统的信仰和仪式，也大略是广东或华南一带的。甚至是人，也大抵是港粤一带的。记得前些天，应邀参加埃德蒙顿华人社区的国庆聚会。席间，属其目的，皆粤人粤裔；入其耳的，皆粤语也，颇感叹。追究个中原因，自然是历史的。但随着这些年包括华东东北西北等地的人出国多了，器宇轩昂，纵横天下，以至老外们一时惊呼：中国人咋越来越高越来越帅了？——无他，那是兄弟们出来得晚了。

• 吃奶的劲儿。经常听到读到这个词儿，都似乎知道是啥意思。查词典："犹言吃奶气力。"似同义反复，没说出啥新的内容。人常言："咱把吃奶的力气都用上了。"仔细琢磨之，言下之意，似一人之力气或气力，乃是随着年龄与身体的增长，而不断累积起来的。便像那山上的岩石，乃是不同年代一层一层地累积起来，颇有具象之感。而人最原始、最基础、最底层的力气或劲儿，就是出生时吃奶的那层劲儿。倘若一个人发力或使劲，连最基础、最底层的吃奶劲儿都使出来了，说明已是极为尽心与竭力了。有趣。

•《儒林外史》第二章，薛家集的申祥甫老汉在观音庵里，怯怯地邀其亲家夏总甲道："新年初三，我备了个豆腐饭邀请亲家，想是有事不得来了？"记得当年读到此处，颇感讶异。按所熟知，豆腐饭者，乃江浙沪民间之丧葬习俗。葬礼结束后，丧家往往要举办酒席，曰"豆腐饭"。可见此处说法应另有渊源。查，我国北方某些地方有此年俗，即在年夜饭时一定要有一盘豆腐，取其谐音"都福"，亦称豆腐饭。小说情节之背景为山东兖州府汶上县，颇能切合。记得在我小的时候——至少在江西吉安一带的农村吧，每逢红白喜事，则大摆流水之席，吹吹打打之间，菜一道道上来，一旦红烧豆腐端上来，众皆明白：菜上完了，该吃饭了。此处之豆腐，大约亦为都福之寓意吧。没有问过。

• 在读研究生期间，同宿舍有个山东的同学，每晚睡前，总要仔细检查一下窗户是否严丝合缝地关上了。"要注意贼风，最容易伤身了呢"。当时听到，觉得极为精妙。按其时的理解，以为贼风仅仅是指从孔隙透入的、不易察觉的风而已。尤其是一个"贼"字，将悄悄潜入之情形描画得着实形象。后来发现此理解不全面，《黄帝内经》里云："夫子言贼风邪气之伤人也，令人病焉。"《素问·上古天真论》中云："虚邪贼风，避之有时。"唐代医学家王冰乃注曰："窍害中和，谓之贼风。"张介宾《类经·疾病类三十三》注："贼者，伤害之名。凡四时不正之气，皆谓之贼风邪气。"可见，此词关涉神秘层面，颇类孟子言下之"夜气"，非其时之理解那般简单。

• 2017年10月31日的《老年日报》，头版头条便是《老年生活如何过？70后向往自由，60后注重健康》。作者以如椽巨笔，将70后统统划在老年之列，令70后们黯然神伤，大有尚未绽放，便已凋零之慨。其实琢磨一下，所谓70后或60后也者，大率属于中年阶段。按照毛主席的说法，至少也算是中午或午后的太阳吧。遗憾的是，神州大地，泱泱中华，据说有儿童画报，少年报，青年报，也有老年报。悲催或天杀的是，偏偏没有一份中年报。于是乎，放在青年报里嘛，总觉不像，亦属非宜，毕竟据说这拨人都已胡子拉碴地开始油腻起来了，着实不雅。只好往高里套一级，配享老年报了。退一步说，不，还是退两步吧，四十多岁了，按照古人的逻辑，也算是祖父祖母级了，有些人的孙辈亦已开始摇摇晃晃满院子跑起来了。说你老，也不冤。当然，最好的办法，还是大家齐心协力办出一份中年报甚或壮年报来。

• 这几天，埃德蒙顿大雪纷飞，冰天雪地。就像曲里唱的，"梨花落，砌成银世界柳絮飞，妆就玉乾坤"。这个架势，不消说我这个南方客了，即便同来访学的京津朋友亦觉少见。有空，便独自在附近山林的蜿蜒小径上暴走，一路静寂无人，唯有雪花纷纷扬扬簌簌地落下来，偶尔在峰回路转处，能看到一两株挂满红色果子的树，娇艳无比地矗立在雪地里，实在美妙与神圣。此时想到的，倒不是《红楼梦》里赏雪吟诗的情形——那显得忒俗气与小气了。而是《水浒传》里，豹子头林冲"把花枪挑了酒葫芦，将火炭盖了，取毡笠子戴上，拿了钥匙出来"去酒肆沽酒的情形，着实在豪迈之中，透出许多血色的浪漫来。"看那雪，到晚越下得紧了"，有点彻天彻地之慨。朋友们便杂然提议：咱们去买点酒菜喝几杯？众皆称妙。此情与此景，我竟莫名地忆起鲁迅在《藤野先生》里提及的，盘着"富士山头"的留学生们"关起门来炖牛肉"的情形来。

• 头发长了，懒得去理。朋友偶尔见到，便热心建议道：你得去理发了。言下似乎已臻于不修边幅的地步了。记得前段时间，也是因为懒于打理的缘故，便心血来潮，决定出国期间，留点胡子出来，聊做国外生活的纪念罢。渐渐地，嘴唇上的胡子便有模有样起来，挣得了一脸沧桑。朋友们见到，便杂然地赞道：有个性！琢磨一下，留了胡子，自兹竟有了个性，有趣。后来，胡子们兀自也有了个性，开始旁逸斜出地长起来，有碍观瞻。便又一发狠，把它们彻底地消灭了。个性重回到了共性，竟像重归了组织怀抱，心底觉得踏实了许多。考诸历史，所谓不修边幅及"有个性"也者，常常是有道德乃至政治的风险的。记得苏洵曾在《辨奸论》里，以非常

low 并上纲上线的姿态，指诟王安石不修边幅："面垢不忘洗，衣垢不忘浣。此人之至情也。今也不然，衣臣虏之衣。食犬彘之食，囚首丧面，而谈诗书，此岂其情也哉？凡事之不近人情者，鲜不为大奸慝。"想想有趣，我这个江西老乡，人家仅仅穿得朴素一点，吃得简单一点，在苏洵的逻辑里，这便是特立独行。特立独行便是有个性，有个性便是不近人情，不近人情便是心肠硬出手狠，便"鲜不为大奸慝"。总结历史教训就是：胡子需常刮，头发需勤理，否则后果很严重。

● 其实想想，并不是每个人都有资格韬光养晦的，前提是首先你得有光芒、有锋芒才行。有了这个前提，才有收敛起来和隐藏起来的问题。因之，对于大人物或中人物而言，毕竟有光可韬，有晦可养，亟须防备其胡乱地放射出来，闪了别人的眼睛，引发出各种羡慕妒忌恨，殊为不妙。故而需韬之养之，还是有一点道理的。但对咱们平头百姓而言，大抵没啥光芒与锋芒来韬养的。即便有，也是阔人们懒于关注，或入不了人家的法眼的——譬如一口气可做两百个仰卧起坐，或一顿能吃下去十个玉米馒头，云云。因之顶好可以自由自在坦坦荡荡潇潇洒洒地过活，绝没有把自己肋排分明的单薄身子紧捂在厚厚的棉袄里来韬养的必要。但现在的情形，却有些玄虚起来了。韬光养晦渐渐变成了芸芸众生的人生哲学了，甚或一种美德。最后竟异化成了：本是一个个生龙活虎热情洋溢的凡人，该说说，该喝喝，说笑笑，该闹闹，但因要韬光养晦起见，便个个藏头缩脑起来，管着双袖，露着一张张讳莫如深冷眼旁观的成熟的老人脸。这种情形经常能生动地看到，颇觉好笑。总以为，消失了人的精气神，人生究竟是没有意义的。总得留几个狂狷的种子吧。

● 忘了在哪部国外电影里，看到一位老人说过一句话："孩子，'应该'是一个很危险的词儿。"当时就觉得这话特酷，特有哲学味儿。琢磨一下，应该也者，言下之意，包含着对于现实与现状的一种否弃、不满足和不满意，以及对于更美好事物与状态的向往。所以在这个词儿里，蕴含着一种革命与抗争的意味和可能。也即，人一旦开始谈应该了，便意味着开始怀疑与质疑现状和现实之合法性与正当性了。按照伟人的说法，"事情正在起变化"，所以很危险，乃至凶险。记得以前读法哲学，说自然法，乃是指应然之法，是一种革命的法学理论，洵为同理。所以，"孩子，'应该'是一个很危险的词儿"。

● 看到一则华人社区的新闻，提醒说在加拿大穿鹅牌羽绒服的华人容易成为劫匪打劫的对象，云云。这段时间，在阿尔伯塔大学附近的街头，所见者，穿鹅牌的华人的确较多，大多是年轻的学生一族。有时候在校园里，一群华人学生嘻嘻哈哈地走过来，大率都是鲜艳的鹅牌，也是一道风景，算是中国富起来的表现吧。本地人也有穿的，但不多。因为即便是本土品牌，在当地买，至少也要人民币五六千元一件（在国内买据说则需上万元了），可以算是奢侈品了。因之，穿着鹅牌招摇过市，情形便不亚于披着满身的人民币大摇大摆走在街上，的确容易被劫匪盯上。穿，还是不穿，看来还是个问题。据说普京是穿的，但人家保镖林立，是绝没有被打劫的危险的。上次特地去专卖店看了一下，这件羽绒服质量的确不错，款式刻板厚重威武。对于华北或东北的人来说，冬天倒能派上大用场。而对南方人来说，冬天倒犯不着。不过，倘若夏天罹了感冒，用它来捂出一身汗来，倒是一个不坏的选择。

● 林语堂论"脸与法治"。中国人的脸，不但可以洗，可以刮，并且可以丢，可以赏，可以争，可以留，有时好像争脸是人生的第一要义，甚至倾家荡产而为之，也不为过……在不好的方面，就是脸太不平等，或有或无，有脸者固然快乐荣耀，可以超脱法律，特蒙优待。而无脸者则未免要处处感觉政府之威信与法律之尊严。所以据我们观察，中国若要真正平等法治，不如大家丢脸。脸一丢，法治自会实现，中国自会富强。其实，我觉得，问题之关键在于，中国人体现面子的方式与途径，恰是反法治主义的：别人须守法的事儿，俺却可以不守，并还能豁免于追究。这便特有面子，特露脸，或长脸。

● 看到一个视频，新郎新娘在婚礼上给父母敬茶时，称呼道："爸爸、阿姨请喝茶。"当时便觉得奇怪，后转念一想：哦，大约是后妈吧，所以叫阿姨。难怪！再后来，随手查了一下，发现至少在潮汕地区，按照当地的风俗，是有称自己的妈妈为阿姨的。解释很多，其中之一，便是据说当地人敬畏神明，害怕有些子女前世"有来头""八字硬"，或与父母相克。因之，避开爸妈的称谓，称之阿姨阿伯，或叔叔婶婶，甚至姑姑舅舅，不一而足。自兹父母子女维谐维熙，永不相克矣。但此视频里妈妈成了阿姨，爸爸依旧是爸爸，似乎不通。待考。但中国各地惯习之丰富与歧异，可见一斑。

● 江西人的性格，大抵是比较低调而节制的。言下之用词，亦相对审慎与保守。似乎在江西的方言里，很少使用非常、特别之类的词儿。即便要表示极度赞赏之意，往往用"真"字来形容之，"哇，这个姑娘真漂亮！"即是。言下似乎只是真假问题，而非程度问题。而在方言里，表示程度的词儿，最为常见的，是蛮字。譬如蛮好、蛮不错、蛮舒服、蛮难过等。记得前几天，在家乡的新闻里，看到电视台记者采访一位老表，问：大伯，您觉得你们村新农村建设得怎么样？答曰："蛮好。"言下之意，让人感觉有点勉强，似是一般、还不错之意。记者便觉不甘，为达到预定之宣传效果，便重又将问题问了一遍。老表则再答曰："嗯，蛮不错。"记者闻之，乃五内俱焚，干脆一咬牙，豁了出去，径直诱导之曰：您是不是觉得非常漂亮？老表淡定答曰："嗯，是蛮漂亮。"

● 古代关于母亲之称谓，便有嫡母、继母、养母、慈母、嫁母、出母、庶母和乳母等。今天，倘要让老外来一一翻译之，恐怕只能徒摊手叹气了。大概连理解也是有问题的。毕竟，在人家的生活世界里，类似的制度与文化，大抵是不曾存在过的。诚如清华大学的许章润先生所言，咱们有咱们的"说法、活法和立法"，亦有咱们自己的"天意、人意和法意"，倘要老外来跨文化理解之，未免强人所难，不妨恝然而置之，可也。再设想，倘要将咱们古代数十种关于不同颜色的马的专用词儿，譬如骊、骧、骡、駐、驿、骐、骆等，都要来个中译英，老外们恐怕登时就要精神分裂了。

● 为什么我们总愿意选择帮助某个特定的人，却往往容易漠视许多人的痛苦？对此，美国宾夕法尼亚大学的教授曾专门做过实验，他们事先设定了两种情境：一种是捐助一个面临饥饿的 7 岁马里小女孩；另一种是捐助与非洲饥饿作斗争运动。然后让参与实验者去捐款。结果发现，捐钱给前者的，是后者的两倍多。研究者认为，这种现象体现了一种"可识别受害者效应"。里面关涉三个指标：一是密切度。即捐助者与潜在的受助者之间关系的密切程度，这种密切度既包括空间距离的接近，还包括心理上的接近。譬如，对于中国人来说，一个北欧流浪男孩受冻的图片或报道，便远不会如云南冰花男孩那般引发爱心大爆发。二是生动感。即事件或人物的遭遇能激发受众的同情感，或身临其境的在场感，一些好的照片或视频无疑堪当此任。三是杯水车薪效应。即，一般捐助者都会觉得自己力量微小，解决不了普遍性问题，因此自己的捐助只有针对特定的个体才有意义。就像一勺糖，倘撒在一个湖泊里，效果近乎于无。而撒在一碗水里，则成效显著，也能直接满足自己的成就感。有点道理。

• 为什么说清官难断家务事？有论者认为，因家庭关系之权利义务关系模糊不清，证据事实又难以确定，等等。颇有道理。但我觉得其他因素亦值得考量。众所周知，家庭关系最大的特征在于，一个争议事件之发生，往往和另一个争议事件相勾连，而另一事件又和多年前的另一件甚至两件三件争议事件相勾连，公式是：因为上次，所以这次；上次是因为上上次，上上次则是因为上上上次……也即，家庭内部关系乃处于无限的因果关系流中。因因果果，恩恩怨怨，就像一团杂乱的毛线，"剪不断，理还乱"。或像歌词里唱的，"圈圈圆圆圈圈"。即便是清官，亦难以决然地将某一个因果链单独斩断来审理。举个例子吧，今天为啥老大和老二吵架呢？因为老二没有借钱给老大。老二为啥不借钱给老大呢？因为老大去年农忙时宁愿坐在家里乘凉，也不去帮老二一把。为啥老大不帮老二呢？因为五年前老二杀猪请客，竟忘了请老大一家。为啥老二没有请老大一家呢？因为八年前……还因为九年前……可见，家庭关系的复杂性，有点类似刘震云《一句顶一万句》里说的，有时候一件事儿最后能说成两件事儿三件事儿，而有时候两件事儿三件事儿最后能被说成了一件事儿。你说这个怎么破？

• 曾经和一位检察官朋友聊某热点案件，谈及网上对于该案的各种评论。他说，很多评论者连案件卷宗都没看过，或者没有机会看到，案件的基本事实和证据都不能确定，完全凭着新闻报道的只言片语，甚至是报道者有意的引导，再结合一些高大上的理论和概念，来深文周纳地阐发、推演与评论，笔下言之凿凿煞有介事，这种风气实在令人遗憾。虽说这些评论文章并非完全空穴来风，信口开河，但其对待事实乃至对待评论本身的态度，吾人不知其可也。看下来，很多评论文字实质上乃是借他人之酒杯，来浇自己的块垒而已。因为这些人身份比较特殊，或专家教授，或网络大咖，登高一呼，应者云集，因此容易混淆视听，误导舆论，堪令深忧也。而我们办案人员又因各种办案纪律之限制，即便掌握了案件之事实与证据，亦不能及时披露与批驳，颇为纠结。诚哉斯言！所以这些年来，我自己很少去参与所谓热点事件或案件的讨论与评论，防止以其昏昏使人昭昭。原因端在于此。

• 昨日，与友聊天，乃国内某小语种的知名专家。这些年来，其孜孜矻矻，已陆续将《鬼谷子》《道德经》《列子》《荀子》《韩非子》等国学经典翻译（或正在翻译）成小语种，并在该国陆次地出版，蔚为大观，颇受欢迎。乃深为感佩。叹道：兹事体大，译事不易，现在思来，吾兄十多年前便可着手了。其答曰：此翻译计划，多年前便有意向，然而颇觉其时之时机犹未成熟，不敢贸然启动。原因端非语种之能力，而在中华国学博大精深，翻译之前，深觉尚须在此处勤加修炼。尤为要者，中国之古代文字，不唯智识，往往关涉人情与心境，倘译者之经验与经历不能达致，人事隔膜，心力不足，则翻译之效果或将不逮，以致煌煌事业，不免功亏一篑矣，因之一直颇犯踌躇。如今年齿渐长，已然知乎天命，颇觉庶几可一试也。吾闻之，深以为然。

● 放寒假了。这几日去办公室，偌大的校园里冷冷清清，人迹稀至。唯飞雪漫舞，草木穆幽。综合楼的走廊里亦空空荡荡，端坐室内，颇有些"闻人足音跫然而喜矣"。上课期间学生们手捧奶茶，拎着鸡蛋煎饼或三明治，或粢饭团，伙同着嘻嘻哈哈而意气风发地穿过走廊的情形，亦暂告一段落了。喧嚣复归于寂静，大学——确切些讲，大学校园，似乎亦相应地消逝了许多应有的气象与味道了。记得清华大学老校长梅贻琦1931年在就职演说中道："所谓大学者，非谓有大楼之谓也，有大师之谓也。"至今犹引为名言。但我想，一所大学，大楼固然重要，大师更为重要。然而，即便大楼林立，大师麇集，倘校园里没了那些年轻而热烈的大学生们，那大学还是大学吗？顶多顶多，乃一高端之研究院而已。可见，还是不忘初心，返璞归真好一些。所谓大学者，非谓有大楼之谓也，亦非有大师之谓也，乃有大学生之谓也。当然，倘有勤奋、好学而上进的大学生，最好。

● 我在大学期间读到的第一部书信集，便是《殷海光·林毓生书信录》。师生之间的思想情谊，流露于字里行间，令人印象深刻。随后读的，便是某某家书，或各类名人与伟人的书信选之类的作品了。从文体的角度来看，书信体能较为真实地反映书写者的真思想与真性情，没有文字上的字斟句酌与修辞上的繁文缛节，最适合读，亦有重要的史料价值。据说西塞罗的好友阿提库斯一生最重要的著作，便是整理西塞罗写给他的信，一见其交流之频繁与深入，二见其意义与价值之不菲与不凡。可惜书信的时代，至少纸质书信的时代，已然明日黄花，一去不复返矣。今后倘要出版的，恐怕也只能是某某短信集与某某微信集了——不知届时编辑之时，每个微信消息后面的表情符号，是否亦要一并发表出来？然而，至为遗憾的是，纸质书信时代里的书法艺术，如祝允明的《与九畴书》、王念孙的《致渊如书札》之类，更不消说国人熟悉的毛体与鲁体，则再难见识到了。

● 读了几本书，便渐渐地体认到了，倘若不能将书里的思想与经验——尤其是那些最深刻最精致的思想，真正转化为自己的血液、肌肉和骨骼，凝结成自己的精气神，从而让自己全面地健壮起来，那么，这些思想和经验便可能逐渐异化成外在于自己的负担。就像一块块粗粝的石头，散乱地垒在心头，并随着阅读的深入，最终让人不堪所负，心力交瘁。——抑或，它们像河流中的一丛丛水草，随着涉水者脚步的深入，最终将前行的双脚紧紧地缠绊住了。

● 路过街头，见一杂货小店，门口悬着一个小喇叭，里面播着激越而欢欣的声音，在循环地通告："好消息，好消息，告诉大家一个好消息，本店因经营管理不善，濒临倒闭，现将所有商品泣血处理，有标价的看标价，无标价的全部十元，统统十元，走过路过，不要错过。"其景其形，颇堪发噱。试想，以自己之管理不善濒临倒闭当作好消息，而欢天喜地，幸己灾乐己祸，与民同乐地广而告之，堪为反讽之翘楚矣。记得夏丏尊先生曾有篇短文，叫《幽默的叫卖声》，里面提及沿巷里叫卖臭豆腐之卖者，哓哓宣播其豆腐之臭，至纯至臭，蔚为正宗。以臭为美食之令德，广而告之，并言行一致，表里如一焉，此种做派，按照夏先生的意见，"在欺诈横行的现世，俨然是一种愤世嫉俗的激越的讽刺！"如今的街头叫卖，恰恰翻然反矣，在"激越的讽刺"之间，却烛照出了这"欺诈横行的现世"。

• 今天拟烧葱爆羊肉。因为厨中没有大型的剁刀，晨起，俺便操起片刀，将羊腿取出来，化整为零地，一片片片下来，以备葱爆之用。讵料片到中途，小儿起床了，他惺忪着眼，踏踏踏地走到近旁，静静地观察了一会儿，突然奶声奶气地自语道："这是喜羊羊美羊羊的肉肉啊。"此时俺正专注地片着，闻得其言，心内不禁悚然一惊，羊羊家族的群像——一群多么可爱而善良的羊呵，竟电影般地在脑中闪过，刹那间，自己便恍若碎尸现场的恶魔了，一时迥了，尴了，惭了。便呆住，握刀的手，竟不知该不该再片下去。稍许，俺稳了心神，便装着淡然地笑问："小旻，咱们晚上吃葱爆羊肉好吗？"小儿闻之，灿然点头，说"好！"我说："行，那爸爸晚上给你烧。"孩子闻言，便忻然地踏踏踏走开了。一场尴尬，被顺利岔开了。现在想想，孟子昔日云：君子远庖厨。此言虚伪与否，原义如何，姑且不论，但道理还是有些的。不过，孟子说的，毕竟是奴隶时代的理想，于现代家庭而言，倘若你每日负责的，本就是买汰烧，既已身兼厨子之责，又何来远庖厨之说？唉……

• 除夕带孩子去看阿米尔·汗的《神秘巨星》。很好的一部电影，艺术性、娱乐性与批判性结合得比较好，里面几首歌也不错。当然，夸张、荒诞、跳跃的成分还是有的。电影内容切入女性平权、反家庭暴力及追逐梦想等宏大主题，"政治正确"，富于正能量——按照媒体的评价，堪称《摔跤吧！爸爸》的姊妹篇。电影中途，便陆续听到前后几排窸窸窣窣抽纸巾的声音，远处有几位女士低下头，或摘下眼镜，在悄悄地拭着泪。还有几个影子则用手支着脸庞，大拇指轻轻地旋动着，暗暗拭着眼角的泪。仅此，便见这部电影还是极成功的。两个多小时，我都聚精会神、兴致益然地看下来了。按照我的观影史，这已足以证明电影的品质了——至少对我而言。记得卡夫卡曾说过一句很彪悍的话："我们应该阅读那些伤害我们和捅我们一刀的书。"这话译成现代话语，便是我们应该阅读那些走心和扎心的书。无疑，观看电影也应如是。粗略地说，这部电影算是吧。

• 昨天，读到一篇山东酒桌生存手册的文章，颇为专业。里面提及躲酒技艺之种种，很有意思。其中之一便是，据说在山东沿海发达地区，酒客已与时俱进地发展出了一种高级的吐酒技术，即边喝酒，边吃螃蟹腿，在将螃蟹肉吃完的同时，顺便也把酒顺利地吐在蟹腿壳里了。煞是惊艳。这项技艺无疑对舌头、口腔、牙齿的分工，以及相应器官的细微运作与配合的技术，都要求很高——其实，对于蟹以及蟹腿的要求，也应该是极高的。毕竟众所周知，沿海的海蟹，体格较硕，赳赳昂昂，盔厚甲重，固然适宜倾吐。对于南方的河蟹来说，尤其是崇明的老毛蟹，个个小巧精致，炒年糕倒是绝佳，倘要在其蟹腿里吐点酒进去，实在艰难得很。即便神鬼莫知地吐进去了，亦不过涓滴而已。我看还不如自己径直喝下去，倒更爽气些。

• 今日在一栋办公楼里，见其卫生间左右两处，分别醒目标着"才子"和"佳人"，令人哂然。虽清晰界分了性别，但总觉得艺术升华得忒猛了些，将才子佳人的诗情画意直接与卫生间勾连起来，颇不伦不类——似乎进去之前，先宜捯饬捯饬，吟一首诗或赋一阕词才行。唯美固然是好的，但也得适可，否则倒成了一种反讽了。

回想拙目所及，关于卫生间的标识可谓多矣：直接一些的，径直标上男与女，可谓爽白；隐晦一些的，则标上男士和女士头像的剪影，也行；还有一些，则使用借代手法，分别标识一个烟斗与一只高跟鞋的图案，也不错；国际化一些的，则分别写上 man 和 woman，这在城里，亦无不可；还有奇崛一些的，竟标上生物学上的符号：♂♀，常让人在门口踌躇不前，咬牙切齿，手与脚皆发痒也；最意味深长的标识，则是左一个红辣椒图案，右一个绿辣椒图案，驻足琢磨了半天，原来竟是红男绿女的寓意。巧归巧，却总显得过于卖弄，反倒失去了标识的功能。总之，千娇百媚，须不离开本意才行。

• 读到一个新华社记者的返乡手记，许多提法和观感还是比较认可的。不过，有个细节，文中提到了乡村的婚姻问题，记者多次使用婚恋市场的概念来分析。从新华社记者的角度来看，窃以为颇失妥当。毕竟，市场，众所周知，是买卖商品的地方。婚恋市场的概念无疑将婚姻与恋爱关系处理成了买与卖的关系。即便是类比，也是不妥的。虽然，由于彩礼等因素，一些乡村的婚姻的确散发了金钱的气味。

• 先秦所谓"同姓不婚"，许多作品都做过解释。这里的姓，大致指的是父亲一系。最近读到王力先生的书，提出同姓不婚，乃是指母方同血统者不能结婚。从古代文献结合甲骨文与金文观之，姓原本指的是母亲一系的血缘关系；而氏指的则是父系之血缘。吾人今日所谓之姓，实际上乃是先秦时代的氏。譬如，姜太公之母姓姜，父氏吕，名尚，因之其姓名是姜尚，而非吕尚。先秦时代姓的概念，在战国时代逐渐淡薄，至西汉竟彻底消失。西汉以后，我们说的姓，其实都是氏。而氏在汉以后，除指代父系血缘外，亦渐渐用来指代母系血缘，以致司马迁写《史记》之时，有时竟也把姓、氏相混淆了。这种姓与氏在指代关系上的变换，据说"至今未见到任何合格的学术解释"。

• 上海外国语大学虹口校区食堂附近，有一株白玉兰，矮矮瘦瘦的一株。前几日早晨，从食堂出来，便见到枝头上竟已有几朵花含苞欲放了，就这么零星的几朵，束素亭亭，颇令人惊喜与焉。当时便想，应该用手机将之拍下来，每日一张，庶几可以记录花开花落的全部轨迹了。因其时来往之过客甚多，便作罢。傍晚，再经过时，发现这几朵花竟已在落日余晖中完全地怒放了。刻玉玲珑，临风皎皎，煞是可人。过一日，经过食堂时，又准备拍张照片做个纪念。讵料过去一看，这些花儿竟已大多凋零了，算来真正的花期，不过几日而已。人生混沌蹉跎，营营役役，常错过许多如是之美好，堪可一叹。

• 接到托儿所通知，孩子被录取了。心中竟无一丝的轻松，反倒涌起一些莫名的感叹——甚或惆怅？从某种意义上讲，孩子，任何一个孩子，一入校门，此生真正自由而自然、无忧无虑的童年时光，似乎告一段落，各种规训粉墨登场了，以各式庄肃的或神圣的名义。——按上海话来说，便要开始收骨头了。虽无，亦或不必有"人生识字忧患始"或"人生识字糊涂始"那般沉重，但毋庸置疑并毫无例外的是，孩子自兹由幼儿园，而小学，而初中，而高中，而大学，一路便要被各种标准与训规观察着、记录着、评价着、比较着——甚或，惩罚着。颇多不舍，却也无奈。这大概就是人生吧。

我　忆

● 看到一则报道：2018 年央视春晚剧组进行了第一场带妆彩排。搜了一下，网上关于带妆彩排的报道比比皆是。想来荒谬，所谓彩排，乃是指戏剧舞蹈等在正式演出前的最后总排练，一切完全按正式演出要求进行。彩排区别于排练，端在排练不着戏装不化妆，彩排则要着戏服与化妆，故曰彩排。彩排即要带妆，所谓带妆彩排之说，乃正确的废话。

● 最高院副院长奚晓明落马后，有媒体采访其硕导和博导、北大法学院魏振瀛教授，魏说："奚晓明担任最高法副院长后，我从他的朋友那里要到了他的电子邮箱，我给他发了几封邮件，都是我关于编纂民法典的看法，希望他能采纳，但至今他都没回复我。我比较理解，身为最高法副院长，他的工作一定很忙。"——多么宅心仁厚的导师呵。

● 据报道，广东有意取消"农民工"称谓，因其带有歧视意味。想来有趣，按照社会语言学的观点，一个称谓有无歧视，本质上是由"社会事实"塑造的，如不改变事实，仅仅换个名——即便将"农民工"一词换成上帝，照样"带有歧视意味"。就像以前的厕所，后来叫卫生间、洗手间，甚至化妆间，但最终大家都知道咋回事儿。窃以为，倘农民工权益保障得力，让他们觉得"我骄傲"，其实叫啥都无所谓。现在女的唱歌叫女歌手，女的写作叫女作家，好像也没谁说"带有歧视意味"吧。

• 昨夜看《东方110》节目，有一四川籍的网上通缉犯，名为"敬某某"，又名"苟某某"，此一情节颇为蹊跷，稍作查询，原来某朝一个敬姓大臣犯了皇帝名讳，为避免满门抄斩，保留敬姓血脉，忍辱改敬姓为苟姓。因苟和狗同音，后人常遭戏谑。据报道，近年来多地苟姓公民常有集体恢复原敬姓之举。有点意思。新闻中的这名嫌疑犯既姓敬，又姓苟，大约处于苟姓改回敬姓的过渡阶段，类似始祖鸟在进化史中的地位吧。我想。

• 这个事儿涉及宪法问题。据报道，德国特里贝格市市长根据停车的技术难度，为全市停车位标上了男和女。标上"女"的停车位更宽松，也更靠近车库门；而男人则被分配到一些角度更难的车位。但这项政策引发女性选民不满。有些女性表示，此举措的含义是女人开车技术不如男人，由此怀疑市长会有更多的性别歧视政策。总之，老外的思维方式有点怪，照顾竟被解读成了歧视。问题是，为啥大行其道的"lady first"，倒未被目为歧视女性呢？怪。

• 看到报道，山西省太原市小店区人大代表李俊文坐拥4妻10子，着实感叹。记得以前看到所谓"才女"蒋方舟说"优秀基因有传播的欲望"，这实在是昏话。其实讲到欲望，任何人的基因都有传播的欲望的，即便是太监，也可以有。问题在于传播的权力和能力不同而已。倘有权势，或有财富，或按照布尔迪厄所言，"社会资本"雄厚，我想即便是脑残与侏儒，亦能旅鼠般地将基因传播开去，并生生不息矣。

● 多年前，一友洋洋言之：世人皆曰夫子之"唯女子与小人为难养也"，乃是对妇女和体力劳动者的歧视，可谓白璧微瑕矣。实则不然，端在如何句读。正确读法应是："唯女子与小人为难，养也。"意即女子和孩子皆弱势群体，有各种困难，怎么办？养也！此解颇有新意。但不知如何解释"近之则不逊，远之则怨"？

● 我最钦佩的是小学和初中的一些老师，大多是师范毕业的——那年头，初中直接考入师范，皆可谓届中翘楚矣。印象中他们都是礼乐射御书数的全才：书法练过，毛笔钢笔粉笔，龙飞凤舞；吹拉弹唱都有一手或好几手；篮球足球各类球都有两把刷子甚至好几把；诗歌诗经张口就来。那才是真正在培养健全人格的人呵。

● 对于下雨我竟有一种莫名的好感。窗外微雨淅沥或暴雨狂作，自是个静心读书的好辰光，全世界恍若只剩下书房这个安静的所在了——但似乎也不是。记得小时候在农村，倘遇到大雨，便自不必下地干活了，可以在家里看点书，或与人玩耍——那是多么珍贵乃至奢侈的时刻。于是对下雨竟酝酿出了一种莫名的欢愉了。

● 送母亲上火车。候车时，对面两个年轻人在聊天，操的是地道的新干话。母亲便询其是否新干人，获知竟就是邻村的，便极兴奋地与之攀聊，其村一个个熟悉的人，一件件熟悉的事，娓娓道来，甚至从年轻人的长相，她便准确地猜出了是谁的儿子，这种熟人社会的交往模式，是不需任何官方证件来证明和担保的。

• 进入了冬季，就特别怀念小时候在村里生活的情形：搬一条小竹椅，斜靠在一个向阳且避风的老屋的墙角，物我两忘地看一本《故事会》，或《少年文艺》。那是从同学那儿死磨硬泡借来的。脸被阳光晒得红红的，头发上或许还挂着一截干的稻草——那是刚把家里的牛从牛栏里牵出来并桩到荒的田野里去的缘故。

• 上次去福建，发现那儿的人的确喜欢喝茶，甚或构成精神生活的一部分了。以至沿途见到那些搭个棚摆个摊卖冰棒的汉子，旁边也都端端正正地摆放着简陋却全套的茶具，一盅盅小茶杯一字溜儿排开，满斟着铁观音，汉子光着膀子，脖子上搭一块毛巾，正恹恹地若有若无地品着茶呢。这份悠闲与从容，让人叹为观止。

• 昨晚看了老电影《南征北战》。这部电影小时候看过，也翻过小人书，"打仗的"，特别熟悉和亲切。不过记得小时候看露天电影时，总会觉得特别口渴，到处找水喝，不知何故，大概是过于兴奋吧。印象深刻的是，那时候看到坏蛋们在商量事儿时，桌子上总摆着一大盘水果，心里总着急且遗憾：怎么就不吃水果呢！

• 书房里的书橱坏了，我便去街头找个做木工的民工来修，有个中年民工在树荫下捧着本盗版书在看。据说是安徽黄山的。入家后，他惊叹说我家的书太多了，貌状极爱书。聊了几句，谈吐颇文雅，一问，原来是以前读过文科的，喜读书。于是我便找出去年的

《中国作家》期刊及几部小说作品集送给了他。其极欣喜。

● 我在大学上的最凶险的课是司法鉴定学，关涉精神鉴定、法医学、犯罪心理等。记得有节课，老师带我们到法医楼（现改造成女生宿舍，曰树人堂），亲自给我们解剖一具刚运来的尸体，他一会敲开头颅，一会剖开腹部，淡定地讲解各种致命伤。我们围在旁边观摩，个个魂飞魄散。课后一周，据说很多人都没吃下饭。

● 记得在中学时代，每俟晚自习之时，总能看到隔壁班级有个男生倚靠在栏杆前抽烟，他目光凝重，仰望皓月，若有所思。每当抽完一根，总是将烟头在手臂上冷静地掐灭，以致手臂上留下各色斑驳的印记。那种情形令我印象深刻。后来我读米兰·昆德拉的小说《身份》，才突然想到：这大概就是"反抗者的无聊"吧。

● 昨晚吃饭时，孩子对我说："班主任让俺管班级图书角了。"我说："不错，图书管理员都很有前途，以前老子就做过图书管理员，叫'守藏室之史'，毛主席还有很多人都是从图书管理员做起滴。"孩子："班主任还让我每天给她办公室仙人掌浇水呢。"我放下筷子说："这更厉害，算'御前行走'的性质了。"孩子喜不自禁。

● 早上经过虹口公园，有个老人在一条石板路上，用毛笔蘸着水练书法，观者如堵，皆啧啧称道。我问老人："您练书法多久了？"他说其实只有两年，以前是在单位写材料的，退休后便开始潜心练书法。旁人问："为何短短两年便有如此功力？"答曰："因为退了休，心态淡泊，无欲无求，写字的时候能静下心来，进步也就快了。"

• 农家子弟的暑假，提到最多的，自然是"双抢"了，即抢种抢收。为何要抢？据说是夏天的秧苗早一天种下去，比晚一天长得要苗实些。但其实还有一个刻骨铭心的项目，便是下地摘花生了——同样是烈日暴晒，因为是沙地，甚至比水田还艰苦些。记得其时幸好家里有台红灯牌收音机，伴随我度过了许多艰苦的日子。

• 家的附近有一家菜市场，菜市场的附近有一间藏书羊肉馆。每日清早，总有几个中年人，身着各色睡衣，聚在店门口喝老酒。一张小方桌，白切羊肉、羊肝、花生米、酒糟毛豆各一碟，一大碗羊肉汤，黄酒若干瓶。酒兴起时，或江湖天下，或前朝秘史，无所不及。有时则一言不发，眼珠泛红，静默地望着路人，偶尔泯一口黄酒，若有若无，形容酷冷。人生况味，亦不过如此。

• 菜市场最靠门的摊位，是个肉铺。主人是个络腮汉子，总精着上身，嘴里叼着一支烟，耳上还夹着一支，挥汗如雨地剁肉。倘要一斤，一刀下去，便是一斤。倘要一斤三两，一刀下去，便是一斤三两。每次我过去——其实只消是男的顾客过去，他便停下了屠刀，从案板上那盒油光可鉴的红双喜盒里，熟练地弹出一支烟，递了过来，再打着火，送到你嘴边来。俺便自然地接着，点上，深深吸一口，聊上几句，烟雾之中，便恍如重回到家乡的墟镇了。

• 在菜市场经常见到一些上海老太，每每买菜，总有先论证或说明一番的习惯，似乎不把摊主和旁边的顾客彻底说服，便不肯下手。倘若是买油豆腐，她便自言自语道：回去和黄豆芽一道烧烧，"老好吃咯"；倘若是买绿豆芽，便道："这鬼天气噶热，买点回去烧烧，清清火"；抑或，此时你也正在旁买绿豆芽，她便从旁探过头来，建议道："爷叔，侬再买几根韭菜，摆在里面一道烧，味道老好咯。"

• 其实，上海的大妈是有很多感人的优点的。比如在菜市场，你只消指着一种菜，漫问：这个怎么烧？人群中立马便有一个女声亮出来，热心地介绍道：先要这样再要这样最后这样。接着便有大妈站出来"我反对"：应该先这样后那样最后才这样。接下来是大妈们轮流坐庄车轮大战阶段，唇枪舌剑之间，至少五种烧法呼之欲出也。待你买好菜挤出了人群，后面还有人拍你的肩膀：爷叔，盐要最后放才鲜啊。

• 复旦大学附近有家赣王府饭店，以江西菜为特色，我尤喜欢豆皮炒肉与红椒餐鱼两道，举箸之间常能勾起少年时代的记忆。以前读初中时，学校每周有一次加餐，大抵便是豆皮炖肉，所以今日吃到，依旧能体会到些许当年的况味。餐鱼在家乡的水塘里极常见，村人喜欢捕之晾干，佐以辣椒、大蒜等料小炒，颇具无穷风味。

• 我特别喜欢吃湘菜馆的钵子饭，蒸的，偶尔饭上面还会嵌一颗大枣，或一片红薯，彰显别样风情。昨天和朋友去吃，因为剁椒鱼头特开胃，每人吃了三碗，尤觉不够，但实在不好意思再叫，毕竟都戴着眼镜，一副斯文样子，再叫两碗，斯文就要扫地了。记得吾有一友，是特警队总教练，蝉联过全国散打冠军。有一次和他吃湘菜，他一口气吃了九碗，叠在桌子上，恍如佛塔，引得旁的食客敬若天神地朝我们望。

• 早晨去苏州面馆吃面。俺先叫了一份葱油拌面，然后再加了份雪菜肉丝，又加了份煎鸡蛋，再在上面浇几圈山西陈醋，继而挑几勺辣酱进去，然后用筷子翻天覆地胡乱搅拌，张氏拌面的后期制作告竣也。一旁的服务员看到，不禁啧啧赞道："侬个拌面吃口应该老好的。"其实，尚美中不足的是，倘若是在河南拉面馆，则再加一小把香菜，那么就彻底"天王盖地虎"了。

● 前几日，和朋友在外面吃饭。在座的，恰好有位信佛的，每逢初一、十五便吃素，洞洞属属，虔诚之至。是日，他便只好眼望美馔，而不能动箸，举座不安。有人便出主意道：据说某地有一风俗，遇吃斋日，倘有不便，可延迟一日吃斋，恍如教师之调课，工人之调休也。众皆哄然之。信徒曰：否，此须菩萨批准才行。此君立马摸出一枚硬币，抛起，曰："正面，则我佛同意，反之，则否。"信徒执不允，便罢。

● 买了一套马尔克斯的文集。当年读他的《百年孤独》印象太深了，那时刚参加工作不久，就租住在华政东风楼后面那座破旧的老楼里面，斗室推开窗去，是浑浊不堪发着恶臭的苏州河。那时课很少，优哉游哉，就在夜里读《百年孤独》。那种氛围很适合读这种小说，神秘、安静又有些孤凉。记得读完后还写了一首诗，现在还留着。

● 昨晚心血来潮，看了部韩国法律电影，讲一个死刑犯和律师的故事。男主角讲了一段经历，说他曾和朋友外出，朋友因上厕所，将手中的冰棍让他拿着。因天气太热，冰棍逐渐融化，滴在手上，他便吮掉。待友出来，冰棍已全部融化，自然也全部被他吮吸掉了。友很不快，认为他偷吃了冰棍。他无从辩解，便发誓此生要做一名律师。

● 按照惯例，今天开始带孩子去游泳。游泳于城市，自是一项正式的健身活动，甚或为奢侈的消费了。而于农家子弟而言，游泳和洗澡是一回事儿。小时候，暑假和小伙伴们在赣江河堤上放牛时，总先挑块草地把牛安顿好，便哄地扑进赣江了。河水清澈，鱼儿游弋，鹅卵石在阳光下熠熠生辉，其情其景，依旧历历在目。

● 一位大妈买了一把小青菜，五块三毛钱。说：三毛就算了吧，这么小的事体。卖菜的说：俺是小本生意，三毛也是钱啊。大妈继续：我经常到你这儿买菜，老顾客了，侬仔细瞧瞧。再说呢，侬这趟便宜一些些，我下趟让阿拉小区跳舞的老姐妹都到侬这儿来买小菜，侬不要太开心哦。买菜的听着，不耐烦地皱皱眉：拿去吧。

● 怀卡托大学法学院在一座新造不久的大楼内。无论是楼的外部立面，还是内部结构，都是最简单的水泥表面，没有任何粉刷，看起来极粗粝。据法学院的教授介绍，因为法学院的建造是使用公共财政的，在新西兰，凡是公共财政出资建造的建筑，只要无损于功能，都不能进行无必要的粉刷，更不要说高大上的装饰了。

● 上午专门步行近半个小时去梁实秋先生的故居看了看，就在中国海洋大学校区附近，房子已经很破旧了，似乎里面还住着人，但看不出被精心收拾打理过的痕迹。房子周围的环境倒特别安静幽雅，绿树成阴，遥想当年，梁氏夫妇居住在这里，教书读书，聚友酬唱，无疑是一件多么美好的事儿。

● 给孩子讲解辛弃疾的《西江月·夜行黄沙道中》："明月别枝惊鹊，清风半夜鸣蝉。稻花香里说丰年，听取蛙声一片。七八个星天外，两三点雨山前。旧时茅店社林边，路转溪桥忽见。"词句手法高超，画面感极强，宁静、安详而淡然，似乎重又回到了少年时代一家人在老屋的院子里纳凉闲聊的情境，不禁为之感概。

- 表弟来上海。中午他约了一些朋友吃饭。席间有好几位是同乡。大家一同聊初中的伙食，尤其聊到钢筋铁骨雷打不动的老三样：南瓜、冬瓜和萝卜干，不禁痛心疾首然。有人说：我现在还想去问当时的校长，怎么好意思喂学生猪食。一顿午饭庶几吃成忆苦思甜大会。俺笑曰：只要在母校读过书的，四海之内皆兄弟。

- 前几天和高中同学聊天，他说高中最为刻骨的记忆，便是每个月末，从乡下背着一袋大米，大汗淋漓地穿过校园，穿过县城同学的目光，交到后勤并换成一沓崭新的饭票。这个场景其实我从初中便已经历，颇能体认。但我印象至深的倒是，在高中时代，男生们为何动辄要打一斤饭才能吃饱？吃货等级端的不可思议。

- 小时候最向往的生活，便是在赣江畔的沙地上种一大片西瓜，再搭个高脚的瓜棚。盛夏来临，我便端坐瓜棚，大裤衩老头衫，时而手搭凉棚威严地四处张望，时而仰卧在竹席上看书，金庸古龙足矣。渴了饿了，便跃下瓜棚，挑个好瓜捧回来，再气运丹田，一个落英掌劈开，抄一瓣就啃。饱了，便腆着肚子迎风睡大觉。

- 上次在西藏林芝见到一棵柏树，据说已有2500多年的树龄了。仔细推算一下，实在有些不像话，就是说孔子一伙还在四处流窜当儿，人家就已经亭亭玉立了。而所谓秦皇汉武，唐宗宋祖，成吉思汗，大阿哥或三格格之类，更不在话下，都是人家的同代人。

记得当时伫立树前，俺不得不再次感到：所谓人生，不过浮云而已。

· 上午在额尔古纳的一个山坡上，烈日当空，路人皆气喘吁吁，有一蒙古族领导状的中年彪汉被随员叫住，嘱其撑伞休息一会儿，领导答曰："没事，你以为我是上海人啊。"吾与复旦大学某教授恰好经旁闻之，不禁相顾怆然：上海人何以被妖魔化至斯！不能不令人深自嗟叹一番了。嗟叹之后不禁自喜：幸好俺不是上海人也。

· 早上在法学院的庭院里转了转，发现教师办公室窗前那一排栀子花不知不觉竟已凋零无几了，空气中弥漫着一股淡淡的香味，令人睹之而惋唏。以前在一楼的时候，早晨推开窗去，映入眼帘的即是簇簇栀子花，香气随晨风拂入，景色怡然，令人心醉。而人世间诸多之美与好都是在各色匆忙与麻木中被我们冥然错过的。

· 《喧哗与骚动》，这是福克纳一部长篇小说的名字，我突然想起了这个名字。我读它是在大学年代，是一位刑事司法系的云南同学向我推荐的，整个早晨我都在回忆他的名字，但总是想不起来。我还清晰记得他狠命地吸着烟跟我谈福克纳时那种漫不经心又睥睨一切的神情，非常酷。似乎你不读福克纳，你压根就不入门儿。

· 那天经过一家音像店，发现里面囤积了许多20世纪90年代的华语CD，便挑着购了一些，有张楚、郑智化、庾澄庆、林忆莲等人的。近日断断续续在车上听。遗憾的是，一些昔日令人激动的旋律今日听来已无甚感觉了。像钱钟书先生曾譬喻过的，这些歌恍若漏光了电的电池，接上心灵的天线，却再难发出昔日的光辉了。

• 每次逛超市，经过各色水果罐头的货架时，总有买上几瓶的冲动。在我小时候，总觉得吃罐头实在是一种奢侈的美好生活了。一般去看病人，才会用网兜捎上一瓶。开吃的时候，直接用菜刀豁地划开铁皮盖，那种生猛的做派，极有范儿。小时候看战争片，见到美国大兵每天吃罐头，私下常想：倘如是，战死亦值当矣。

• 伟大的暑假开始了。其实，我最想做的，是到家乡赣江边坐看夕阳西下的图景——在大片白色的沙滩上，清澈的江水缓缓地流淌着，偶尔有货船哒哒地开过去，划破了寂静。晚霞映照在江面和沙滩上，反射出迷幻的光彩。对岸村庄里的炊烟已袅袅升起了，偶尔有人影在移动……这是我少年时代每日都要经历的情景。

• 前些天到绍兴的青藤书屋去看看，一路尽是七曲八折斑斑驳驳的逼仄街巷。经过一个老宅门时，有个老人搬了矮椅坐在门口，双手抱膝，正安详地对着一只黄狗说话，偶尔用手指点点它的脑门，似乎在训示着什么，狗认真而有些无辜地仰望着主人，偶尔扭过头看看我，偶尔朝门内望望。此一情形让观者肃然。

• 以前读林语堂先生的文章，说藏书最好不要分类。道理是什么，我倒忘了。最近因书房调换的缘故，我的书都杂乱无章地摆放着，便觉得有空不妨整理一番。但这几日渐渐发现，当在书橱上看到哈耶克旁边摆着博尔赫斯，而隔壁摆的是德沃金及清稗类钞或王小波时，整个书橱便立马显得丰富而生动起来了。原来如此。

• 今天第一次上课。早上特地到学校食堂用早餐：一碗白米粥，一个肉包，一个蛋煎饼，一块黄金糕，一个南瓜饼，榨菜丝若干。美中不足的是，蛋煎饼眼睁睁日渐地小了，很让我想起鲁迅新编小说《采薇》里伯夷先生说的一句话："近来的烙饼，一天一天的小下去了，看来确也像要出事情……"

• 老家给我寄来几刀腊肉，是母亲旧年腌晒的。晚上割了一小块，和冬笋炒了一盘——最终是成功了。无论是观感与口感，皆是熟悉的童年味道，说明精神最终是要借助物质的。记得小时还把腊肉切成片和饭一起蒸，待饭熟，揭开锅盖，整锅饭油亮油亮的，风味非凡矣。但腊（xī）肉并非咸肉，这却是极易为人误会的。

• 晚上央视戏曲频道在播放《秦香莲》，竟认真看完了。小时候看露天电影，除了打仗的，就是这种戏曲了。大抵一段未完，孩子们就已在竹床上昏睡过去了。其实，京剧之绚丽和喧闹，以及那高亢的咿咿呀呀，在缓慢且安静的生活空间里是极合时宜的——偶尔有事，离开一会儿，回转来，那句词儿竟还在起伏地唱着呢。

• 上海政法学院附近有水塘，曰野马浜。常见友朋大作后，署曰"某年某月某日作于野马浜"，颇浪漫。究其由来，"据传因古时候野马聚集而闻名，确实出处无从考证"。记得沈括在《梦溪笔谈》中对庄子《逍遥游》中"野马也，尘埃也"一句有独特解读——"野马乃田野间浮气耳，远望如群马"，倒颇切野马浜之意。

• 昨天回家过年的朋友，居然给俺捎来了一只活鸡。据说"是在山上竹林里散养的"，这让人始料未及而措手不及。拒绝自是不适宜的，但一只活蹦乱跳的鸡如何处理却极为棘手——换成老派一些的家庭，自可欢快而娴熟地磨刀霍霍矣。早晨，人尚未醒，便听到厨间传来了一叠声响亮的鸡鸣，让人陡然有今夕何夕之感。

• 复旦大学后门西安风味面馆门口，一个十五六岁的小伙，目光呆滞，蓬头垢面，一只手拎着一只脏兮兮的蛇皮袋，一只手不断挥舞着，高喊："打倒投机倒把！打倒小混混！维护安定团结的社会秩序！"如是反复之，恍若祥林嫂再世。大概不知如何定性，交警只在远处观望。一位善意围观的老太摇头叹道："好端端的年轻人，怎么就这样了？

• 友云，医生在给孕妇做 B 超时，是严禁透露胎儿性别的，但遇到比较通融些或随和些的医生，孕妇便会故意问道："我要给孩子准备鞋了，您说是粉红色的好呢，还是蓝色的好？"医生便心领神会地答道："我个人觉得蓝色的好，因为男孩女孩都可以穿嘛。"这个回答可谓滴水不漏无懈可击，但孕妇已了然在胸矣。

• 某年某日，带孩子出去玩，路上遇到一个基督教堂。教堂的建筑结构很独特。儿子便问我：爸爸，那个是什么地方啊？我说是教堂。孩子又问：教堂是什么啊？我答曰：教堂是"信教"的人进去的地方。孩子闻之，问：爸爸，那我们"姓张"的人可不可以进去啊？俺厥倒。

• 现在想想，俺小学度过的，是一段多么祥和的童年时光啊。村里就一所小学，没啥择校压力，成绩好的，也没啥骄傲的，都在一个村子呢，你或许割稻不如人，摸鱼不如人，扛米袋也不如人……所以整体上你还得谦虚。小考没过就种地，也没啥痛苦。上初中的，中考一刷，高考再刷，皆统统回家种地去也。一派和谐。

• 下午带孩子去看《加勒比海盗5》。不出意料，并一如既往，中途打了瞌睡。现在的精力连一场电影亦难维系了，作孽。记得多年前有老友与我聊人生，说过了四十明显感觉精力不济，熬夜既不欲，亦不能也，洵可叹惋。诚然矣，人臻不惑，山水阅过。能做到的，安然事之；不能做到的，淡然处之。"故须戒得"。

• 乡村的早晨总是清新的。老人起罢床，便悠悠转进村头的菜园：黄瓜苗已经开花了，正结着绒绒的小黄瓜呢；新一茬韭菜郁郁葱葱，茄子和辣椒也相继开花了。蛙，偶尔从红薯畦里蹦出来，鼓鼓地望着你。风，掺着水稻和泥土的气息，从田野吹拂过来——旺财摇着尾巴四处闻嗅，稍许便兴味索然，兀自颠颠地走开了。

• 小区里有个包工头，退了，含饴弄孙之际，发愿重装其房子。屋内一应家具，桌子凳子架子橱柜鞋柜等，皆亲购材料，再翻出凿子刨子斧子锯子等，亲手制作之。每日在空地一一摆开，堪堪做它几个小时，气定神闲，微汗辄止矣。屉与柜严丝合缝，钉与链皆极严整，堪为精工。他说，这些活儿做了半辈子了，现在没啥事，慢慢做，权当磨时间吧。

• 听评书已几十年了，当然是指单田芳。犹记童年的冬日，午饭罢，便捧着家里的红灯牌收音机，蜷在老屋向阳且避风的墙角，痴痴地听，傻傻地笑。头上偶尔还挂着一两根稻草——这都是无妨的。记得有个情节总要出现：敌方溃败之际，总要摆出个阵，要约曰：破，则降；不破，则你撤。阵，终是破了的，但此无端的契约意识，迄今印象深刻：为啥要答应他们破阵呢？

• 去附近的南北干货店买东西。老板是个彪汉，云南人，见到我说：你是江西人吧？俺惊问：汝何以知之？其爽朗答曰：去年你妈来买东西，同我聊起来的。我还知道你是搞法律的，在大学教书呢。原来如此，心乃稍靖。母亲旧年在上海帮忙照看小儿，犹以敝村熟人社会之理念与惯习，与街人掏心掏肺，交浅言深，时空错置，颇有唐虞之风矣。

• 今天是老大生日，7月6日。犹记得十二年前的今日，犬子呱呱落地，绝无啥天降祥瑞：或"红光上腾霄汉"，或"神光照于室内，天地氤氲，和气充塞"，都没有，很平常。平常、平凡、平安，唯愿矣。唯一突异处，便是其时学校在进行先进性教育，诸君正围成一圈谈学习体会，喜讯传来，皆笑曰：此子当名"张保先"。

• 早晨出去买早点，街头竟空空荡荡，一应摊点皆关门大吉：大饼、油条、粢饭糕……"四大金刚"竟去了三位，唯豆浆店因设在菜市场，尚硬邦邦还在。一问，据说近日在进行全国文明城区检查，须待后天检查组开拔，才肯将"金刚"们放出。天可怜见！这几日没了金刚的护体，文明城区里的人民三魂七魄饿去了泰半，"天知否？"

• 谁说咱们不长于联系的思维呢？记得二十年前，俺在上海某法院实习，做书记员。有次开庭，带教法官问当事人："阿姨，请问您多大了？"老妪答曰："我多大了？记得我比我姐姐小三岁呢，我姐姐生的那年，老家刚好发大水，那个水啊大是大得来，漫了好几条街呢，无边无际……我姐姐这辈子命苦哇……"其时，俺在旁认真地做着记录，鼻血都快要流出来了。

• 盛夏里最惬意的事儿，便是在深夜，约几个好友，在街边的大排档摊开一桌，大喇喇地围坐下来，再高高低低地呼道："来份盐水毛豆，还有煮花生，一盘凉拌海带，再来份红烧鳊鱼，多放点辣椒。再来份干锅黑鱼，还有蒜蓉烤生蚝，两斤小龙虾，对，要重辣。手撕包菜、清炒丝瓜也各来一份。再来一件青岛啤酒，冰的，要崂山产的，不要松江的哈。哦，对了，能不能把电视调到体育频道？"突然发现，年届不惑以后，这种彪爽的情形，竟已多年未曾经历了。

• 前几日，带父母去井冈山看看。按规定，65岁以上的老年人可免票，但需揿指印以验证。入门时，父亲把食指揿上去，仪器未能识别，再揿，依旧未逮，工作人员亦无可奈何，乃以他法处理之。父亲说，当年办二代身份证时亦如是，派出所的警察说，此情况在农村并非个案，乃是老人终生辛劳，每日挥锄劳作，经年累月，以致手指指纹渐渐磨损，乃至仪器不能识别矣。我在旁听到，忆及父亲此生之劬劳，乃感慨系之。又据云，城市中亦偶有此现象，其原因固非挥锄，乃资深麻友宵衣旰食"修长城"所致也。

• 旅行路上，母亲对一路所见之新物事，皆按自己的经验与智识有所解释与发挥。掰开揉碎之，重新组合之，将其一股脑儿纳入自己现有之经验体系："这个其实呢就是那个吧？那个呢应该还是那个，这个虽然看起来不是那个，但最后其实还是那个……"一切皆被成功解释，并顺利纳入了她的体系，母亲便觉得满意且得意。我在旁听着，唯颔首微笑而已。犹记若干年前，有村人进城，第一次喝健力宝，曰：这不就是糖水吗？再喝可乐，喝美年达，喝冰红茶，皆一言以蔽之：这不还是糖水？其理颇类。

• 家的附近有几家书报亭，里面售卖的报与刊颇为丰富。我在那儿能买到《读书》《随笔》《炎黄春秋》《收获》等，极为便利——当然，自去年开始《炎黄春秋》已不大买了，原因不赘。这几日，突然发现这几家报亭都陆续地搬走了（或关闭了）。缘由或许很多，内和外，都有。记得以前路人经过，一般会捎上一份报纸，俾以在轻轨上认认字儿，消磨点时间。现在手机上阅读资讯便利了，报纸便显得可有可无，报亭终竟成了累赘，这便是科技形塑与改变社会与文化的力量。但我想，在一些老的社区或院落，每日傍晚，老人们拖着被落日余晖拉长了的身影，缓缓地从信箱里取出晚报，戴上老花镜，泡一杯茶，端坐在院子里的藤椅上（地上安静地蜷卧着猫或狗），从头版头条开始，一字一句，认真读报并剪报的情形，大概现在还有吧。虽然不一定多。

• 去游泳馆游泳。意料之中，里面端的人满为患，整个泳池到处漂浮着饺子一样的泳客。想要畅快地游，自然是难了。大家三五一群地站立在水里，一面搓着胳膊，一面欢快地聊："你女儿大学毕业了吗，男朋友找好了哇？……今朝三角地菜场的鸡毛菜，居然5块一斤……你的口红还真防水……这鬼天气。"——情形恍若那乡镇之集市，精确些讲，是被海水浸没了的乡村集市。所以在中国，因为人多，再美好的事物，最后皆要洗尽铅华，挤蜕出生活的底色与原形来。于是很怀念小时候的游泳（在乡村，因为场地的同一，功能尚未分化，洗澡和游泳便是一回事儿）。因为村子就在赣江之畔，每年暑假，待到"双抢"结束，每日便和小伙伴们在河堤上放牛。中午时分，大家便先挑块草地把牛安顿好，一群人便鹅鸭一般欢快地扑进赣江了。

● 每至酷暑，便要和寒冬来比较，觉得还是冬的冷好受些。毕竟，倘是冷，便可加衣服，一件，两件，三件，总之身体总是能暖和起来的。夏季之热，固然可脱衣服，一件，两件，三件，可惜人皮是不能脱的，最后还是热，只好摊手叹气。这就是局限性。或曰：夏天可游泳，可吃冷饮，可排档啤酒烧烤……这些在都市，冬天亦可。唯一之区别，便是对一些男女来说，夏天倒是秀身材秀腹肌秀人鱼线的绝佳时机。可喜的是，这些咱们都没有，乏善可秀。所以还是冬天好一些。

● 记得老外婆当年在世时，年已近八十。其时收音机甫在山区的乡村流行起来。因体衰而多病，老人家便每日静卧在老屋的床上，听着收音机里播放的戏剧——大抵是京剧之类的吧，我想。老人家常常一面听，一面感叹："你说现在这人怎么舍得死啊。以前要听剧，晚上得走十几里的山路，到镇上去听戏班子唱，听完再摸着黑回村子。现在躺在床上就可以听戏，社会这么发达了，你说这人怎么舍得死啊！"一叹。

● 现在想想，一生中最健康最美好的生活，就是在中学了。作息很有规律，每天按时起床睡觉，早晨还要坚持做早操，绕操场跑三圈；不抽烟，不喝酒，不打牌；伙食很绿色，营养也合理：冬瓜、南瓜、卷心菜、大白菜等，一周还安排吃一次荤（曰"加餐"）；课桌前后左右围着的是一群年轻、单纯、上进而意气风发的花样男女。不用考虑按揭买房子，也不用考虑世界大事。每天的正事儿就是上课和读书，"苟日新，日日新，又日新"，精神很充实，每个细胞里都是正能量。身体也正年轻，血气方刚，前滚翻后滚翻，雪地里飞铲，都没事儿。荷尔蒙分泌也正旺，看到的世界——山山水水，男男女女，花花草草，都充满了爱意。

• 邮差，邮递员，或者信使，在中外文学里都是个重要形象或符号。当然，在每个人的个体史中亦是（90后除外）。记得以前犹他爵士队的带头大哥卡尔·马龙，外号便叫"邮差"，代表的就是这种风雨无阻、准时出现、任劳任怨的形象。在读书的年代，同学们每日最期盼的，便是那个穿着绿色制服（或雨衣），骑着绿色自行车，优雅而迅捷地闪过街巷转角的邮递员了——那是一副多么温暖的情和景呵！遗憾的是，在今日的电信时代，邮差这个角色渐渐地淡出了，变成了一个精致而亲热的称呼"快递小哥"。记得在我小的时候，我们既不叫邮递员，亦不叫邮差，而称之曰"送信的"——偶尔会有淘气的孩子一路谑叫着"卖报的"，那会激起邮递员们颇大的愤懑，便踩住了单车，汹汹地朝他们瞪。因为在江西的方言里，现世卖报意即丢人现眼，乃是对人不恭的蔑词。

• 小区里有个十几米的凉棚架，爬满了各种藤植，颇阴凉。每日早晨，老人们便聚集其下，或健身，或纳凉，或闲聊。坊间故事，家长里短，或山海经，或野狐禅，总是免不了的，偶尔关涉业主自治与物业之管理，颇有哈贝马斯的公共领域之效。待到晚上，乃至深夜，亦有老人在其中佛般地闲坐着，静看此月色与夜色。

• 傍晚，经过街区的小公园。里面有女人的声音在那儿哓哓地辩闹。一个年老的高声地叫："小孩儿不懂事儿，你大人也不懂吗？骑滑轮车轧到人家的脚，不道歉还不算，说一下也不应该吗？"孩子母亲的声音也很彪悍："孩子统共才三岁，你这么大声斥责，不会吓着我孩子吗？你这么大把年纪了，跟个孩子计较啥？"一时胶着。旁边有个同老年一道跳舞的花格子同伴掏出手机，开始拨110："勿要吵了，阿拉叫警察来断，这下好了吧？"孩子母亲亦汹汹回道："对，对，叫警察来，她凭啥说我家孩子轧着她的脚了，有证据吗？谁三只眼睛看到了？我孩子吓出了啥毛病，我绝不会放过伊！"——那个"肇事"的小孩双手扶着滑轮车，一时呆着，只抬着头眼巴巴地左一下右一下木木地看。

• 前几天，北京某部请法学专家参加座谈会。粗略一看，清一色北京的。记得前些年有某部朋友同我说，请外地专家来北京开会，得各种操心。既要报销来回飞机票，又要报销宾馆住宿，之前还要落实行程，遇到飞机误点还得临时换人等，着实麻烦。邀请北京学者，一个电话，人家打个的风驰电掣就来了，啥成本也没有，咔嚓嚓，就把事儿给办了。

• 孩子刚刚学会了走路，兴奋劲儿过了后，便开始倦怠起来。出了门，走得十几步，或几十步，便抬起脚拍着手，"嗯嗯嗯"地要大人抱。于是，每日的遛娃，大多数时间，便是抱着，或背着，甚至捧着一个二十多斤的重物，走街串巷，大汗淋漓地逛。嘴里还须一字一句、一草一木地用江西普通话教导其说话——现在该是学说话的阶段了。每日早晚各一次，高温暴雨酌减。而七月之初关于完美暑假之诸理想与设计，早已"樯橹灰飞烟灭"矣。

● 中午孩子独自站在餐桌旁，扶着桌沿，踮着脚，伸着脖子，在探头看手机里播放的儿歌——《我在马路边，捡到一分钱》。按惯例，每次播到"叔叔拿着钱，对我把头点"时，他便极开心地笑起来，并煞有介事而深深地跟着点头，颇可乐。这次，播到同样的片段时，我在一边悄见他亦边嘎嘎嘎地笑看着，边犹自郑重地点着头。人前人后一个样儿，这大约便是儒家讲的慎独吧。

● 看到有同事回忆当年在江西插队落户时，徒步数十里山路去"当街"之情形，颇亲切。当街，江西方言，意即赶集，在其他地方似很少见。查字典，其中之当的用法，竟难找到。记得小时候，当一次街不容易，一早起来，赶很多路，风尘仆仆，才到得集市。颇隆重。现在母亲在上海，倘要出门，亦习惯说我去当街了。但这地儿出门便是街，没有当街那种长途跋涉的意绪了。总不像。

● 和一位外地的朋友遇见，聊天。他说："你们上海人的养生真的各种讲究。上次俺去医院看望一位亲戚，邻床是一个上海的老太，床头的各式东西都一一盖着，脸盆也用塑料袋扎着，防着灰。吃个苹果，也要洗个几遍，再加刀子削皮，还洗了手才拿起来吃，就像祭祀一样周全。俺在旁边看着，心里就疑，就想：'你这么讲究，咋就在床上哼哼了呢？'"我笑答曰："俺是伪上海人，不能理解其妙。"

● 暑假即将结束了，这几日看到一些同人在抱怨"开学恐惧症"，颇有同感。在我而言，所谓恐惧者在于，近两个多月的假期，大抵是宅在家中度过的：或看看书，写点字儿；或遛遛娃，外出转转。与人高谈阔论的机会甚少，语言能力便渐渐地褪色了不少。以致开学前几周，上起课来，齿与舌总施展不开，便如锈着了一般，生涩之至，竟有些"君子敏于事而讷于言"的意思了。记得前些年，母亲在上海帮忙带小孩，暑假里便日日用江西话聊天，村头长，巷尾短，不一而足。以致开学后，不唯齿舌龃龉，一张口，江西普通话亦绘声绘色地暴露无遗了。但，这些都是暂时的，两周以后，顶多三周，大不了四周吧，便渐渐要恢复出昔日铁嘴铜牙、辩口利辞的原形来的。

• 去菜场买辣椒，问："你这辣椒辣不辣？"摊主是个女的，三十多岁，略施粉黛，浑一副麻利模样。闻言，便愣了愣，答曰："辣不辣，这就说不准了。爱辣的人吃了，都说不辣，刚刚好呢。不爱辣的人吃了，都说辣得很，要看人呢。"俺再问："那你觉得辣与不辣"？辄答："我嘛觉得有点辣。但我老公吃了，觉得不辣，味正呢。"一时竟无语。于是，俺一不做二不休，掐了一点儿辣椒皮，放在嘴里尝，竟无比的辣。一时龇牙咧嘴，哈呵不已。那女的见状，立马笑转过来，道："这种辣椒就是这样的，生吃起来，辣得很呢。其实烧熟了，就不大辣了。"俺答曰："我是辣不怕，就是要买辣的，越辣越好。"那女的听了，一时竟也无语。这大概也是非对称信息下的博弈片段吧。

• 与友聊天，见其已届不惑之年，既不锻炼，亦不节食，却依旧保持着年轻时代矫健修硕的身材，乃叹道："老兄大约就是人世间那些天生怎么吃亦长不胖的人吧。要么或有啥胃病之类？"吾友闻言，哈哈大笑："吾兄谬矣。这些年来，咱每周都会自觉量一次体重，一旦略微超出标准，下周便自觉减少饮食，体重自然顺利恢复下去。总之，防微杜渐，动态管理，其奈我何？"俺闻言，乃汗颜久之。记得以前在乡间，看水中鸭子凫在水面，气定神闲，颇以为高妙。殊不知其水下的双脚，却是永不停歇地划着，这却是吾人所未能见到的。颇同此理。

• 前些天见到一位朋友，50后，上海人。他说，我初中毕业，就上山下乡去做知青了。当时随身就带了一本书《三国演义》。每天白天随着老乡出门干活，插秧、割稻、打豆子、挖鱼塘，无所不为。晚上，疲惫不堪地回转到土屋，"载饥载渴，我心伤悲"，便横躺在稻草铺上，就着昏暗的油灯看三国，一时气定神闲，宠辱皆忘，"帝力何有于我哉？"但往往一刻钟不到，便头一歪而酣然入睡矣。一夜呼噜大作，好一场酣睡！次晚再读，竟已忘昨日所读，所谓人物与情节，"落了片白茫茫大地真干净！"便胡乱翻开一页，再饶有兴味地开始。后来返城，每晚亦必喝点小酒，微醺之中，照样横在床头，在台灯下随意翻开书，看上一段，照样浑然不觉倏入黑甜之境也。次日醒来，四顾茫然，而书必在床底矣。以至今日，凡二十余载，一部《三国演义》竟尚未通头彻尾读完。聊起其中之人物与故事，依旧隐隐绰绰，似是而非。"我就是喜欢读三国，没啥目的，就觉得好玩儿，有劲儿。不像你们，读本书，总想总结点啥出来。"窃以为，此为读书人之至境。"虽不能至，心向往之。"

• 早上去参观阿尔伯塔省议会，遇到同组的另一访问学者。他见到我，便极雀跃而兴奋地拍着我的肩说："老张啊，我昨天的微信步数总算力压了你哈。"闻言，一时惶惑。细问之，原来此兄昨晚十一点看微信，发现俺的步数为两万四千多，超了他三千多步。其时贵年兄已脱衣上床了，却依旧一腔热血而决绝地披挂起来，冒着阿尔伯塔零下的气温，在房外的大草坪上暴走了四千余步。纠纠然，返到屋内，再看微信，已是独步天下傲视群雄矣，便得意地宽衣解带，睡其大觉也。——这大约也是欢乐人生之一种罢。

● 近日，听加拿大一位知名中国问题专家的讲座。据说是一个中国通，对中国传统文化体认颇深。口手并用，颇能说点典雅的中文。其间，其展示了几张与中国几代人物的合影，举座皆惊，可见渊源之深。讲座内容颇能彰显中国文化之精妙，侬好我好，左右逢源，主客忻然矣。其间，有人询之对中国对外投资的看法和态度。其答曰，最担心的是两件事儿：一是担心中国的企业把中国式腐败带到加拿大来，影响当地之市场生态；二是担心中国的国有企业，对外投资目的可能是多重的，不唯经济利润最大化，或有其他之维度。

● 前些天，脚关节颇不适意，隐隐地酸痛。征之学医的朋友，他说："就人类身体演变史言之，关节乃是人类的软肋。张兄试想，人以前是爬行动物，渐而进化到直立，而关节一直薄弱。然因早期人类之寿命，大抵三十余年，兼之身体精瘦，尚能勉强维护。随着人类的进步，寿命大率提到七八十岁，各种肥胖，比比皆是，而关节品质之进化远跟不上节奏，你说咱要不要省着点用？"言极深切。犹记得大学时代，吾人颇有晨跑之习惯。寒冬腊月，亦身着短裤，裸着膝盖，在操场暴跑。气宇轩昂，意气风发，跑得左脚经常找不着右脚。如今思来，悔之晚矣。

● 早上，埃德蒙顿大成律师事务所的张律师邀请我一道用早茶。张大律七十多岁了，自小在香港长大，因了父母的缘故，讲得一口道地的胶东话。他在英国拿的法律学位，在加拿大执业已三十余年。席间，我们聊了当地的司法制度及与律师相关的制度，颇觉许多规定在中国的相关制度里，亦能对应地找到，甚或更为细致与周全。问题是，咱们的良法美意在运行中总容易走偏，或空转。以致好好的一轮明月，常常枉照了沟渠。最近，在媒介上读到许多关于某草案的评论，论者以为应加上这条、这条还有那条。我阅之皆深以为然，并肃然起敬。但问题是，这些条款即便加上，明月是否就能顺利照到美人蕉？——突然想起，其实在动物的庄园里，拿破仑张贴在大谷仓墙头上的那张《七诫》，第一句话应该加上："根据宪法，制定本诫。"

• 周末，看了一部京剧，咿咿呀呀唱的那种，颇惬意。小时候看露天电影，京剧也多，被捏着鼻子灌了不少。因之，现在尚能微末地感受到其中的美。其时村里识字的人不多，我父亲算是一个吧。记得每次放京剧电影，他总边看边把银幕上的唱词念出来。念完了，还不忘言简意赅地总结一下："这个女的带了孩子，一路讨饭，来找老公了。"一时风光无限——当然，这个时候，我大抵已在竹床上形容不堪地昏睡过去了。在静滞的传统时代，京剧缓慢地唱法，增益于消遣与休闲，观众亦不觉得沉闷与无趣。现在的人听起来，可能会觉得不大耐烦。毕竟，我们关于时间的哲学已然发生了巨大的变化。但偶尔听听京剧，亦是一种修身的审美之道，让自己的心能静下来，沉浸进去。因为须字字顿顿地唱，京剧对于词儿的精确、韵律与美感等要求甚高，细细品味之，竟受益匪浅。

• 暑假遇到一位朋友，曾在县里做过副县长，联系过政法部门，算是法律中人吧。其雅好书画，诗词兼之。"夫以耿介拔俗之标，萧洒出尘之想"，巍巍然有古风。一路上，见到当地古村老宅，斗方楹联，总能稗官野史地说出许多因果来，颇有见识与趣味。次日离开，他送我一部关于《论语》的研究心得，厚厚的一本，洋洋数十万言，让人肃然起敬。公府中人，案牍劳形之余，写点散文或小说消遣一番，倒是常见的。但潜心研究《论语》与老庄，并集腋成裘地发表出来，倒不常见。在返沪路上，认真拜读之。发现其对于孔子的一些解读另出机杼，"正确"与否姑且不说，却能自圆其说，别有一番新意。窃以为，读经与解经，名家巨擘们做得，小人物与门外汉们也可以做。毕竟，每个人的经验与阅历，情境与心境是独特的，对于人物与文本的体认，自然也有其独特之处。与经典"视域融合"之，或许能开辟出一些新的境界与路径来，从而丰富经典的意义维度，或未所知也。至少可以在专家权威解读的罅隙之间，牵引出一些新鲜的气息出来，也是意义之一种吧。

• 前段时间在国外，母亲便来上海帮忙带小孩。因为母亲不识字，亦不会说普通话。因之，与孩子的交流，则径直用家乡方言，着实勉为其难也，而跨文化沟通上的误会，终究是难免的。比如，孩子在家中乱跑，上蹿下跳之。母亲便诫之曰："小孩要乖哈，不要害人。"其时，孩子他妈在旁听到，心中颇觉不解，区区两岁小孩，何以会害人呢？不过其转念亦想，大约是江西方言的习惯吧。便未曾多问，一笑了之。近日，她突然忆起此事，便向我求解。俺大笑曰：的确，在江西方言里，"害人"这个词倘是针对小孩言之，便是特指顽皮与调皮之意，并无其他不堪之含义，与常言之"害人之心不可有"之"害人"迥异。所以在俺老家，经常听到人嗔道"某某家的孩子真格害人啊"，即是。倘要形容孩童特别之调皮与顽皮，则曰"某某家的小孩扣鱼儿眼珠仁地害人"——即，调皮到竟要去扣鱼儿的眼珠仁的地步，调皮之甚，之刁钻古怪，可见一斑矣。

● 今日乘电梯，有一男一女在。女的对男的说：现在这世道是愈来愈看不懂了。据说城里许多年轻人之婚姻，流行先同居，待生了小孩，再领证结婚呢。男的说：你这是少见多怪。乡下多年前便已如此了，目的端在生子。即，先同居，至怀孕，倘第一胎为女，则继续同居，一直待到生了男孩，才欣然领证办事儿。此因规避计划生育之故也。女的说：错。据说如今城市里的男女，或观念新潮，或托词以工作繁忙，常有一方或双方结婚以后，竟不想生育，或不能生育。一方为规避起见，而采取此相应对策。毕竟，城市婚姻，关涉因素既多，利益攸关。如此行事，则今后倘分道扬镳，亦两厢无碍也。俺在旁听到，心下不禁感叹：人类社会的各项大小制度，便是在此一桩桩具体的斗智斗勇，兵来将挡水来土掩式的风险规避之行为与策略中（按照福柯的说法，叫"合理的闪躲"），逐渐或明或暗鲜活地演变过来的。

● 母亲来电说，准备给我快递一些家里的腊味过来，有腊肉腊鸡腊鸭等。"都是自己家里养的，晒了几个月了"，她说。这些都是我素来喜爱的，但现在却突然有点犹豫了。因为根据这些年的经验，这些腊味倘蒸出来，香固然香，极香，却较咸，乃下饭之利器，往往半片还没吃完，一大碗饭则已经干掉了——这倘在以前贫瘠而劳作的年代，该是多么美好的优点啊。以至一小盘腊味摆在桌上，居然可以对付一个星期，还能威武地在。——突然想起《笑林广记》中载的一则笑话："二子同餐，问父用何物下饭，父曰：古人望梅止渴，可将壁上挂的腌鱼，望一望吃一口，这就是下饭了。二子依法行之。忽小者叫云：阿哥多看了一眼。父曰：咸杀了他。"颇有意思。据医生说，每日吃腌腊，似乎对身体并非有益。总之，还是混搭着少吃一点吧。

• 有时候想想，于现在的孩子，学习倘无发愤上进之风貌，亦大可同情地理解。毕竟，孩子的每日，所要做能做可做在做之事，大略无外乎：要么做作业背单词做奥数，要么玩游戏看电视，要么打篮球踢足球，要么吃大餐看电影，要么睡大觉看闲书……凡此种种，最为艰难的选项，便是做作业；除了做作业，剩下的大抵都是好事儿乐事儿。依循人性，揆诸情理，孰能不慢之厌之拒之恨之？遥想当年，俺在家读书时，父母一早起来，旭日初升，鸡鸣犬吠之间，便问：你今天是随我们上山砍柴，还是随大哥去稻田浇水，或是随二哥去牛栏挑粪，还是随你姐去地里摘花生，要么——就留在家里做作业，但要把晚饭做好，顺便把晒谷场的稻子收了。犹记得其时听到最后一个选项，便恍如自天下嘚地掉下一块，不，一袋馅饼来，不禁喜跃抃舞，无可无不可也。试想此时此刻，遭遇此特殊之待遇，孰能不感恩之，珍惜之，发愤之，拼小命乃至老命之？

• 前几天，和高中同学聊天。他家在我们县山区的一个村，家里有八个兄弟姐妹，小时候家境较为贫寒，蓬门荜户，艰难竭蹶，苦就一个字矣。如今兄弟姐妹都已成家立业，分散在各地打拼，音耗难接，聚合不便。最近他发起建立了一个家庭的微信群，吹响了家族集结号，三代咸集，济济于一群，规模近乎一个高中班级矣。因了血脉维系，血溶于水，群内气氛融洽，其乐融融，每天每家每户有啥事儿，就在群里说说，大家便七嘴八舌出点主意，提点建议，谈点感想。平素或鼓劲加油，或评骘臧否，或慎终追远，相互间偶尔还"拉拉袖子、扯扯耳朵、红红脸、出出汗"，家族诸事，乃各抒己见，民主协商，参政议政，恍如网上宗祠。逢年过节，则发发红包，嘻嘻哈哈，闹闹热热，善莫大焉。"现在家庭凝聚力得到了空前加强，大家感情也浓了。"其情其形，颇类似于新时代之围炉夜话矣。借由现代通信的发展与发达，使得当年黯淡了的聚族而居的理想，现在竟以这般全新的方式，渐渐地重焕出了新的光泽，这是一件多么欢欣的事儿。

• 早晨，在一家河南拉面馆吃面。进来一位老人，精神矍铄，目光炯炯。他在我对面坐下，便高叫了一碗拉面："给我来三两葱油拌面，不要牛肉汤。"不久，面被端上来。老人便继续叫道："给我再加点小把香菜，另外给我来三瓣蒜。"——这些作为佐料，在拉面馆都是免费提供的。两样送到以后，老人便熟门熟路地从桌上取了山西的醋瓶，将醋均匀地浇撒在拉面上，又舀了一勺调羹的剁椒酱和辣椒油，拌在面条里，最后，从桌上的葱碗里，用手指头撮了一小把葱撒进去，搅之，拌之。一碗全素的、重口味的、色香味俱全而价格最为便宜的河南拉面，便顺利完成了。看着老人一面剥着蒜瓣，一面低下头酣畅地吃着面的情形，俺在桌的对面不禁感佩，这大约就是舌尖上的智慧吧。或按照林语堂先生的说法，也算是吾国与吾民的一种生活的艺术。

• 端午，亲戚送来了一袋热气腾腾的粽子，说这是她品过的上海滩上最好吃的粽子。一早便特特排队买了些，送来给孩子们尝尝。用心良苦，颇为感动。剪开，吃过，发现里面的五花肉较寻常的更油腻一些，糯米也更香糯一些，口感自然更酥软一些，堪为上品。但粽子总是粽子的味道，这是质的规定性，所谓优劣，无外乎馅料不同，或品相高低而已。记得郭德纲在相声里，曾戏称爱吃鱼香肉丝馅甚至毛血旺馅的粽子，颇令人捧腹。其实，倘要隆重推出一款海鲜馅来，也是无不可的。吃粽子，端在纪念屈子及其精神，最后竟异化成了各色粽子秀，精神顺利化约成了物质，并精准对应着人之口腹，自然因此有了生生不息的动力。这大约也是人类文明演化的规律之一吧。

• 清晨在小区走，迎面走过来一个小伙子，手里举着一支奶油雪糕，一面大大咧咧地啃，一面龙行虎步地走。突然觉得煞是奇特。浮想一下，一大早爱抽烟的，咱见到过。据许寿裳先生的回忆，鲁迅一早醒来，定要背据着床头，抽罢一通烟，才肯恹恹地起床。而一早捧一块热烫的粢饭糕，或刚出锅的油条，"呵呵呵"地嘘着吃的，亦屡见不鲜，现在犹是上海地铁之一景了。抑或，早上端一碗热豆浆，大汗淋漓地踞着喝的，咱也见识过。上海自是不常见的，但在北方的清早，似是见怪不怪了。也有清晨喜好喝几盅的，邀几个相得之人，在晨曦中支开桌子，点了糟毛豆、海带丝和白切羊肝，一面若有若无地聊，一面若有若无地抿，亦不乏其人矣。但要说一大早便举着一支雪糕，招摇过市地啃与吮的，恕俺识短，还真没见过。酷，很酷。

我　读

● 下午到书城转了转，发现王小波的文集、选集或全集几乎泛滥了：各种出版社高规格地出版了各种文集，装帧精美，用纸华贵。各路"王小波"，一簇簇，一排排，角度各异，掠人眼球。有的还独具心裁，用某篇偏僻的杂文或中短篇的名字作书名，以弹眼落睛，制造陌生效应。在如此这般的消费下，"王小波"三字骎骎然已成残滓矣。

● 读了一个作家的代表作以后，倘感觉合胃口，往往容易心血来潮，渐渐地把他的作品买齐了来读。结果发现，除了代表作和成名作外，其他的作品往往会让人稍微地失望。毕竟，作者的思想和风格也有一个发展过程，且成名以后，速成与应景的作品亦日见其多（更不消说日益走向枯竭与封闭了）。所以倘不是专题的研究，实在没有必要去买全集和系列的书。

● 《我的人生故事》，这是从周有光的全集中精选出的关涉其人生、信仰与研究等领域的文字片段。说句实话，读完以后，觉得特别的失望，文字淡之如水，味如嚼蜡，甚至比季羡林的回忆文字还差了一大截。当然，这可能是编辑在剪辑文字的时候没处理好，但不会全部是。

● 早晨起来，读《梁漱溟全集》第七卷，里面收录氏之1953年至1988年间的论文、随想、回忆及讲话稿等，关涉人物交往、政坛秘辛、思想散论等，颇为丰富。尤其"文革"期间氏之各种申辩，大抵收录，概貌约略可见，颇为珍贵。字里行间，感觉梁其实是极懂政治的，洞悉政治之本质，而"文革"中的遭遇，实乃性格所然耳。

● 7月初，一直在集中读《莫泊桑中短篇小说全集》，状态颇好。其中的短篇的确很短，有些尚未进入高潮，便平静地结束了——不是戛然而止或意味深长的那种，似乎完全是生活中任意截取的片段速写。没有寓言式的教诲或欧亨利式的变奏（偶尔也有例外，譬如《旅途上》《密斯哈丽特》等），颇适于消暑。

● 蒙田在其随笔《论书籍》一文中说："我的目的是悠闲地而不是辛劳地度过余生。没有一样东西我愿意为它呕心沥血，即使做学问也不愿意，不论做学问是一桩多么光荣的事。我在书籍中寻找的，也是一个岁月优游的乐趣。若搞研究，寻找的也只是如何认识自己，如何享受人生，如何从容离世的学问。"

● 李渔的《闲情偶寄》中云：昔有一人，善制鹅掌。每豢肥鹅将杀，先熬沸油一盂，投以鹅足，鹅痛欲绝，则纵之池中，任其跳跃。已而复禽复纵，炮瀹如初。若是者数四，则其为掌也，丰美甘甜，厚可径寸，是食中异品也……以生物多时之痛楚，易我片刻之甘甜，忍人不为，况稍具婆心者乎？地狱之设，正为此人。

• 读武侠小说，最令人着迷的事儿，是经常出现的那些文字："一路晓行夜住，二个月后，不知不觉，便到了雁门关"；或是"一路游山玩水，遍访名胜，一个月后，临安城便在眼前"。想想吧，在古代的中国，侠客们或一人，或结伴，荷剑而行，遇酒肆便痛饮，遇胜景则流连。中间之情形，端的是既浪漫，又豪迈。

• 张岱在《陶庵梦忆》中有云："人无癖不可与交，以其无深情也。人无疵不可与交，以其无真气也。"这些话只能粗略地算对。倘若是对物有深情，譬如养狼、犬之癖，而对人则无情，抑或有偏邪无状之癖，实在也算不得什么妙事或幸事。就如氏之友祁止祥，"去妻子如脱屣，独以娈童崽子为性命"。其癖竟如是。

•《随园诗话》里读到一节，某太史掌教金陵，告诫其门人，诗要学韩苏大家（韩愈、苏东坡），一读温李（温庭筠、李商隐），"便终身入下流矣"，袁枚颇不以为然，辩之曰："韩苏官皆尚书、侍郎，力足以传其身后之名。温李皆末僚贱职，无门生故吏为之推挽，公然名传至今，非其力量尚在韩苏之上乎？"此洵妙论也。

• 昨天在一个司法改革研讨会上，谈到法官待遇问题，俺提出，提高待遇是很必要的，但须向人民有一个合理的解释。记得《西游记》里，孙悟空对玉皇大帝的待遇就表示不服，如来就解释："他（玉皇大帝）自幼修持，苦历过一千七百五十劫。每劫该十二万九千六百年……"老孙听了也就服气了。现在我们需要这样一个解释。

- 读红楼，总觉黛玉性格太作，言语刻薄，常让宝玉疚痛，继而和解，再而不快，恍如欢喜冤家，令人不堪。记得小时候有发小焉，偶患脚癣，奇痒，难自制之，便竟用小刀，把这小块脚皮削去，疼痛不已，但据说较之痒，竟还能克制些。这种将痒，或思，或爱，化为痛来承受的心理，用在黛玉，竟颇能大略地解释。

- 美国法官勒尼德·汉德（Learned Hand，1872—1961）说过："我常常在想，我们对宪法、法律和法院的期望是否过高。自由应当在我们每个人的心中。如果我们心中的自由已死，即便有宪法、法律和法院，又有何用？如果我们心中有自由，即便没有宪法、没有法律、没有法院，那又有何妨？"

- 孟子云：恻隐之心，人皆有之。这种现象在科学上得到了部分验证。认知神经学者费尔 2004 年在《科学》杂志上发表论文，从人的大脑中发现了人们维持正义、惩罚不公正行为的脑科学基础。他发现一些人见到不公正的行为时，大脑中一个叫做背纹体的部位会被激活，使他们产生惩罚自私者的意愿。

- 郭嵩焘云："自宋以来，尽人能文章，善议论。无论为君子小人，与其有知无知，皆能用其一隅之见，校论短长，攻剖是非。末流之世，恨无知道之君子，正其议而息其辨。覆辙相寻，终以不悟。"今日之微博微信时代，自然也是"尽人能文章，善议论"之时代，无论"有知无知"，亦在"校论短长，攻剖是非"矣。

- 尼布尔说："在整个人类共同体中，群体越大，就越必然地要自私地表现自己。群体越有力，就越能反抗人类心灵所设定的任何社会限制，亦即越不服从内在的道德约束。"见诸《道德的人与不道德的社会》。其实这还是人多力量大的意思，人多，做好事的力量大，干坏事的力量也大。而道德偏偏又是多数人说了算的。

• 清代龚炜《巢林笔谈》中云："昔瓶庵舅氏尝作开河、摊荒诸说，指陈侃侃，言即不行，亦使长吏知士林犹有公言，今无其人。"颇感。今日之情形则悖也。意见领袖们"指陈侃侃"，各科通吃，言之必不行也，倒令长吏嗤士林无人矣。瓶庵，即昆山葛瓶庵，龚评之："气性太胜，气胜则渣滓日生，清虚日远。"

• 托马斯·鲍威尔说："如果你在考虑某件与其他事物紧密联系的事物时，能够排除这种联系的干扰而专注于事物本身，那么你就具有了一种法律的思维。"如果法律思维果真如是，那么我们引颈期盼的法治不免太刻板了些吧。毕竟，不消说法律，即便人类本身，亦无可避免地深嵌在文化之中并由此建构与理解自身。

• 韦伯在《学术作为一种志业》中说："任何人如果不能，打个比方，戴起遮眼罩，认定他的灵魂的命运就取决于他能否在这篇草稿的这一段里作为正确的推测，那么他还是离学术远一点好。他对学术将永远不会有所谓的'个人体验'。"每读至此，愧疚之余而颇感激发。遗憾的是，刻下竟是"学术作为一种职业"了。

• 法国社会学家皮埃尔·布迪厄在《实践感》一书的"绪论"中指出："在一个时代的难以设想的事物中，有的因缺少考虑和重视这类事物的道德或政治态度而难以思考，还有的因缺少提问方法、概念、方法和技术这类思考工具而无法思考。"不宁时代唯是，我想现时代人际间的诸多理解，恐怕亦缺乏上述之立场与工具。

• 在一篇文献中，看到德国联邦宪法法院在某判决中对"人格尊严"作出的界定，即著名的物体公式："当一具体的个人，被贬抑为物体，仅仅是手段或者可代替的数值时，人性尊严已受伤害。"这个定义无疑具有深刻的康德色彩，其将人格尊严之落脚点置于人之自由意志之上，而非其他物化符号，颇为切中肯綮。

• 王鼎均先生在回忆录里提及反对死刑，认为："法律常常改变，而人死不能复生……今天枪毙贩卖银元的人，明天允许银元流通，昨天枪毙'通匪'的人，今天允许交流访问。"时下关于废除死刑，大率以生命神圣或冤假错案为理据，王氏则以法律的偶然性来阐释死刑之剥夺人生命的偶然性，凸显了颇多的哲学意味。

• 读关于民国大师们的忆文，多矣。有趣的是，无论是弟子还是故旧，大抵推崇而大书特书的，都是他们如何之认真上课，之风骨铮铮，之待人接物，之风花雪月，等等。竟极少提到他们发表了多少权威论文，或出版了多少著作。要么，只是一笔带过：在……期间，他顺便把讲义梳理了一遍，出版了《中国某某史》。

• 读清笔记小说《咫闻录》，有云"广东一人而娶三四人者夥矣，名曰并妻，以长为尊"。可见，古人所谓一妻多妾制亦有例外。记得前不久看《李宗仁回忆录》，有一细节与此颇类，即广西军政长黄绍竑原配有韦氏，另娶校花蔡凤珍，"报聘纳彩，按旧俗办理"，两房夫人并不同居，名位毫无轩轾，此谓平妻制。

● 弗洛姆说：消费人是这样一种人，他的主要目标首先不是拥有物品，而是不断地消费，以此填补他消极孤独焦虑而空虚的内心。"甚至教育、书籍和演讲等一切东西都变成了消费的项目"。回想不才这些年来，一旦觉得无聊与无趣，便要到书店去逛逛，购几本新书，精神抖擞地捧回来。可见亦属"消费人"之列了。

● 顾炎武在《日知录》里谈著书之难，认为写书必不能多，"其必古人之所未及就，后世之所不可无"，这要求实在太高了，看来还是做古人好，随便写点什么，便能填补空白，后人唯有跌脚叹气的份了。顾又说："今人之书，愈多而愈舛漏，愈速则愈不传，所以然者，其视成书太易，而急于求名故也。"此今日亦然。

● 莱辛在《天黑前的夏天》里，有一个细节让我颇有印象，即主人公凯特在结婚之际，送给丈夫迈克尔一本书，即罗素的《幸福之路》，而迈克尔送给她维尔德的《理想的婚姻》，这个情景让我们读书人感到些许的温馨。不过，维尔德的这本书我没有读过，但罗素的《幸福之路》倒是在多年前细读过，恍如心灵鸡汤。

● 柏拉图在《法律篇》中指出：不满 40 岁的人决不允许出国；倘有必要出国从事调研的，须年过五旬，且 20 年内必须回国，回国后须向联合委员会汇报心得体会。倘从外国进入该国，亦须过 50 岁，且目的仅在于欣赏本国超过他国的优秀方面或将本国出色方面介绍给他国等。老柏不愧是"开放社会及其敌人"的祖宗啊。

● 明代曹臣编的《舌华录》里，说朱异 20 岁时，"遍治五经，涉猎文史，博弈书算，皆其所长"，算是个淹贯博洽的好青年了。

沈约曾戏曰："卿年少，何乃不廉？"有译本译成"你很年轻，为何这样不廉洁？"颇隔膜。查诸辞典，"廉"字古为"不苟取"之意，窃以为此语应译为"你这么年轻，干吗要这么滥呢？"

● 在《梁漱溟全集》第六卷里，录有《政治上的民主和中国人》一文，梁氏以为中国古代"政治之缺乏"，无以产生近代之民主。但中国之礼俗社会，亦隐然有不少民主气息焉。随之，梁氏引用了林砺儒先生的一句话："假如西洋近代的民主叫做德谟克拉西，那么我便唤这个（中国式民主）德谟克拉东。"有意思。

● 手头有本极陈旧的《樊山判牍》，收录了清代樊增祥的一些判牍。偶尔翻翻，颇为有趣。譬如在因夫妻不和而诉讼的案中（《批韩刘氏呈词》），樊山判："夫妇不和，即来告状，宜乎讼词之多矣……试问两口子打架，有甚希奇，也要进宫过府乎，倘再不敛迹，定将韩映庚（夫）两腿打烂不贷。"颇有父母官风范矣。

● 睡前读清陆以湉的《冷庐杂识》，有明代夏原吉吴中治水的事儿。治水之初，"民初不便"，牢骚不少。原吉便亲自询诸父老。有个老人说："相公开河，功多怨多，千载之后，功在怨磨。"此言极有智慧。原吉如醍醐灌顶，乃断而行之。我想现在那些大兴土木搞形象工程的人在野蛮拆迁时，大概亦作如是想吧。

● 塞涅卡在《论交往》中说："我回家时的道德品质，一定不会同我出门时完全一样，内心中已经平衡的东西，有些又变得飘忽不定起来，某些早被祛除的思想，又重新出现在脑海之中。""你要我告诉你应该把回避什么作为最要紧的事，我的回答是：回避众人。"——宅，还是不宅，看来是个关涉修身养性的道德问题。

• 明代张鼎思《琅琊代醉编》中云：北宋刘器之的待客之道，就是相对默坐，"不交一谈，至于终日"。倘若客人实在困闷得不行了，提出要回家啦，老刘却极力挽留之。旁人看不懂了，请教之。刘说："人能终日危坐，而不欠伸欹侧者，盖百无一二，其能之者必贵人也。"这种品德大概就是今人所云之"hold住"吧。

• 柏格森在《道德与宗教的两个来源》中指出："当一个用来指称以前存在的事物的词延伸到那个新观念时，就会修改那个事物，从而反过来影响过去。"在历史研究中，我们也习惯于按照某些关键词变迁后的当代意义来重识思想史，并相应在时空上扩展了相关历史的视域，而我们一厢情愿地认为这是历史研究的深入。

• 古罗马哲学家爱比克泰德曾经做过奴隶。有一次他的主人为了消遣，以扭他的腿为乐。爱比克泰德淡定地说："如果您不住手，是会扭断我的腿的。"但主人并未住手，他的腿被扭断了。爱比克泰德温和地说："我不是跟您说过，您会扭断我的腿吗?"——这大概是哲学家年轻时代的轶事吧，然而其斯多葛风度可见一斑。

• 晚宋东发学派创始人黄震先生曾说："今世之人见贤而称其贤，见智而称其智，未足言知人，惟其方困穷时，其迹有甚于不贤不智者，而己独以察其心，若鲍叔之管仲，千古一人耳。"可见，识人靠的是见微知著的能力。但窃以为一个人最后是否杰出，还要靠历史之风云际会，优秀的伯乐还得要有审时度势的眼光才行。

- 苏格拉底在《斐多篇》里有一句话挺有意思，他说："如果死亡是彻底解脱，对邪恶的人来说，死亡则是一种恩典。死亡不仅使他们的灵魂彻底脱离肉体，而且使他们的灵魂脱离自己所犯的罪恶。"这是否在某种意义上论证了死刑的德性？

- 看到一则关于人名避讳的趣事。说南宋大臣钱良臣，有一幼子特别聪慧，每次读经读到"良臣"二字，就改读"爹爹"。一次，他诵读《孟子》中"今日所谓良臣，古之所谓民贼也"一句时，就改读道"今日所谓爹爹，古之所谓民贼也"，令人捧腹不已。钱良臣，华亭（今上海松江）人，清嘉庆《松江府志》有传。

- 昨夜读谢灵运诗选，有《斋中读书》一首，颇爱其"虚馆绝净讼，空庭来鸟雀；卧疾丰暇豫，翰墨时间作"之句，此为谢氏任永嘉太守时的人生写照。据《宋书》本传说："郡有名山水，灵运素所爱好，出守既不得志，遂肆意游遨，历遍诸县，动逾旬朔，民间听讼，不复关怀。"如此尸位素餐之做派，实在不敢恭维。

- 伊朗导演阿巴斯－基亚罗斯塔米谈及电影审查时说："限制是我们东方人生活和文化的一部分……我并不是说这些限制是应该的，我是说，我们就是在这种环境中长大的，并形成自己的思想观念。而且并非电影才是这样，各行各业都是如此。但正是有了限制，才让我们变得更有创造性，激发我们创立新的风格。"

- 下午在地段图书馆翻看许寿裳的《亡友鲁迅印象记》，有两个细节印象颇深：一是鲁迅先生的烟瘾。据说他每日需五十支，早上醒来便在卧帐里吸烟，所以他的白色蚊帐总被熏成黄黑色。二是鲁迅爱吃辣椒。据说他在南京读书时，只穿夹裤过冬，不得已吃辣椒御寒，渐渐成为了嗜好。这个细节我倒是第一次知道。

• 列奥·施特劳斯在《迫害与写作艺术》中指出："人们对公开讨论的自由持什么样的态度，关键取决于他们如何看待大众教育及其限度。"我觉得即便在当代社会，"大众教育及其限度"依旧是启蒙知识分子们需要认真对待的命题。

• 《新唐书·杜审言传》里讲杜审言疾革之际，宋之问等前去探病。杜审言说："甚为造化小儿相苦，尚何言？然吾在，久压公等，今且死，固大慰，但恨不见替人。"不知宋氏等人听到此言，做如何反应，史书竟无下文。窃想倘换作今日某些新锐作家，恐怕要勃然变色，将手里那兜苹果狠砸到老杜病床上，而后摔门走人。

• 在清代梁章钜先生《浪迹续谈》卷一中，看到一则关于"刁风"的考证，曰："桂未谷曰：'今日之善讼者，谓之刁风'，此字循习不察久矣。史记货殖传：'而民雕捍'，索隐云：'言如雕性之捷捍也'，吏胥趋省笔，以刁代雕耳。"这个考证让人耳目一新。进而，古今所谓之"刁民"，是否亦渊源于"雕民"呢？

• 近日在断断续续看《封神演义》。有个情节颇有意思，即每当闻太师好不容易请来个人或摆了个阵，姜尚无计可施岌岌可危时，小说接着就是一句"且说青峰山紫阳洞清虚道德真君，忽然心血来潮"，立马唤来一个人，指派下山助阵。最后闻太师大败，整个儿像灰太狼先生一样倒霉。背后有个总调度，这还玩啥啊！

● 看到一则古代材料，说宋代诗人苏舜钦读书时喜饮酒，以一斗为率。其读《汉书·张良传》时，见张良狙击秦始皇未果，抚掌曰："惜乎击之不中。"遂满饮一大白。又读到张良与刘邦见面，感叹道"君臣相遇，其难如此"，复举一大白。有如此下酒物，一斗酒不足多也。吾颇喜其《对酒》"一饮一斗心浩然"之句。

● 《朱子语类》中云：昔陈烈先生苦无记性。一日读《孟子》"学问之道无他，求其放心而已矣！"忽悟道："我心不曾收得，如何记得书？"遂闭门静坐，不读书百余日，以收放心，却去读书，遂一览无遗。窃以为，文中先后之放心，意味略异。孟子之求其放心，乃求迷失之善心，而后之收放心，却是收放纵之心矣。

● 国庆闲读有则学生回忆乃师刘文典的小文，云：刘之名头泰半来自其不畏权势——大约指他顶撞老蒋一事吧。敬仰是自然，但刘之言行不一亦令人跌破眼镜，有次课上批评社会之不平等，血脉偾张，曰有人坐车，有人拉车，何其不公哉。课后，有学生睹其施施然出校门，迅捷踏上一辆旧人力车，西向绝尘而去也。

● Isonomia（伊索诺米）最早使用是在公元前 500 年左右，远早于 Demokratia。英国人在 16 世纪末从意大利直接引入了该术语，意指"法律平等适用于各种人等"；稍后翻译 Livy 著作的学者以英语形式 isonomy 替代之。此概念在 17 世纪得到普遍使用，直至最后为"法律面前人人平等""法律之治"等术语取而代之。

● 许纪霖说：2001 年我到哈佛去做访问学者，有一次去纽约，特意到普林斯顿大学，去见余英时先生。余先生见到我第一句话就问，你为什么要把 intellectual 叫做"知识分子"？他说这个"分子"不好，在中国"分子"都是坏人，地富反坏右就是黑五类分子。他说他用"知识人"，而不用"知识分子"。

• 中午午休，闲看《吴宓日记》第二卷，其中提及："午，陈君寅恪、洪君深来谈，陈君述男女色欲之事，而洪君以所见美国实况证之。"颇有趣。日记转述了陈氏纵论人类色欲之大量论述，以史带论，让人叹止。故倘是学术大家，随意探究一隅，亦不免有超拔高见矣。而密友神侃色欲情形，亦惟妙惟肖，颇可想见。

• 阿兰·德波顿在《身份的焦虑》里指出，中世纪的人，无论是富人还是穷人，脸上的表情都很安详，没有现代人的张皇和焦虑。因为中世纪的人都有一种共同的宗教情怀，他们信仰并接受着上帝的安排，无论悲欢离合富贵贫贱，都能安之若素地履行天职，不会提出莫名其妙的问题并深陷其中，也就不会有身份的焦虑。

• 宋人黄庭坚云："士大夫三日不读书，则义理不交于胸中，对镜觉面目可憎，向人亦语言无味。"窃以为此不读书之情状，一言以蔽之，乃"轻薄"二字。即思想轻薄，神态轻薄，出言轻薄。

•《言论的边界》的作者刘易斯指出，对媒体日益扩大的话语权力需保持一定的警惕。话语权不能被官方所垄断，同样不能被媒体所垄断，它应平等地为每位公民所拥有。毕竟言论自由非媒体的独享权力，而是用来保障人民自由讨论公共事务，是属于每位公民的权力。——言论固然可以自由，但言论的媒介却是可以垄断的。

- 阿城的《棋王》里面，棋呆子王一生说："忧这玩意儿，是他妈文人的佐料儿。我们这种人，没有什么忧，顶多有些不痛快。"说的真好。旁的不说，倘是在月下喝点酒，或在沙漠里走两步，文人们不免要呜呼一声，佐料可就大发了。但文人之度日，虽然窘迫，喜的是能自我加佐料，使日子变得有趣些，也是桩妙事。

- 一路上居然把《漂泊者萧红》读完了。感觉不是特别好，一是里面大量地引用或改写了萧红作品中的文字，虽然她小说或散文的确有自传的性质，但对于作者而言，未免有偷懒或拼凑的嫌疑；二是传记作者对萧红的解读未免有太多的人文的视角和情绪，动辄康德齐美尔云云，似乎反倒把具体而鲜活的传主遮蔽住了。

- 想起培根的话，即"有妻室儿女的人，行动自由就受到限制，从而成为命运的人质"，事实倒也是事实，但是否能由此得出要做大事，便要晚婚乃至不婚，却也难以成立。众所皆知的是，幸福并不仅仅要从自由或成功的角度来评定，家庭内的忙碌亦是幸福之一种。但人总要从内心泛起对自由的渴望，却也是不争的事。

- 英若诚在其自传里提及，他在监狱里劳改时，向狱友先后学会了做泥瓦匠活以及腌酱菜法、制酱法、种葡萄法、孵小鸡法、淘金法、制作鸦片法、做人流法、劁公鸡法、烤制海鲜法等，五花八门，无所不及。可见，监狱真的是一所大学校。此书所述当年监狱之若干情形，与高尔泰氏的《寻找家园》相类。

- 特里·伊格尔顿在《理论之后》里说："学问不再是象牙塔之事，却属于传媒世界、购物中心、香闺密室和秦楼楚馆。这样，它们回归到日常生活——只是可能失去批评生活的能力。"不过，香闺密室，秦楼楚馆，云云，算是日常生活吗？我们失去了"批评生活的能力"，却已是无疑的。

• 《清稗类钞》第七册中有"顾亭林不夜饮"之记载。云顾氏之甥徐乾学延之夜饮，顾氏怒斥之曰："古人饮酒，卜昼不卜夜，世间唯淫奔、纳贿二者夜行，岂有君子而夜行者乎？"今人披阅此处，自不免释卷哂然。然则当今之勾当与枝节，大率发端于暗夜之中，确非谵妄之言也。进而思及古者之风，不禁汗颜。

• 上午读东吴法学院学子邢克光老先生写的读书笔记，主要围绕梅因的《古代法》和庞德的《法理学》展开。阅读极细致，学与问兼之，既有对观点的商榷，也有对学理的梳理，甚至涉及具体文字之翻译，钩玄提要，颇有发见。可见，读书未必要博，而贵精与专，倘能举一反三触类旁通，所谓半部《论语》治天下，诚非谬事。

• 斯蒂文森的《携驴旅行记》，是适于暑假阅读的书。很多年前，买过新世纪万有书库中的一个版本，可惜字太小，没有读下去。现在换一个更为精致一些的版本，可以继续读完它。其实，每个读书人都有一种对于"在路上"的向往和想象，它意味着开启一种脱域化的生存：无限的陌生或新鲜的事实、人、感情或情感，以及各种可能性。这就是人生。

• 冈田朝太郎说："天下有未立宪之国家，无无宪法之国家，不过有成文不成文之别耳，中国大清会典，及各地地方习惯，均足为编纂宪法之材料，以未经分别编纂，故称不成文宪法，不得因中国非立宪政体，遂谓中国无宪法国家。"此说颇有新意。囿于今人之宪法观，以致对古代典章制度及习惯与实践之宪法梳理颇为薄弱，洵为一憾。

• 雨果名作《九三年》第一卷"索德烈树林"中，有位近卫兵反驳道："这些中国的红种人……"莫名其妙用中国说事儿，与上下文无任何之关联，颇为突兀。译者注："近卫兵在气愤中说话有点语无伦次，所谓中国的红种人，意思是说'这些古怪的乡下人'。"感觉还是没说清楚，不知有何历史文化背景在里面？

• 王学泰的《监狱琐记》是值得看的，而且可以结合福柯的《规训与惩罚》来看，因为里面描写了许多技术与心理的东西，恰恰是可以相互发明与相互映照的。当然，这类书也许不必读很多。毕竟每个时代都会有太多的属于自己的悲剧，都有太多不该发生或可以避免的理由。但它还是发生了，并继续发生着。这就是历史吧。

•《世说新语·任诞第二十三》："毕茂世云：一手持蟹螯，一手持酒杯，拍浮酒池中，便足了一生。"极尽不羁之风度！但以今人目之，每天都吃大闸蟹，这不免奢侈了些。

• 清华大学法学院的林来梵教授著文指出：要防止宪法学研究中所可能出现的"留学国别主义"，即面对一个问题，各个论者各有各的主张，但基本都是从自己留学国的制度安排或学术见解出发得出不同结论，为此，学术观点之争往往只是成为不同国家制度背景之间的纷争。这种现象将可能次第冒现，值得吾侪注意。

- 王曾才教授在《西方文化要义》中有一段关于古罗马妇女的记叙颇为有趣，即公元前42年，罗马妇女集结于罗马广场，抗议当局要她们缴税以支付内战费用一事，并提出"无参政权即无纳税义务"之说。此说与18世纪北美殖民地之"无代表不纳税"意旨颇近，惜乎未在宪政史著述上阅及，或囿于视域塞陋亦未可知。

- 早晨，看一篇介绍南梁测囚法的文章。所谓测囚法，乃是饥饿逼供法。按《隋书·刑法志》的记载，测囚法为："断食三日，听家人进粥二升……满千刻而止。"即让嫌犯先饿三天（女及老小则减为一天半），再给他喝一大碗粥，然后再饿下去，至十日结束。此做法颇类某些减肥机构的疗程，令人思之恍惚。

- 欧阳修《归田录》有个石曼卿嗜酒的段子："有刘潜者，亦志义之士也，常与曼卿为酒敌。闻京师沙行王氏新开酒楼，遂往造焉，对饮终日，不交一言。"酒店王总惊为天人"稍献肴果，益取好酒，奉之甚谨"。二人饮啖自若，至夕殊无酒色，相揖而去。段子酷就酷在两人饮酒之专与诚，"对饮终日，不交一言"。

- 亚里士多德在《政治学》中指出：协商需要严格的平等。公民不但要在经济上大致平等，在一般能力、教育和文化价值上也必须一致。一致和平等是秩序良好的立宪政治中公民自治的必要条件。在存在不平等和差异的情况下，协商无法规范政治目的，且会导致动荡。这个论断对于中央集权单一制国家无疑值得反思。

- 刘震云的小说，人物大都有着一种市井、焦虑和多疑的气质。情节也往往是一件小事儿因缘巧合地自我展开，最后席卷了整部小说：一件小事儿偶然发生，然后连环地引发了一系列的事儿，或一件大事。或者一件事变成了另一件事，或者两件事变成了一件事，或者一件事变成了两件事。这体现了生活的复杂性，或人的复杂性。

• 宪制之确立，可以为政治社会的争端解决提供一个制度化的手段、渠道与规则，避免通过激烈的社会革命来解决政治争议。卡尔·波普尔认为，一个民主国家的真正标志，主要体现为其政治变迁是通过流血的暴力革命来完成还是通过不流血的改良来完成，只有能提供不流血的政治变迁的制度，才能"贴上民主的标签"。

•《隐匿的对话：施米特与施特劳斯》所辑录之论文，对于理解政治神学与政治哲学等命题，助益殊甚。但个别文章之译笔颇粗糙，有些句式，让人如坠云雾，恍入语言迷宫，毫无阅读美感。孟子曾说："贤者以其昭昭使人昭昭，今以其昏昏使人昭昭。"这于翻译而言，似亦如是。虽译事之不易，已为吾人所深知。

• 李劼在《枭雄与士林》一书中说："文化首先不是通过文字承传，而是经由生命本身延续。因此，文化的繁荣与否，首先不在于著书立说的丰贫，而在于人物的精不精彩。人文环境的自由与否，也在于能不能出现千姿百态的人文精英。"在此意义上，我以为当代中国乃是文化最为贫瘠的时代，因为我们活得都很衰。

• 睡前读卡夫卡的《万里长城建造时》，感觉特别晦涩诡异，故弄玄虚，就像一团絮状思想没有被真正廓清，让人难以捉摸他为何要写这么一部关于遥远的中国、长城以及帝国的小说。卡夫卡笔下对于中国的理解还是充满意象性的，和黑格尔的见解有些相似，都在抽象层面描述中国，反倒让中国人读后觉得陌生和神秘。

• 这两年断断续续地把陀思妥耶夫斯基的《卡拉马佐夫兄弟》《罪与罚》《白痴》《被伤害与侮辱的人们》等读了一遍。感觉读老陀的书，前面须硬着头皮耐着性子读，慢慢地进入情节后就爱不释手了。每部作品的主人公都比较雷同，像忧郁症和神经质一样，说话绕来绕去喋喋不休动辄两三页，但读之并不冗沓。

• 晚上读到海德格尔《存在与时间》中的一句话："理解是此在本身的本己能在的生存论的存在，其情形是：这个于自身的存在展开着随它本身一道存在的何所在……"我想，这样的译本倘若能啃下几部来，精神分裂也就顺利炼成了。

•《世说新语》记载刘惔称赞江道群："不能言而能不言。"大意是说老江不善于说话，但善于不说话。哲学家维特根斯坦也说过："凡不可说的，应当沉默。"可见，知道什么时候该 shut up（闭嘴），也是一种智慧与境界。

• 清早起来，翻读了几则资政院的会场速记录，有些挺有意思。譬如第十五号记录，讨论是否要军机大臣来答辩之事，火药味很浓；还有第二十三号关于《新刑律》的辩论速记；等等。一些议员发言之专业与风骨，定然会令今日之人击节称赞的。

• 早上读到於兴中先生的一篇文章，说思想界已经进入了一个后大师时代，相应地，出现了后大师时代综合症，其主要后果是：思想贫乏，知识支离破碎，研究领域画地为牢。按照《易经》的说法，这是"群龙无首，吉"的局面。

● 加缪在《堕落》里说："不妨观察一下您的邻居：万一在楼里死了一个人……他们立刻惊醒起来，不胜兴奋，四处打听，又悲伤，又痛惜。因为是刚死的人，于是兴师动众。他们需要戏剧性。有什么办法！"人类对所有事物的热情，统统归结于对戏剧性的需要。"得搞出点事儿来，这就是大部分人类职责的由来。"

● 下午在图书室读余英时《方以智晚节考》及新考新证诸文。其以虚实互证法从《清史稿》中"拜文信国墓，行次万安殁"一句，解读前者为虚，隐喻方氏之忠烈，后者为实，而推断方氏乃投水自裁，而非病殁。另以隐语解读法将"舟次惶恐滩，疾卒"一句中"疾"字解做"遽速"以佐之，虽不能令人信服，却颇可观。

● 于谦在《观书》一诗中提及读书，云："书卷多情似故人，晨昏忧乐每相亲。眼前直下三千字，胸次全无一点尘。"我觉得这是我所看到的谈读书而最富直感之言。当然，读书其实也要看读什么书，有些书"直下三千字"以后，恐怕要意乱情迷，或走火入魔了。

● 李零先生在《丧家狗》里论孔子，大抵是切中肯綮的。但氏以为"《论语》有个优点，就是没有后人的那种虚伪劲儿"，却值得商榷。至少"乡党篇第十"中云："有盛馔，必变色而作。迅雷风

266

烈必变。"即遇到主人端出鲍鱼大餐，一定要做惊讶状地感叹一下；见风雷大作，就要改容易色。我看就有点虚伪劲儿。

• 今日在顾炎武先生旧居里，一眼瞥见清人巩建丰氏之名句："精神到处文章老，学问深时意气平。"极有同感，乃驻足凝思良久。

•《曾国藩家书》中"致九弟季弟"中说："管子云：'斗斛满则人概之，人满则天概之。'余谓天概之无形，仍假手于人以概之……待他人之来概而后悔之，则已晚矣。吾家方丰盈之际，不待天之来概，人之来概，吾与诸弟当设法先自概之，自概之道云何？亦不外清慎勤三字而已。"此处概者，乃刮平斗斛之器。

• 读耶茨的《十一种孤独》。每一个活着的人，都有自己的孤独。无论如何伪饰，孤独总像水浸过白纸般地透出来。特拉克尔里说："灵魂，大地上的异乡者。"我们总在找寻并企图踏上"革命之路"，即便住在一条叫革命路上的人，亦如此。有一天，APRIL 说："我并不是一定要去巴黎，只是要离开这个让我窒息的地方。其实，去哪儿都行……"

• 许倬云先生在芝加哥大学求学期间，请询美国政治学某教授外邦学子在美国如何读书，对方先问许准备长住还是短住，答："读书而已。"则曰："那么，把读书的时间留下一些来看看你四周的人与物吧，因为你将来可以在台湾的图书馆找到这里该读的参考书。但是你回台湾后可再找不着一个活的美国社会让你观察了。"

- 关于修身齐家之书，可谓多矣。《菜根谭》《围炉夜话》《颜氏家训》《曾国藩家书》等，不一而足。国人之爱读，端在其"具有重要的指导意义"。琢磨一下不难发现，这些训诫端在让人少说不说，或少做不做。因为人活于世，总要说和做，就定然有说多说错，或做错做多之虞，因之展读诸家书家训，总觉言之有理，乃至相见恨晚矣。

- 早上在办公室发现有本赠阅的《河南科技学院学报》，随手翻了翻，被一篇文章的题目吓一跳：《王熙凤对语言顺应理论的应用》，不禁浮想：难不成贾府的王熙凤女士私下还做语言学研究？仔细一读，原来是用语言顺应理论来分析王熙凤的说法技巧的。而所谓语言顺应理论，说白了，就是见人说人话，见鬼说鬼话。

- 钱钟书曾对大学教授有个形容，说他们"先把论文哄过自己的先生，然后把讲义哄过自己的学生"。此言一出，据说诸人颇不舒服，人家在正心诚意写字教书呢，一个哄字，戕污斯文，伊于胡底？钱也觉得有些过火，乃修正之："先把图书馆的参考书放入自己写的书里，然后把自己写的书列入图书馆的参考书里。"

- 读到一篇文章，说言论自由就是说错话的自由。言下即是说正确的话本身就是自由的，关键在于保障说错话的自由。这话固然有理。但我觉得，言论自由就是言论自由，一旦区分对错，就得有个组织拿出个标准来，按照经验，这最后会取消言论自由。何况人之言论，并非总有对错之分，诗人写首歪诗，岂能以对错目之？

- 元代辛文房《唐才子传》第 39 位传主乃李季兰，峡中女子，六岁做《蔷薇诗》云：经时不架却，心绪乱纵横。其父读后，叹道：此女聪黠非常，恐为失行妇人。古人如此看待才女，令人无语。不过揆厥经验，才女的力比多要比庸脂俗粉强大些，亦非舛谬也。然一旦做了文青，力比多升华，从此崇高起来，犹未可知矣。

• 张慧剑《辰子说林》里提及李百拂的一个观点，即中日两国之立国风格迥异，比如中国翻译外国名：英、德、美、法……"皆为懿词"，有大国风范。日本则相反，字德国曰独，意谓独夫之国；字俄曰鲁，意谓愚鲁，后经俄抗议，始改为露，诅其将在日照之下消灭；字美国曰米，形容其可吃下。端的"秽鄙不堪矣"。

•《大唐新语》卷七中云：李适之性疏而不忌。林甫尝卖之曰："华山之下，有金矿焉，采之可以富国。上未之知耳。"适之心善其言，他日款曲奏之，玄宗大悦。顾问林甫，对曰："臣知之久矣。华山，陛下本命，王气所在，不可发掘。故臣不敢言。"适之由是渐见疏退——此常见套路也。李林甫倘真有鞭炮，会让你来点？

• 袁世凯称帝后，申令曰："凡我旧侣及耆硕故人，切勿称臣。时艰方殷，要在协力谋国，无所仪文末节也。"惜乎老袁"旧侣及耆硕故人"实在太多，于是乎，政事堂把袁的旧侣做了界定：黎元洪、奕劻、世续、载沣、那桐、锡良、周馥七人；故人也界定了一下子：徐世昌、赵尔巽、李经羲、张謇四人；耆硕只有两个：王闿运、马相伯——看来故人旧侣啥的，也是需要资格的，不能胡攀。

• 宋代吴曾《能改斋漫录》卷十五考证："土人云，落霞非云霞之霞。盖南昌秋间有一种飞蛾，若今所在麦蛾是也。当七八月之间，皆纷纷堕于江中，不究所自来，江鱼每食之，土人谓之霞。故勃取以配鹜耳。"虽是江西人，但尚未听过霞之飞蛾者。然飞蛾与孤鹜齐飞之，虽不甚浪漫，倒颇合常情。

● 《郎潜纪闻初笔》中云："陶文毅公丰裁峻整，好议论人物，惟恐不尽。"即便觐圣，照做月旦评，"论某官溺职状，至于声色俱厉，须髯翕张"。"宣宗疑之"，密谕安徽巡抚孙尔准察其为人；孙复没问题，朱批曰："卿不可为其所愚。"孙再担保，方重用。可见议论人物之癖关涉品行甚深，即便帝王亦看重矣。

● 丰子恺 32 岁时，写了《秋》，就已感叹时光之易陨了："'三十'这一个观念笼在头上，犹之张了一顶阳伞，使我的全身蒙了一个暗淡色的阴影，又仿佛在日历上撕过了立秋的一页以后……大地的节候已从今移交于秋了……自从我的年龄告了立秋以后，两年来的心境完全转了一个方向，也变成秋天了。"可谓老气横秋。

● 董桥说，他保持了每天写一千字的习惯。这个量看似不大，但倘能坚持下来，便能感受到其中的艰难与伟大——所需生活与知识之储备既深且巨，才情更不必说了。记得周作人解放后，为谋生计，给《亦报》写专栏，起初隔日一篇，后天天发表，甚至一天两篇。但他们的文集我大抵读过，流其水而混其账的，亦不少。

● 前几年淘得不肖生氏著《留东外史》，写于 1914 年，关涉民国留日学生之异闻艳迹，颇可读。据说牵涉民国政学两界头脸人物，可按图索骥，一目了然。鲁迅、周作人等曾对此书极不满，

颇有意味。近日又在旧书店购得《留东外史》续集，尚未读。据
说陈辟邪氏之《海外缤纷录》，专写法国留学生貌状，亦极有趣。

• 多年前，伊沙出版一本同名小说集《俗人理解不了的幸福》，
讲了两个性取向独特的人如何一拍即合的事儿。施虐狂与受虐狂之
间的幸福，的确是俗人理解不了的。但这书名取得的确好，也损了
点。这厮不说"正常人理解不了"，而说"俗人理解不了"，从而在
正常人和俗人间建立起某种勾连，无疑有了某种隐喻成分。

• 提起茨威格，很多人津津乐道于他的《异端的权利》或
《一个陌生女人的来信》，其实我更欣赏他关于两个女王的传记：
《苏格兰玫瑰：断头女王斯图亚特》和《在革命的断头台上：玛丽
王后的最后岁月》。平心而论，由这个擅长心理描摹并"笔下常带
着感情"的小说家来写这两个女人有尊严的死，实在残忍了些。

•《行路难》是李白的名篇。按照顾炎武的考证，古人早先其
实是把"行路"读"行（háng）路"的。后来随着时间的演变，渐
渐地变成了"行（xíng）路"的发音。这个考证是很有意思的，但
是也在情理之中。因为在江西一些地方，甚或在其他一些省份的方
言里，"行路"至今还是被读着"行（háng）路"的。

• 看毕宝魁的《王安石传》，才注意到其父王益曾任过家乡
新淦县令。以前读其他版本的王氏传记，竟未注意到，或注意到
却忘记。此书提及：王益，字损之。与其他地方不一致，多为字
舜良。从格式来看，益，而损之，倒也符合。寻得王益词一首，
中有：……碧云又阻来信，廊上月侵门。愁永夜，拂香茵。待

谁温?

• 《庄子·马蹄第九》中云:"夫赫胥氏之时,民居不知所为,行不知所之,含哺而熙,鼓腹而游,民能以此矣。及至圣人,屈折礼乐以匡天下之形,县企仁义以慰天下之心,而民乃始踶跂好知,争归于利,不可止也。此亦圣人之过也。"可见,赫胥氏之时确实美好。倘是四川人,便会觉得美中不足,就是没得麻将打。

• 黄仁宇先生接受采访时曾说:"一位历史学家不能预测将来的事情,只能从过去发生的事情提出若干建议。我一直认为,中国因为对日抗战已经创造了一个新体制的高层机构,又因为内战,重新安排了农村基层组织。现在趁着经济改革的机缘,重订上下间法制性的联系。"此议论过于符合逻辑,让人有美言不信之感。

• 齐景公这个人还是有点人文关怀的。《列子·力命第六》里,讲老兄游于牛山,北望其国城,情怀一时涌上来,流涕曰:"美哉国乎!郁郁芊芊,若何滂滂去此国而死乎?使古无死者,寡人将去斯而之何?"平心而论,这个情抒得是有水平的。君主们固然都怕死,但老齐能发出北大门卫之问,就有点天人之际的意思了。

• 余秋雨曾写过《论小人》,谓小人能成事,颇剀切,具体理据倒忘了。但我想,人之品格与能力本就无所关联的。至为重要的,乃是小人做事,所信仰与秉持的,端在韦伯氏之工具理性。也即为有效达致所欲之目的,而不惜与善于动用各种资源、关系与手段，既无道德底线意识，又无规则意识。如此这般，岂非无往而不胜？

• 《列子·周穆王》里有则健忘的故事，颇能醒人。云，宋国有名华子者，罹了健忘。"朝取而夕忘，夕与而朝忘"，妻子多方求医，有鲁国儒生以巧法治愈之。讵料老兄竟不领情，"黜妻罚子，操戈逐儒生"。恨曰："曩吾忘也，荡荡然不觉天地之有无。今顿识既往，数十年来存亡、得失、哀乐、好恶，扰扰万绪起矣。"可见健忘亦有其妙处。而以今人论之，其界限端在勿误当晚的高铁为宜也。

• 读《林纾家书》，有一细节在其他家书中颇罕见。即其信中多次告诫其子考试不要舞弊。如1916年10月的信："宁可不毕业，不可夹带……盖不毕业者，病也，非罪也。一夹带及借稿，则犯堂规，及犯罪耳。"再往前，1913年3月10日的信亦戒之："汝上堂考时，切不可夹带及借人卷子核对，以取犯规之罚，切切！"

• 中国人的表达是颇多具象化的，譬如人之嗜睡，曰瞌睡虫作怪，即是。记得《聊斋志异》里，专门有"酒虫"一节。曰某氏，体肥嗜饮，每独酌辄尽一瓮。一番僧见之，谓其身有异疾，可治。便缚其手脚，俯卧之，用美酒馋他，待馋火上炽，忽觉咽中暴痒，"吐出赤肉长二寸许，蠕动如游鱼，口眼悉备"。此即酒虫也。

• 蒋熙曾于1903年自费游历欧洲，作《西游日记》，记叙颇详，饶有趣味。中有论曰："愚意今为急则治标之计，莫若各省督抚之署缺，非游历各国考察政事吏治后不得补实缺，嗣后州县亦须游历外国考求其上下政治者，方能实授。"此论颇具国际视野，切中肯綮。惜乎今日之官人，出国游历之状，如过江之鲫者，殊非氏之所能逆料也。

• 《世说新语》关涉之人与事，高拔放诞，读之酣畅，颇有弗洛伊德"释放"之效矣。然正如注者言，此书"苟欲爱奇而不详事理"，即只管扮酷，不管讲理，作为中学书目，似宜"批判阅读"之。记得鲁迅先生曾誉之曰"名士底教科书"，颇为真确。惜乎清水名士不是谁都可以做的，因为你每月的月底都会收到银行发来的短信：某某名士，您本月按揭的账单已寄出。

• 关于笋，李渔的《闲情偶寄》里专门写过，端在一个鲜字。言下唯"山里的和尚、乡野人家"方能品其正宗。记得前些年去福建之南靖，朋友请品尝山上新采的竹笋。烧汤，无佐料，唯泉水而已。其味之鲜，令人心怡，印象深之。据云此笋新采，可径生嚼，口感若荸荠。用以烧汤，其鲜最正，两三小时后便光华销尽，泯然凡名矣。主人乃感曰："便是中央领导，倘不来本地，亦难品到呢。"

• 宋代王明清之《挥麈余录》里，有关于男子缠足的记录："向宗厚履方……裹华阳巾，缠足极弯，长如钩。"据云清末士大夫亦有变形缠足之习，"多用包脚布，使脚形尖瘦，以别于一般下层阶级"，情形颇类西洋尖头式皮鞋。查，周作人《杂事诗》注云："中国男子多包脚，脚指互叠不能衔梁。"总之，颇多存疑。

• 梁漱溟在《东西文化及其哲学》中讲了一件事：当年蔡元培等拟游历欧美，北京大学教职员开欢送会，大家纷纷发表送别演讲，皆祈诸人能将中国文化带出去，而将西洋文化带回来。梁在旁，便很认真地问："西洋文化姑且不问，所谓中国文化究竟何所指呢？"一时无人回答。散会后，胡适之等笑着对梁说："你的问题很好，但天气很热，大家不好用思想。"读到此节，吾人颇能想见胡适先生其时笑着的神情来的。

● 《红楼梦》里，林黛玉有几次飚脏话的情节颇让人意外。如第十九回，黛玉道："放屁！外头不是有枕头，拿一个来枕着。"这种词儿由黛玉说出，总觉突兀。又比如第八回：黛玉"一面悄推宝玉，使他赌气，一面悄悄的咕哝说：别理那老货，咱们只管乐咱们的"。用"老货"这种刻薄的詈词来骂一个老人，似不应出自哭啼啼的葬花人之口矣。另譬如第二十八回，王夫人对宝玉说"扯你娘的臊"，情形似亦如是。据方家们解读，偶尔飚点脏话，在修辞上，反倒能显出人物的一些真实来。颇疑之。

● 《阅微草堂笔记》中云：某人书房被狐精占据，经常滋扰。"知州平原董思任，良吏也，闻其事，自往驱之。"当小董正准备好好和狐精谈谈三观时，忽檐际朗言曰："公为官颇爱民，亦不取钱，故我不敢击公。然公爱民乃好名，不取钱乃畏后患耳，故我亦不避公。"搞得小董很狼狈。可见，董之良吏，大约止于不敢腐，离不想腐尚差了几步，算不得君子。又可见，狐精之月旦人物，亦如古之儒者，乃是讲求"原心定罪"的。

● 嵇康在《与山巨源绝交书》中，提及其不愿或不适于出仕之考量，"有必不堪者七，甚不可者二"。其中"甚不可者二"包括："每非汤、武而薄周、孔，在人间不止，此事会显，世教所不容，此甚不可一也。刚肠疾恶，轻肆直言，遇事便发，此甚不可二也。"窃以为，必不堪者七，都是些生活与人际之细枝末节，或"卧喜晚起""性复多虱，把搔无已"，或"不喜俗人""不喜作书"等，此无外乎禀性与癖习问题，倒没啥紧要。而此"甚不可者二"，如"每非汤、武而薄周、孔"，则关涉意识形态与大是大非，古今悬为厉禁。可见嵇中散之明哲。

· 《红楼梦》第五十六回，宝钗与探春因赖大家的园子实行承包制的话头，聊起朱子及古书对此的态度，颇引经据典之。宝钗由是谈讲学问之效用。道："此刻于小事上用学问一提，那小事越发作高一层了。不拿学问提着，便都流入市俗了。"此言甚切中肯綮。回顾古今之学人，最大的特色与优势，便是能将生活中的小事，"用学问一提"，自古希腊古罗马切入，理论与概念饰之，学术与思想杂之，区区市井小事，便立马能"作高一层"，弄得市俗人等一头雾水，不明觉厉，敬若天人矣。

· 暑期在断断续续读黄濬的《花随人圣庵摭忆》，中有"姚茫父论脸谱"一节，提及戏剧中花脸（勾脸）的变迁，颇为有趣。据云：宋元的古剧，表演者皆是戴面具的。"上场人但舞蹈表情，其歌辞皆坐场人之职"，跳唱职分，因之带面具不影响表演……"自上场人连歌并舞，则面具不适，以面具后有衔枚，不便出腔故也。勾脸既兴，绘画之施，以渐采入。"可见，人民对美好生活的向往（"连歌并舞之"），亦是戏剧艺术与技术进步之动力。

· 不同版本的《红楼梦》读了几回，再来读那些专业或业余的红学家们的文章，对于他们的真与伪，深与浅，是与非，高与低等，便有了自己的判断，不至于被人牵着鼻子走，而唯唯否否，人云亦云，没个主心。可见，读经典与聊经典，无论学术的，还是文学的，或怡情的，须先自己吃透原著，而不是先嚼那些阐释或研究性的"二手馍"（无论其如何之著名），否则在自己尚未有独立之识见前，脑子被人先狂跑了几圈马，形成了先入为主之意见，而丧失了自己的判断力，便再难有刻骨铭心的创见。在此意义上，阅读译著亦是差强人意的，毕竟翻译之过程也是创作的过程，其间未免失真或羼杂译者的意见与趣味。

• "官衔"一词，《新华字典》仅作职位、职称解，大意不差。但对于"衔"字之来源，言之甚少，语焉不详。《封氏闻见录》卷五则专门做了一个考察："官衔之名，盖兴近代。当时选曹补授，须存资历。闻奏之时，先具旧官名品于前，次书拟官于后。使新旧相衔不断，故曰官衔。亦曰头衔。所以名为衔者，如人口衔物，取其连续之意。"

• 钱穆先生的很多书，谈到中国古代的政体，总是要为专制这个帽子平反。一则曰，所谓民主专制，这是西方政治学的分类，不能硬套在中国头上；二则曰，咱们中国有个相权，也即宰相，他以及他主导的官僚系统可以抵制皇帝之专断；三则曰，咱们古代也有分权与制衡体制，比如门下的封驳权、御史的监察权等，经常让皇帝们头很大，没面子。当然，还有其他理据，比如道统、祖制以及皇帝的修身等。总之，皇帝们也不容易，也形格势禁，也烦。但这种貌似周全、其乐融融的理论与逻辑，禁得住历史经验与常识的微风稍微地那么吹拂一下吗？

● 纪昀的《阅微草堂笔记》"老学究"一节中讲，有个鬼在晚上能通过察看屋内发出的光亮，来判断读书人的修养与境界。曰："凡人白昼营营，性灵汨没，惟睡时一念不生，元神朗彻，胸中所读之书，字字皆吐光芒，自百窍而出。其状缥缈缤纷，烂如绵绣。学如郑、孔，文诏屈、宋、班、马者，上烛霄汉，与星月争辉。次者数丈，次者数尺，以渐而差。极下者亦荧荧如一灯，照映户牖。人不能见，惟鬼神见之耳。"这个考察方式极好，科举或高考啥的，都可以直接免了。晚上只消派有司走街串巷，四处去考生家察看亮光即可。而古今中外之假道学伪专家们，到了晚上，也就个个原形毕露了。但我想，现代科技这般发达，人造高仿灯光的发明，以致处处"缥缈缤纷，烂如绵绣"，亦是早晚之事。

● 陈达先生的《浪迹十年之联大琐记》中"法律与民风"一节，特别赞赏了德国法学家萨维尼之民族精神（民风）说。氏以为："民国以来的社会立法，大致由于立法者，研究各国的相似法律，采其精义，译成汉文，拟成法律。我们分析有些法律时，往往能看出立法者抉采某国的法律来做依据。事实上某国的法律在本国行之有益，但被我国采用后，不见时效……以后的努力，分明是要尽先研究人民的习惯，由习惯编订法律，庶几法律可在社会里畅行无阻。"可见，此见解在民国时代，便已切入反思。而今日吾人之立法，尚犹在德国模式、法国模式或混合模式中混论不休，常令人有时空错置而恍惚之感。

● 古人关于自杀，颇有若干隐晦之表达，其中颇能烛炤吾人之人生态度与生命哲学。譬如自杀，人多谓之寻短见。意即眼光短浅，不能"风物长宜放眼量"，不能忍辱负重，从长计议，一朝遇到困厄，便一了百了，决绝地去死，实属"短见"矣。不懂得西方哲学家们所言的：人须存在着，才有意义及各种可能性的发生。查，"短见"一词，语出《吕氏春秋·长见》："智所以相过，以其长见与短见也。"除"短见"外，在《红楼梦》第七十五回里，讲到王熙凤率一班人查搜出了司棋箱箧内的香袋儿诸物，因"只怕他夜间自愧去寻拙志，遂唤两个婆子监守起他来"。此处之拙志，亦为自杀之隐喻，言下指涉自杀也者，乃丧失志气或志短之表现，亦殊途同归地彰显了古人对于生命与人生之立场与见解。当然，在《红楼梦》第六十六回，亦可见寻短见之说。中云，尤三姐自刎而死，贾琏拟扯拽柳湘莲去见官，尤二姐在旁劝："你太多事，人家并没威逼他死，是他自寻短见。你便送他到官，又有何益，反觉生事出丑。"

• "沉重"一词，在《红楼梦》中多次出现，意旨各异。其中第七十八回，王夫人向贾母评价晴雯道："我留心看了去，他色色比人强，只是不大沉重。知大体，莫若袭人第一。虽说贤妻美妾，也要性情和顺，举止沉重的更好些。"此处的沉重，乃沉静庄重之意。这种用法颇为熟悉，在江西方言中亦常见到。记得小时候母亲常常教导我们兄弟几个"做人要沉重"，或曰"某某各方面俱佳，就是人不大沉重"，即是。

• 《红楼梦》里最让人伤感的，是第七十五回墙角的那声长叹，让人油然而生一种慎终追远的肃然之意。即中秋前一夜，贾珍率妻子姬妾在会芳园丛绿堂中赏月作乐，"大家正添衣饮茶，换盏更酌之际，忽听那边墙下有人长叹之声。大家明明听见，都悚然疑畏起来。贾珍忙厉声叱咤，问：'谁在那里？'连问几声，没有人答应……一语未了，只听得一阵风声，竟过墙去了。恍惚闻得祠堂内槅扇开阖之声"。这个场景很诡异，极有在场感，天上人间版《红楼梦》颇能传其格调也。正是这声悲怆的长叹，揭开了贾府走向衰败的帷幕。

● 《战国策·齐策四》中"颜斶说齐王"一节，颜斶辞齐宣王曰："夫玉生于山，制则破焉，非弗宝贵矣，然大璞不完。士生乎鄙野，推选则禄焉，非不得尊遂也，然而形神不全。斶愿得归，晚食以当肉，安步以当车，无罪以当贵，清静贞正以自虞。"此言可谓剀切。璞玉生于深山，加工而得玉，价值虽不菲，然"形神不全"，其本来之面貌与初心已不复在矣。记得诸葛亮在出山前有各种踌躇，盖出于此：走出此一步，便"形神不全"，无法回头。警之。

● 《左传》里"介之推不言禄"一节，讲晋文公奖励曾追随其逃亡之人，偏偏忘了路上为他割股煮汤的介之推。其母劝他："盍亦求之？以死谁怼？"即，"你为何不也去要求赏赐呢？否则这样贫穷地死去，又能埋怨谁呢？"介之推拒之。其母又劝："至少让他知道一下吧。"对曰："言，身之文也。身将隐，焉用文之？是求显也。"于是不辞而隐，其心洵为淡泊。常言"言为心声"，而此处"言为身文"，颇精辟。

● 《红楼梦》第六十回里："……有几个伶透的，见了他们拌起嘴来了，怕又生事，都拿起脚来各自走开了。"此处"拿起脚来各自走"，有一种说不出的妙。拿起脚来踩来踢，都极常见的，而拿起脚来走，看似累赘冗余，而把那些正在台阶上"歇着脚"、"盘着腿"或"翘着脚"的下人们起身之情态刻画得极形象而入目。

● 《封氏闻见记》云："茶，早采者为茶，晚采者为茗。"此说法来自郭璞。吴人陆玑《毛诗·草木疏》说"蜀人作茶，吴人作茗"，亦为一说。《世说新语》中有："此为茶，为茗？"说明古人拎得很清。按《说文解字》的说法：茗，古通萌。"萌，草木芽也"。后茗、萌、芽分工，茗专指嫩芽。汉晋之时，乃泛指茶。

● 《大学》有云："所谓修身在正其心者：身有所忿懥则不得其正，有所恐惧则不得其正，有所好乐则不得其正，有所忧患则不得其正。心不在焉，视而不见，听而不闻，食而不知其味，此谓修身在正其心。"曾子解读曰："心乃一身主宰，心体至虚，原着不得一物，一有所着，则心即为所累，而不得其正。"张居正释曰："若能随事顺应，而各中其则，事已即化，而不留于中，则心之本体，湛然常虚，如明镜一般，何累之有？"——但人活于世，总不免觉得累，这竟无法伪饰。

● 《红楼梦》第八十回，薛姨娘在同一场景两次训薛蟠，竟分别用了清浑皂白与青红皂白两个极相近的词儿。薛姨妈喝说："这丫头伏侍了你这几年，那一点不周到，不尽心？……你且问个清浑皂白，再动粗卤。"（薛姨妈）喝骂薛蟠说："不争气的孽障，蚤狗也比你体面些……也不问青红皂白，好歹就打人。"窃以为，从语言结构来说，清浑皂白似更合理一些。

● 《老残游记续集》第八回中，老残游历阴曹地府，见识到了地狱的各种酷刑。其中之一，便是将人用大磨子碾成粉碎："……阿旁接住了人，就头朝下把人往磨眼里一填，两三转就看不见了……只见磨子旁边血肉同酱一样往下流注，当中一星星白的是骨头粉子……磨过之后，风吹还原，再磨第二回。"老残睹之，惊问："是犯了何等罪恶，应该受此重刑？"阎罗王道："只是口过……这罪比什么罪都大，除却逆轮，就数他最大了。"此处颇为铺陈口过之利害。记得佛之教人，十善之中，身业讲三条，意业讲三条，口业竟讲了四条：不妄语、不恶口、不两舌、不绮语。可见其重。

• 《红楼梦》第一百一十回，贾母在弥留之际与众人交代后事。其中拉着王熙凤的手，道："我的儿，你是太聪明了，将来修修福罢。我也没有修什么，不过心实吃亏。"该书第五回金陵十二钗的判词里，给凤姐的判词亦是："机关算尽太聪明，反送了卿卿性命。"此处，"太聪明"三字，着实透露出了吾人人生哲学之意绪与痕迹。按照古人的想法，人皆有命，一切皆由命中注定。便如《增广贤文》所言："命里有时终须有，命里无时莫强求。"因之，对于聪明人而言，认命依命，浑厚淡定，顺其自然，进退有据，并臻于极致，乃是正道。而太聪明的人，辄往往喜欢动用恶的心思与妄念，施展小手段、小机关、小伎俩、小把戏、小算计等，企图挣扎一番、奋斗一番，逆命而为，或干扰一下命轨迹的，却依旧逃不脱注定的命运，而最终折了阴骘，乃至丧了命。因之，贾母临终建言"将来修修福"，略作弥补。可见一斑。

• 南宋洪迈的《容斋随笔》里有"相六畜"一节，记载了古人相马、相狗、相鸡、相牛、相猪之故事。据说刘向传有《相六畜》三十八卷，记载了"骨法之度数"，搜罗颇详，堪为珍奇。但颇有疑窦的是，所谓相者，固然在于评判其优劣，而其优劣之标准，自然关涉人之用途。譬如相马，世人皆有所闻，大略取其健硕能奔而已；相牛，大抵取其刚劲耐劳吧——倘若是牛排馆，自然另当别论；相狗，则取其忠厚或凶猛，便于守家或狩猎；相鸡，或取其能鸣，或善下蛋（换在今日，或取其炖汤之香吧）；而相猪，大率取其能养膘吧，抑或其他，譬如善于拱地掘土，竟未所知。查，《齐民要术·养猪》卷六中云："母猪取短喙，无柔毛者良。"原注："喙长则牙多，一厢三牙以上不烦畜，为难肥故。"原来如此。总之，只消稀罕与珍贵，总有善相者。此不足为奇，亦不足为训。

• 在《曾国藩家书》里，曾氏曾反复教导其子曾纪泽曰："走路宜重，说话宜迟，常常记忆否？""尔走路近略重否？说话略钝否？……"可谓念兹在兹，不胜郑重。窃以为，此处的"走路宜重"，既是一种修身之进路，亦是一种修身之境界。所谓君子，贵方正坦荡。迈起步来，当龙行虎步，浑厚沉重，而绝不蹑手蹑脚，高抬腿轻落脚；绝不鬼鬼祟祟，虎行猫步。一旦迈步过来，走廊里老远就能听到——不对，应是让人听到其脚步之声。坦坦荡荡，绝无窃听或偷看他人言谈行止之动机与嫌疑也。记得《礼记》中有云："古之君子必佩玉……行则鸣佩玉，是以非辟之心，无自入也。"说的是一个道理。颇可喜的是，今人大抵穿着皮鞋，甚或还钉上铁掌，一旦走起，虎逃狼避，咚咚铛铛，铿然有声，不可不谓"走路必重"矣。惜乎征诸今日之礼仪，据说走路要轻，以示文明。端的让人无所适从。

•《朱子语类》卷一百二十七里，有一段评论宋太祖赵匡胤易乱为治的话，说得很透彻。或言："太祖受命，尽除五代弊法，用能易乱为治。"曰："不然。只是去其甚者，其他法令条目多仍其旧。大凡做事底人，多是先其大纲，其他节目可因则因，此方是英雄手段。如王介甫大纲都不曾理会，却纤悉于细微之间，所以弊也。"无疑，这话特特是对大人物或首长们说的。也即，真正的大佬大英雄，当高屋建瓴，在顶层设计上用力，在谋篇布局上发力，把握方向，纲举目张，可也。至于具体的执行措施，当采取改良主义态度，"只是去其甚者"，对于合理的制度，则"多仍其旧"——按卡尔·波普批判理性主义的说法，纠治一个弊舛，亦为一个进步。言下之意旨，端在大人物当抓大放小，谋大文章做大事情。当然，对小人物而言，自然还是"魔鬼在细节里"。

● 约翰·赫伊津哈在《游戏的人》里，曾专门讨论法律与游戏的关系，颇为有趣。他认为今人对诉讼的认识，大抵聚焦于对错或正义与否，这已是变迁了的观念。古人在诉讼中对输赢的关注，更甚于对错。本质上，诉讼乃是一种依照先定规则的竞争性游戏。结果是要么输，要么赢，而非对与错。古爱斯基摩人的诉讼，便是在节日上举办击鼓比赛。原被告在一只鼓的伴奏下，轮流演唱侮辱讽刺性歌曲，来控诉对方。最后由身着盛装、兴高采烈的观众来裁决谁是胜出者。竞赛性游戏取代了司法，或游戏即司法。即便是谋杀罪，亦如是行事。再向前追溯，那些水审、火审、决斗、抽签等神明裁判形式，则更像是一场与对错无涉的游戏了。

● 在新闻里经常看到，抓捕犯罪嫌疑人时，警方往往会给他们头上戴上黑色蒙面套。目的有二：一则为了保障犯罪嫌疑人之人权；二则预防其他同伙获知而闻风逃窜。据报道，近年来，多地警方皆在推广此做法，作为执法文明之例证。其实，此做法在古代便多有所见。譬如《水浒传》第十七回里，济州缉捕使臣何涛获悉生辰纲劫案主犯之线索后，连夜率领公差扑向安桨村去抓捕"白日鼠"白胜，顺利捕获后，书中写道："……随即把白胜头脸包了，带他老婆，扛抬赃物，都连夜赶回济州城里来。"可见，当时也给"犯罪嫌疑人"白胜蒙了面。当然，其目的断非保障其人权，而端在预防其同伙闻风而逃也。

• 康有为在光绪三十三年（1907 年）出版的《法兰西游记》里，谈及法国大革命的惨状："异党屠尽，则同党相屠；疏者屠尽，则亲者相屠。"这种现象在古今中外的历史里，曾反复地上演过。想想这也符合哲学原理。按矛盾论的观点，矛盾是时时处处存在并贯穿始终的。最为紧要和要命的是，主要矛盾和次要矛盾、外部矛盾和内部矛盾还会相互转化。这就是人在革命和政治中最难规避的宿命了。最终表现出来的原理与规律，《孟子·公孙丑下》里总结得很好："彼一时，此一时也。"——我觉得这句话代表了中国文化的最高智慧和最高经验。但关键在于，历史中的人，得有洞隐烛微的能力与自觉才行，能体察到微风起于青萍之末，洞悉此时与彼时之纤微转换。所以，难。

• 《涑水纪闻》中有一则常被人引用的史事：一日，宋太祖赵匡胤忽幸宰相赵普府第，"时两浙王钱俶方遣使致书及海物十瓶于韩王，置在左庑下。会车驾至，仓卒出迎，不及屏"。太祖便问：这里面是啥呢？赵普答曰：我还没打开看呢，大约是海产品啥的。"即命启之，皆满贮瓜子金也"。普惶恐，顿首谢曰："臣未发书，实不知，若知之，当奏闻而却之。"上笑曰："但取之，无虑。彼谓国家事皆由汝书生耳。"这件事儿大多解读为太祖善待赵普云云，这自然可以商量。毕竟还得参考太祖说话的表情与语气之类来判断。

但令我，或令所有人最感震撼的，还是最后这句话："彼谓国家事皆由汝书生耳！"这话还是极高明的，既像是评论与嘲讽钱弘俶，又像在敲打赵普，还像在宣示宇宙真理，可谓简在帝心，煞是厉害。但我总觉得此言太过直抒胸臆，似不可信。当然，倘若真如是言，则可谓史上最坦率的帝王心语了。

• 读到叶永烈与艾思奇夫人王丹一访谈的一个细节，其中涉及艾思奇（原名李生萱）笔名之来源与意味问题。据其夫人告知，艾思奇这笔名的来历有三个：一是"爱""思奇"之意，即喜爱独特地思索；二是热爱马列主义之意，"思"即马克思，"奇"即伊里"奇"（亦即列宁）；三是他不怕冷，冬日穿衣甚少，得了个雅号"爱斯基摩人"，艾思奇则为爱斯基的谐音。一个笔名，乃基于三种考量，情有可原。但第二、三种纯属偶在关系，倘非事后的强解，则颇不合常理矣。查百度人物词条："哲学家艾思奇的名字是从英文 SH（其英文转写 Sheng Hsuen）得到灵感，并成为自己的笔名。"可谓一笔糊涂账。

• 鲁迅先生在《华盖集续编·厦门通信》里说："我本来不大喜欢下地狱，因为不但是满眼只有刀山剑树，看得太单调，苦痛也怕很难当。现在可又有些怕上天堂了。四时皆春，一年到头请你看桃花，您想够多么乏味？即使那桃花有车轮般大，也只能在初看上去的时候，暂时吃惊，决不会每天做一首'桃之夭夭'的。"——鲁迅就是鲁迅，永远是一副油盐不进、决不买账的架势。不过，道理倒也真确，人生之意义不在于或极苦，或极乐，端在各种可能性与偶然性及由此导致的丰富性。通俗些讲，就是把风景看遍的意思吧。

• 托克维尔在《论美国的民主》中，特别论及"一般观念"对于民主国家的危害，并提出了他的"解决办法"。书云："当民主国家的人民在一个特别有危险的问题上盲目地和过分地追求一般观念时，他们可以采用的最好解救办法，就是每天在实践中考察这个问题。这样一来，他们就不得不深入到问题的细节，而问题的细节将会使他们发现理论的缺点所在。这种解救办法经常是使人苦恼的，但它的效果却是肯定的。因此，强迫每一个公民实际参加政府管理工作的民主制度，可以节制人们对于平等所造成的政治方面的一般理论的过分爱好。"此言甚善，浃髓沦肤矣。

• 《水浒传》第四回，鲁智深拟到五台山落发做和尚。众僧皆反对，觉得他"形容丑恶，貌相凶顽"，性情跷蹊不羁，"恐久后累及山门"。唯智真长老很淡定，说："你等众人且休疑心，待我看一看。"便焚了香，上禅椅，盘膝而坐，口诵咒语，入定去了。一炷香后，元神归位，对众僧道："只顾剃度他。此人上应天星，心地刚直。虽然时下凶顽，命中驳杂，久后却得清净，正果非凡……"这种直接动用怪力乱神的情节，《水浒传》里颇不多见。智真长老的"待我看一看"，似去天上有关部门查了一下鲁智深的档案及培养计划。幸亏老和尚皮里阳秋，未道破天机，并未影响小说的正常推进，否则每个人的命运预先被人看透说透，前因后果，沟沟坎坎，皆一目了然，那还活个啥劲啊？

• 胡适在《追悼志摩》里评价徐志摩："他的人生观真是一种'单纯信仰'，这里面只有三个大字：一个是爱，一个是自由，一个是美。他梦想这三个理想的条件能够会合在一个人生里，这是他的'单纯信仰'。他的一生的历史，只是他追求这个单纯信仰的实现的历史……他深信理想的人生必须有爱，必须有自由，必须有美；他深信这种三位一体的人生是可以追求的，至少是可以用纯洁的心血培养出来的。"我觉得胡适的总结是极为贴切、精练而富有高度的。不过，从徐志摩的生命历程来看，这三个价值无疑都具有特定之内涵与意味，譬如爱，窃以为关涉情爱的成分较多一些，以及自由和美，都散发着浓烈的力比多气息，而类似于宗教的超越成分似乎不多。又，如今的法律研习者论及价值，往往下意识地想到正义之追求，平等之彰明，等等。其实仔细想想，相对于爱、自由和美，正义之类不啻为等而次之的价值。——假设人类真的有一个词典式价值序列的话。

• 近日，读日本近代法学家穗积陈重之《续法窗夜话》。此书乃氏于《法窗夜话》出版后所写或未收录《法窗夜话》之文字五十篇，及其子穗积重远自《法律进化论》中摘取典故、旧事、掌故等四十九篇，兼重远亲自操刀之一篇，凡一百篇废集而成。与《法窗夜话》一般，《续法窗夜话》文字典雅深致，属意隽永精微，细细品之，颇有"中途止步观花之低徊趣味"也。其中第十一则"主观死刑废除论者"，印象颇深，有《世说新语》之魏晋风度矣。中云，伊达村候公治世，"从未允许过死刑"，凡有被判死刑的案件呈报之，则一概驳回。即便经过复核，原审判无半分遗漏，确为死刑无疑，"然公却无动于衷，为免除极刑遍寻各方理由"。倘这些理由最终皆不成立，公亦不出一言，沉默以对。有司便视之为默认，而执行死刑。但"此人犯死刑之语"从未自村候公亲口出也。厉害！

• 这大概是翻译史上极为罕见的例子。想当年，英国女性主义社会学家马蒂诺出于对孔德的崇拜，将其《实证哲学》中的五卷，孳孳汲汲，译成英文。译作除祛除了原书之冗余外，还发挥译者语言方面的特长，将译文处理得更易于为法国之外的读者所接受，可谓摛文揉藻，成效斐然。连孔德本人对译本亦十分钦佩，竟将其再译回法文，并重新出版。恕我识拙，这种现象在世界翻译史上该是极为罕见的吧，这亦充分说明马蒂诺在翻译中的再创造之力。

• 钱钟书先生在《围城》1946 年版的"序"里，谈了对一些作者喜欢在新作的扉页注明献给某某之做派的看法，说："由于杨绛女士不断的督促，替我挡了许多事，省出时间来，得以锱铢积累地写完。照例这本书该献给她。不过，近来觉得献书也像'致身于国'、'还政于民'等等佳话，只是语言幻成的空花泡影，名说交付出去，其实只仿佛魔术家玩的飞刀，放手而并没有脱手。随你怎样把作品奉献给人，作品总是作者自己的。大不了一本书，还不值得这样精巧地不老实，因此罢了。"——"精巧地不老实"，说得真好！目下文苑献书之风气依旧，但也未必就不老实。

• 在电影《维多利亚和阿卜杜勒》里——这是一部反响较为平平的影片，阿卜杜勒对维多利亚说："生活就像地毯，我们来来往往，织出图案。"特别有诗意。其实，这种意象在毛姆的小说《人生的枷锁》里亦能找到一些线索。小说中，克朗肖送给菲利普一张编织精美的波斯地毯，告诉他人生之意义就寓于其中。"生活就像那张破破烂烂但绣工精致的波斯地毯，别人告诉你的都不算，只能由你自己猜"。其实，在我看来，谜底应该就是阿卜杜勒的这句话。

• 午睡前，读了一会中华书局版的《龚自珍诗词选》，随意挑着读。二十多首读下来，渐渐有些审美疲劳了。倒非厌于龚自珍的诗，而是厌于选编者的注。按照选编者的注解，每首诗都无一例外地直奔忧国忧世忧民自况自怜自伤的主题去，所有诗表达的，皆是龚氏对国家、对朝廷、对权贵、对小人、对同侪、对社会、对世风、对士风、对万事万物的揭露、批判、愤慨、痛惋、抱怨、同情、鞭挞等，同时也表达了诗人对自己怀才不遇、受打击、受排挤、受冷遇、受歧视的遭遇及洁身自好、遗世独立、耿介高拔等旨趣。竟令人感觉龚自珍这辈子都没高兴过痛快过浪漫过恬淡过一天。平心而论，据我们的阅读经验，古代的大诗人，包括清代诗人，抑郁抒怀与揭批谴挞的诗，固然有很多，也很精彩，但豪迈浪漫幽默温情——乃至佛性的诗，亦不少，也同样精彩。龚自不例外。选编者似乎彻底地按照类型诗人的标准来选编其作品，最终将龚处理成了只适宜演苦情戏的类型演员（类型诗人）。至少从选编技术的角度，是失之偏颇的，亦不利于更全面地评价龚的诗及其贡献。

● 萧公权先生在《问学谏往录》中，对于"学而优则仕"做了一个颇有现代意义的理解。他认为，仕不一定要做官从政，或参加到政府里去，应做广义理解，即"服务社会"。政治并非人群生活的全体，政府并非即是国家。从政之外尽可以有个人效忠于国家的行动场地。无疑，此见解乃是对中国政治传统的深刻质疑，也重新调整了知识分子的使命坐标，有些柏拉图之"各守其位，各尽其责"的意思。以当下话语言之，即每个人学好知识后，"在各自平凡的工作岗位上做出不平凡的业绩"，报效国家，服务社会，便是"学而优则仕"了。申而言之，教师好好上课，作家好好写文章，科学家好好搞研究，商人好好做生意，等等，皆是为政之一种。颇有现代意味。

● 读赵汀阳先生的《惠此中国》，有个观点印象颇深。他认为夏商周之中国并非大一统模式的国家，乃是一个世界性的"无外"天下，是一个在理论上潜在地容纳（或可能容易容纳）世界万国的天下体系，或世界政治秩序。而秦汉以来的历史格局，虽然由世界史收敛为中国史，但是此大一统的中国，却保留了天下的观念遗产，并将天下精神转化成国家精神，将世界格局浓缩为国家格局，于是中国便成为了一个内含天下结构的国家。因此，不能削足适履地归入民族国家或帝国之类的概念。因为这些概念相对于内含天下的中国来说，"都过于单薄了，甚至是概念错位"。一言以蔽之，中国特殊论，须有四个自信。

● 美国作家贝娄的《雨王亨德森》里，衣食无忧的主人公亨德森每天下午总能听到内心深处发出"我要我要我要"的呼喊声，这个声音无法回避无可逃遁，"我愈想抑制它，它变得愈强烈"。更大的问题是，亨德森也不知道自己究竟想要什么。为了逃避之，他尝试了许多办法，始终无果。"它还是跟着我，跟到乡村，跟到城市，无论花多大的代价，都无法使它平静"，而他家的老厨女勒诺克斯凄凉的死，让亨德森彻底地体悟到人生的本质："鼓起勇气，离开吧。否则你也会落得同样下场。死亡将摧毁你，没有什么东西可以长存，除了一堆破烂，再没有别的东西留下……"最后，他毅然踏上了探索自我的非洲之行。我想亨德森内心发出的声音，——大抵类似于苏格拉底耳畔的精灵发出的声音吧，乃是身处现代社会的我们，每个人内心深处都有的，只是因我们心内与心外的浮躁和喧嚣，而未能听到，或听到而装作没有听到，抑或听到而竭力压抑着而已。83岁高龄的托尔斯泰突然任性离家出走，以及《红楼梦》里贾宝玉毅然地离家出走，应该是基于与亨德森一样的内心声音之驱使吧。

• 杨宪益在《漏船载酒忆当年》里，回忆了一件与梁宗岱先生有关的趣事。那是 1943 年冬的一天，梁宗岱晚上去他家闲坐。其时，杨宪益家里藏了一整坛浸泡了龙眼的白酒，就放在床底下。恰好床底下还放着同样大小的一个坛子，盛满了煤油。谈兴正浓时，便要饮酒。当时正遇到停电，杨从床底下搬出酒坛时，不小心把煤油坛子搬出来了。端起来就给梁倒上满满一杯，因为煤油颜色浅黄，和龙眼泡的酒差不多，大家都没看出来。梁端起碗尝了尝，说："你的酒很有劲头啊，有一种特殊的味道。"但他还是毫不犹豫地把碗里的酒喝干了。"第二天他又上我家来了，什么事也没有。"20 世纪 70 年代末，杨宪益跟同样经历过牢狱之灾的梁宗岱再次相见，其时梁已完成了莎士比亚十四行诗的翻译，正对中医药发生浓厚兴趣，专门赠杨一瓶自己特制的壮阳药水。"一年以后，我听说他死了，不知道他是不是被自己配制的药水害死的。"唉，这事儿。

•《郎潜纪闻初笔》中载，归允肃任乡试主考官时，曾誓神云："某等素著清贫，谬叨荣遇，期为朝廷遴选真材，不为身家营谋私窟。期诸同事，各矢此心。倘或为利营私，徇情欺主，明正国法，幽服冥诛。甘受妻孥戮辱之惨，必膺子孙灭绝之报。"朱竹入贡院亦誓神曰："如或心存暧昧，遏抑真才，徇一人之情面，受一言之贿托，通一字之关节，神夺其算，鬼褫其魄，五刑备其体，三木囊其头，刀斧分其尸，乌鸢攫其肉。"这些誓言都煞是凶险，在中国的文化语境里，倘说彻底无效，对誓者无任何箴敛，倒也未必。环顾今日的誓词，内容则大抵是表明心迹与立场的泛泛之语，像这般言明报应之具体情状的，几乎没有。窃以为，但凡公务人员拟向宪法宣誓的，则按誓言之通行格式，就应有相应之违誓后果。至于古人之矿头分尸、断子绝孙之类，在文明与法治的社会，倒也不必了，建议不妨直接加上：一旦违反，即按法定处罚之顶格从重严惩，即可也。

• 奥勒留在《沉思录》里说："一般人隐居在乡间、在海边、在山上，你也曾最向往这样的生活；但这乃是最为庸俗的事，因为你随时可以退隐到你自己心里去。一个人不能找到一个去处比他自己的灵魂更为清净，尤其是如果他心中自有丘壑。"可惜现在"心中自有丘壑"的人日渐地少了，灵魂自然难以退隐进去，便只好退而求其次，将这副沉重的肉身迁隐于乡间、海边或山上，聊做退隐的清净之地矣。但从效果来看，总未免令人遗憾。

• 简又文的《冯玉祥传》里提及：冯氏驻军湖南常德时，立志学英文，规定自己每日早晨必须读两个小时的英语。为避免被打扰，专心于学习，他往往关上大门，不办公，不会客，门外悬挂一块牌子，上面写"冯玉祥死了"，拒绝外人进入。学习完毕，乃启门除牌言"冯玉祥活了"。此做派，今之学子尚难做到，一介武夫如是，颇可圈可点。但冯氏学习之成效如何，似乎很少见到下文。但"三克油""古貌林""好肚油肚"之类，应该问题不大罢。

• 焦竑的《玉堂丛语》里，讲了明代宋濂为人之慎："宋景濂性慎密，禁中问对语，绝不以告人。应制之作，亦削其藁。署'温树'二字于居室之壁，有问及内事者，指以示之。"此处"温树"

之典故，源于西汉的孔光。汉成帝时，孔任尚书令，掌管机枢十余年，其时中书省又叫温室省。据《汉书》卷八十一《孔光传》中载：(孔光)沐日归休，兄弟妻子燕语，终不及朝省政事。或问光："温室省中树皆何木也?"光嘿不应，更答以他语，其不泄如是。连温室殿里长啥树在家里都不肯讲？初观之，似乎有些小题大做，慎之太甚矣。但仔细想想，连单位院子里长啥树都讲到了，可见事无巨细，还有啥事儿不会讲？倘遇到一个善于逆向思维的皇帝，光危矣。可见小处不得随便。

• 早上读到一句话："傅斯年，自幼聪颖好学，熟读儒家经典，号称'黄河流域第一才子'。"不禁莞尔。毕竟，以前看到的美誉，大抵是天下第一才子、江南第一才子、山东第一才子之类，才气所覆盖的，大略是一片方圆齐整之地。第一次听说才气能随黄河之水浩浩汤汤而漂流播迁的。吾国称誉之谨严，竟如斯矣!

• 莫泊桑的短篇《悔恨》里，一事无成的独身老人萨瓦尔先生总是反复想象着自己即将孤凄死去的情形："……多么可怕啊。别的人仍将生活，恋爱，欢笑。是的，别人将玩啊乐啊，可是他却不存在了! 奇怪的是人明明知道自己必死无疑，可是照样还是能够笑，能够玩乐，能够高高兴兴……"读到此处，不禁停卷唏嘘，这种无端的宗教情绪总让人心悸。

• 陈其元氏在《庸闲斋笔记》卷四中，提及太平天国特别"爱讲道理"，中云："贼之最无道理者，曰讲道理。每遇讲道理之时，必有所为也。凡掳众搜粮则讲道理，行军出令则讲道理，选女色为妃嫔则讲道理，驱蠢夫壮丁为极苦至难之事则讲道理……"读到此处，作为中国人，俺不禁会心一哂。

· 《醒世姻缘传》第十六回里，有一段刻画邢皋门的文字，倒是十分的潇洒："……走到邢皋门的书房，正见桌上摊了一本《十七史》，一边放了碟花笋干，一碟鹰爪虾米，拿了一碗酒，一边看书，一边呷酒。"遇人登访，便自况道："我喜欢仙乡去处，文物山水，甲于天下，无日不是神游。"君子固穷，其姿态确是不俗，今人不及远矣。

· 王鼎钧先生在回忆录四部曲之《关山夺路》中，分析国民党败迁台湾时指出："蒋氏似乎表现了儒家的人生哲学，他一直用宋明理学对付中共的唯物辩证法，始终没有占上风……西方人说国共内战是美式代理人和俄式代理人的战争，我不同意，我看是中国孔孟文化与马列文化的战争，战争结果，中国传统文化失败。"这个思路，叫化约主义，是经不起推敲的。

· 古龙笔下的人物，如傅红雪等，遇到特别之情绪与场景，便要习惯性呕吐："……傅红雪瞪着他，握刀的手渐渐发抖，突然转过，弯下腰猛烈的呕吐"，"他希望这只不过是个梦，噩梦。但是他已经在呕吐"，"他看着自己这双手，突然弯下腰，开始不停地呕吐"。这种情绪与萨特小说《恶心》所揭示的主题颇可勾连。萨特在《恶心》里写道："某件事情开始就是为了结束，奇遇是不允许延长的。只有通过它的死它才有意义。每一个时刻的出现是为了引出下一个时刻。我用我的全部身心珍惜每一个时刻，因为我知道每一个时刻都是唯一的，是不能被替代的。"因之，我们须十分珍惜我们所遭遇的每一个人与每一段美好的过往。他（它）们都是唯一的，不可替代的。

● 记得曾经看过一部关于协商民主问题的作品，有学者特别指出，进入公共协商或民主审议的话题，不应是自由任意的，即便所谓"事实"和"真相"，亦应受到伦理或公益上的限制，否则易在国民内部造成分裂，瓦解共同体的统一和秩序，从而颠覆了协商民主的基础，我觉得中国当下的一些话题，庶几具有此种性质。

● 贾植芳先生在《历史背影》一书中回忆，在院系调整时，杨绛先生的妹妹杨必被调入复旦大学外文系任教，"每次来上课，都给我带一瓶茅台酒，来我家看看"。此节颇让人感叹：一则杨女士果然有大家闺秀的派头；二则复旦大学老师当时大概每个月才有一堂课吧；三则其时的茅台酒价位可能和现在的红星二锅头差不多吧。

● 王汎森先生在《日谱与明末清初思想家》中说，明代儒者并未发明西方基督教忏悔过程中的记忆术，即告解与悔罪之追忆。但其日谱或日记之流行，在功能上庶几近之。一则从最隐微的念头之发动开始记下所有细节；二则每日功过并录，一字不为嫚饰，以供自勘或请德君子代为诊治。修身之不苟情形，令人肃然。

● 吴学昭在《吴宓与陈寅恪》中披露其父与陈寅恪在哈佛大学的若干对话，其中陈氏云："我侪虽事学问，而决不可倚学问以谋生，道德尤不济饥寒。要当于学问道德以外，另求谋生之地。经商最妙，honest means of living。若作官以及作教员，决不能用我所学，只能随人敷衍，自侪于高等流氓，误人误己，问心不安。"

- 苏联作家亚历山大·索尔仁尼琴在《古拉格群岛》中提及，有位因犯对劳改营的官员说："你可以告诉上头的那个老家伙，只要不把人们所有的东西都剥夺得一干二净，你就能控制他们。一个人，一旦你夺走了他的一切，他就不再受你控制，他又自由了。"

- 叔本华曾犀利地批判用晦涩文风写作的人，认为："读者常常被冗赘而又没有独到见解的复合句的麻醉作用折磨得痛苦至极，……所有这些努力都旨在掩盖可笑的小耗子出生的真相，或者说，掩饰经过如此巨大挣扎后才分娩出来的竟是这可怜的小东西。"当然，窃以为按中国的语境，小耗子应意译成"跳蚤"更贴切一些。

- 维特根斯坦说："……一旦新的思维方式得以确立，旧的问题就会消失；实际上人们很难再意识到这些旧的问题。因为这些问题是与我们的表达方式相伴随的，一旦我们用一种新的形式来表达自己的观点，旧的问题就会连同旧的语言外套一起被抛弃。"——哲学家的论断虽不免武断，或谓之"片面的深刻"，但依旧给人以醍醐灌顶之感。

- 李颙《与友人书》中云："虽有编纂，亦不必当时夸诩于人，或只以自怡，或藏之名山；至其德成之后，或既死之日，举世思其余风，想其为人，或访诸其子孙，或求诸其门，人思欲得其生平之一言以为法训。斯时也，是惟无出，一出而纸贵洛阳，千门传诵矣。"——想法不错。倘换在今日，早被科研考核开掉了。

- 李渔《闲情偶寄》中云："为文仅称点鬼之谈，著书惟供覆瓴之用，虽多亦奚以为？"此中点鬼之谈，源自唐张鷟《朝野佥载》卷六："时杨（杨炯）之为文，好以古人姓名连用，如张平子之略谈，陆士衡之所记，潘安仁宜其陋矣，仲长统何足知之，号为'点鬼簿'。"后用点鬼簿讽诗文之滥用古人姓名，抑或堆砌故实。

• 川端康成对日本的"物语"和"小说"作了独特的界分。他认为"物语"的旨趣在于时间的继承性，而小说的旨趣在于因果的构成。譬如说：国王死了，王妃也死了，即是物语；而国王死了，王妃因为悲伤过度，也死了，即是小说。另，读者读完物语后的第一反应是："然后呢？"而读者读完小说的反应是："为什么呢？"看来，还是读小说来得有趣些。

• 唐君毅先生说："一切抽象干枯之概念存积于心，并不能补偿心灵的空虚无力。只是用理性批评力，以说在我外者之不好的人，其心灵必然归于空虚无力……便只有不断去寻人不好处而说之，或更刻薄的说之，此时依于空虚之必求填补之理，由此后者，最后必使人一步一步地下流于全不服善与尖酸刻薄的骂人。"所以，哲学书读多了，容易变成一个不食人间烟火的概念机器人，"心灵必然归于空虚无力"，还得混到人群里去转转——就像张楚歌词里唱的，"和大伙儿去乘凉"。至少至少，读点散文小说之类怡情一下吧。

后　记

　　作为一种格式，或者仪式，还是写几句吧。这本小册子收录的，是我这些年来断断续续写的一些文字。按照古人的说法，属于脞谈，或脞说。按时下的说法，算是碎片化写作的产物。现在决心将它们结了集，出版出来，算是将积了多年的沙，堆成了一座小小的塔。

　　查了一下，积沙成塔，原本指的是童稚堆塔的游戏。据《妙法莲华经·方便品》里的说法："乃至童子戏，聚沙为佛塔。"这和小书的来历，颇有些契合，都是些游戏与性情的孳物，实在不值什么。堆这座沙塔的初衷，也绝非方便自己去膜拜。——按照我自己的想象，更像是在海边，孩子们把沙塔兴味盎然地堆起来，然后静静地候着海浪汹涌而至，将它重又挟裹到大海里去，最后彻底消逝掉。就是这样。

　　帕斯卡说："人只不过是一根苇草，是自然界里脆弱的东西；但他是一根能思想的苇草。……我们的全部尊严就在于思想。"说得真好。不过，我总觉得"思想"这个词儿，太过高大上，似乎用"会思考的苇草"更适宜一些。毕竟，人活于世，倘神志清楚，感官健全，所见所闻，所感所想，总是免不了的。而现今这个年代，恰恰又有各式的媒介，让人去诉，去说。渐渐地，再渐渐地，便进入了众神喧哗的年代。大家循着哈贝马斯的"理想交谈情境",有话好好说,慢慢说,言笑晏晏,其乐融融,多好。

回到此书。长年以来,我有一个习惯,就是写好的文字,发布或发表后,便不愿再去读它。这种情形,大略算是悔其少作之一种吧。每次检读,总觉得有各式各样、大大小小的不满意,就会悔,会愧,悔愧交加,就干脆不读。这次编辑书稿,便特特地委托了我的研究生徐源、朱姝尔、谷明杰三位同学,先后来替我整理初稿,其间付出心力甚多,谢谢她们。另须感谢的,是本书的策划编辑庞从容女士,这是我们的第二次合作了,依旧合作愉快。还有更多需要致意的,限于篇幅,更唯恐遗漏,索性在此一并谢过了。

张海强

2019 年 1 月 25 日于五祺斋